国家出版基金项目
NATIONAL PUBLICATION FOUNDATION

总

副总主编　王道伟　郭松岩
　　　　　于玲玲　路志强

军事檄文赏析

解读壮气励士的激扬文字

张广照　朱锦芳　编著

文心出版社
·郑州·

图书在版编目（CIP）数据

军事檄文赏析：解读壮气励士的激扬文字 / 张广照，朱锦芳编著 . — 郑州：文心出版社，2016. 12
（2019.5 重印）
（青少年讲武堂 / 崔常发，马保民，荆博，曾祥旭
总主编）
ISBN 978 - 7 - 5510 - 0784 - 9

Ⅰ．①军… Ⅱ．①张… ②朱… Ⅲ．①军队政治工作 -
世界 - 文集 Ⅳ．①E142 -53

中国版本图书馆 CIP 数据核字（2016）第 176744 号

出版社：文心出版社

（地址：郑州市郑东新区祥盛街 27 号　　　邮政编码：450016）
发行单位：河南省新华书店
承印单位：三河市金轩印务有限公司
开本：710 毫米 ×1010 毫米　　1 /16
印张：14. 25
字数：320 千字
版次：2016 年 12 月第 1 版　　**印次**：2019 年 5 月第 4 次印刷

书号：ISBN 978 - 7 -5510 - 0784 - 9　　　**定价**：36. 00 元

　　200 多年前,全世界公认的军事理论权威——若米尼在他的著作中深刻地指出:一个国家即便拥有极好的军事组织,倘若不培养人民的爱国热忱和尚武精神,那么这个国家还是不会强盛的。人类 5000 年血与火的历史表明,若米尼的这番话可谓至理名言。

　　中华民族是一个既崇尚与热爱和平又富有爱国传统与尚武精神的民族,自古就有"国家兴亡,匹夫有责""位卑未敢忘忧国"之说,"投笔从戎""马革裹尸"等英雄壮歌更是响彻神州大地。

　　新中国成立之后,党和国家领导人一直高度重视全民国防教育,尤其重视对青少年进行国防教育。毛泽东同志亲自批准在高等院校学生中开展军事训练,为部队培养预备役军官。邓小平同志多次强调,国防教育要从娃娃抓起,要加强对公民特别是青少年的国防教育。江泽民、胡锦涛同志对青少年的国防教育工作作过一系列重要指示,要求国防教育应当成为对公民进行以爱国主义为主要内容的全社会性的教育活动。习近平同志强调指出,要加强国防教育,增强全民国防观念,使关心国防、热爱国防、建设国防、保卫国防成为全社会的思想共识和自觉行动。

　　全民国防教育是一项极其重要的战略工程,能够激发人们对国家安全的责任感和使命感,激励人们的爱国之心和报国之志,强化人们的忧患意识和国防观念,增强实现中华民族伟大复兴的凝聚力和向心力。而青少年是国家民族的未来,青少年时期是人们世界观、人生观、价值观形成的关键阶段,对青少年进行国防教育是全民国防教育的基础,是一项利在当代、功在千秋的工作。

　　为适应国内外发展变化了的新形势和国防教育的新要求,我们组织和邀请了中国人民解放军军事科学院、国防大学、空军指挥学院、南京政治学院、海军大连舰艇学院、总参工程兵学院等单位的一些专家、学者、博士、硕士,针对青少年学习军事知识的需求和特点,在注重科学性与通俗性、知识性与可读性、学术性与趣味性有机统一的基础上,编纂了《青少年讲武堂》这套丛书。

　　该套丛书共分22册,分别为《经典兵书导读 走出战争迷宫的理性指南》《著名将帅传略 展现军事翘楚的戎马生涯》《战争战役回眸 追寻战争历史的闪亮足迹》《指挥艺术品鉴 开启军事创新的思维天窗》《军事谋略精要 掀开以一敌万的神秘面纱》《军事科技纵横 领略军事变革的先锋潮流》《武器装备大观 把握军事世界的核心元素》《军事后勤评说 探究战争胜败的强力后盾》《国防建设考量 通晓国强家稳的安全屏障》《军事演习巡礼 体验军力提升的重要环节》《兵要地志寻踪 走近军事活动的天然平台》《军事制度一瞥 透视强军之基的内在支撑》《军事约章评介 揭示军势嬗变的影响因素》《军事文化解读 领悟文韬武略的历史积淀》《军事檄文赏析 解读壮气励士的激扬文字》《军事心理探幽 透析军人情志的心路历程》《军队管理漫话 掌握军事行为的调控方略》《军事情报管窥 练就审敌虚实的玄妙功夫》《军事危机处置 感悟化危为机的高超艺术》《军事代号揭秘 知谙诡秘数码的背后深意》《作战方式扫描 解析军事对抗的表现形态》《世界军力速写 通览当今世界的武装力量》。

　　本丛书在编纂过程中,参考借鉴了一些相关著作和资料,在此对相关人士一并表示衷心的感谢。同时,也真诚地期望广大读者朋友对丛书提出宝贵的意见,以使其更加完善,更好地服务于青少年国防教育,更好地服务于加快推进国防和军队现代化进程,更好地服务于全面建成小康社会。

丛书全体编者
2015 年 5 月

目　录

中国最早动员令:禹誓

济济有众,咸听朕言。(1)

非惟小子,敢行称乱。(2)

蠢兹有苗,用天之罚。(3)

若予既率尔群对诸群,以征有苗。(4)

【简释】

(1)济济:众多的样子。形容有才能的人很多。咸,都。朕,《尔雅·释诂》说:"朕,身也。"在先秦时代,"朕"是第一人称代词,意为我。不分尊卑贵贱,人人都可以使用,秦始皇时起专用作皇帝自称。全句意为各位将士都听我说。

(2)小子:一种用法是旧时自称谦辞。唐·韩愈《芍药歌》:"花前醉倒歌者谁?楚狂小子韩退之。"意为不是我大禹这个人希望发动战争。

(3)意为因为有苗想造反,我才替天行道,惩罚有苗部落。

(4)今天我率领你们各部落诸君,去征讨有苗。

【事件简介与檄文赏析】

本文选自《墨子·兼爱下》,作者为禹。据传这是中国最早的一篇军事动员令。

禹,姒(sì)姓,名文命,号禹,后世尊称"大禹",夏后氏首领,传说为帝颛顼的曾孙,黄帝轩辕氏第九代玄孙。他的父亲名鲧,母亲为有莘氏之女修己。相传,禹治黄河水患有功,受舜禅让继帝位。禹是夏朝的第一位天子,因此后人也称他为夏禹。他是我国传说时代与尧、舜齐名的贤圣帝王,他最卓著的功绩,就是历来被传颂的治理滔天洪水,又划定中国国土为九州。后人称他为大禹,也就是伟大的禹的意思。

大禹雕像

　　距今4000多年前的父系氏族社会末期,黄河流域的各氏族部落,在长期的交往和斗争中,形成了以黄帝部落后裔为核心的部落联盟,以尧、舜、禹为首领的北方部落联盟为征服和奴役异部落,掠夺财富和奴隶,对南方三苗部落展开了长期的战争。三苗是中国传说中黄帝至尧舜禹时代的古族名,又叫"苗民""有苗"。主要分布在洞庭湖(今湖南北部)和彭蠡湖(今江西鄱阳湖)之间,即长江中游以南一带。梁启超认为,三苗的苗就是蛮,系一音之转,尧舜时称三苗,春秋时称蛮。当禹的夏部落联盟跨入奴隶社会时,三苗已有"君子""小人"之分,开始有了阶级分化。

　　有的文献记载三苗"惟作五虐之刑",最早发明了刑罚。三苗有"髽首"的习俗,即把麻和头发合编成结。黄帝时,三苗部落参加过九黎的部落联盟,有的文献说三苗是"九黎之后"。尧率领部落联盟在丹水(即今陕西、河南、湖北邻境的丹江)边击败了三苗,迫使三苗求和臣服,并把丹水一带封给了自己的儿子丹朱,以镇压三苗。三苗可能在这时参加了尧的部落联盟。

　　有文献说三苗的首领驩兜是"尧臣",被称为"诸侯"。后来,三苗不服,多次为乱,尧遂将他们的一部分人众流放到西北的三危山,将其首领驩兜流放到崇山。舜代尧为部落联盟首领以后,三苗不服,舜乃整军振旅,没有经过战争而令三苗臣服。舜也曾对三苗进行分化迁徙,并终因南征三苗,死于苍梧,连尸骨也未运还。因而禹不得不再次征伐三苗。禹时,三苗不服,禹与三苗进行了一场历时70天的大战,大败苗师。当时,三苗地区发生大地震,禹乘机发动大规模进攻。他在誓师动员时说:"三苗不敬鬼神,滥用刑罚,违背天意作乱,上天现在号令我们要对它进行讨伐。"交战开始,战斗十分激烈,互有胜负。突然,战场雷电交加,三苗领袖不幸被箭射中,苗师大乱,溃不成军。

　　《墨子·非攻》详细描述了这场战争的经过:"昔者三苗大乱,天命殛之,日妖宵出,雨血三朝,龙生于庙,犬哭乎市,夏水,地坼及泉,五谷变化,民乃大振。高阳乃命玄宫,禹亲把天之瑞令,以征有苗,四电诱祗,有神人面鸟身,若瑾以待,搤矢有苗之祥,苗师大乱,后乃遂几(微)。禹既已克有三苗,焉磨为山川,别物上下,卿制大极,而神民不违,天下乃静。则此禹之所以征有三苗也。"

　　《墨子·兼爱》还记录禹出征前的誓言(即本文)。经过这次摧毁性的打击,三苗后世就此衰微,即所谓"后乃遂几",三苗之地也纳入了夏王朝的直接控制之下。此后,史籍中不再见三苗的活动。最近几十年以来有的学者认为,现代的苗族就是三苗的后裔。当然,也有学者不同意此种说法,我们在此就不另赘述了。

废除禅让讨异己：启《甘誓》

启与有扈战于甘之野，作《甘誓》。(1)

大战于甘，乃召六卿(2)。

王曰："嗟！六事之人，予誓告汝：有扈氏威侮五行，怠弃三正，天用剿绝其命，今予惟恭行天之罚。(3)左不攻于左，汝不恭命，右不攻于右，汝不恭命；(4)御非其马之正，(5)汝不恭命。用命，赏于祖；弗用命，戮于社，予则孥戮汝。(6)"

【简释】

（1）"启与有扈战于甘之野"句：启，禹的儿子。有扈，国名，故城在今陕西户县。《汉书·地理志》右扶风："鄠，古扈国，有扈谷甘亭。扈，夏启所伐"（据王念孙校）。有扈氏是夏启时代的部落首领。启继位后有扈氏不服，启兴兵讨伐有扈氏，双方在甘（今陕西户县南）发生一场大战，有扈氏被灭亡，夏王朝取得了胜利。《尚书·甘誓》就是启伐有扈氏时在甘地发布的誓师词。

扈(hù)：地名，在今陕西，今作户县。扈、鄠、户，古今字。甘，有扈南郊地名，今陕西户县南。

（2）六卿：古代统军执政之官。集解孔安国曰："天子六军，其将皆命卿也。"《周礼》执政大官分为六官，亦称"六卿"，后世往往称吏、户、礼、兵、刑、工六部尚书为六卿，是官职仅次于宰相、三公的高级大臣，又称六官，始见于西周。

（3）"王曰"句：六事之人，指六军的全体将士。集解孔安国曰："各有军事，故曰六事。"郑玄云："变六卿言六事之人者，言军吏以下及士卒也。"

予：我，同"余"。

威侮五行：是启宣布的有扈氏的罪状之一。集解郑玄曰："五行，四时盛德所行之政也。威侮，暴逆之。三正，天、地、人之正道。"五行，指金、木、水、火、土五行，泛称天象，"威侮五行"即不敬上天，算是最严重的罪名，必须加以最严厉的惩罚。也有的学者认为五行指五星。怠弃三正：怠，懈怠。三正，古来说法也不少。陆德明释文引马融曰："建子、建丑、建寅三正也。"一说指天、地、人之正道。孔传："怠惰弃废天地人之正道。"也称三统。怠弃三正，意指不奉正。郑玄及《孔传》认为三正指天地人之正道。

用:因此。剿:灭绝。集解孔安国曰:"剿,截也。"恭行:恭敬地奉行。恭,《墨子·明鬼》篇、《史记·夏本纪》、《汉书·王莽传》皆作"共"。恭行即共行。

(4)"左不攻于左"句:集解郑玄曰:"左,车左。右,车右。"古时战车共乘三人,左右各一人,中一人。左一人负责用箭射杀敌人,右一人负责以矛刺杀敌人,中间一人负责驾车。攻,《说文》:"攻,击也。"段注:"《考工记》攻木、攻皮、攻金注曰:'攻犹治也'。攻字训作治。"

(5)"御非其马之正"句:正,和政,古通用。《墨子》文中即云:"御非尔马之政。"政,治也。此处当指驾驭马的技术。集解孔安国曰:"御以正马为政也。三者有失,皆不奉我命也。"

(6)"用命,赏于祖"句:集解孔安国曰:"天子出征,必载迁庙之祖主行,有功,则赏祖主前,示不专也。"意思是天子亲自征伐时,必定随行带着祖庙的神主,凡是对有功的将士进行赏赐时,必定在祖庙都大神主前施行,表示自己不敢独断专行。

弗用命,戮于社:集解孔安国曰:"又载社主,谓之社事。奔北,则戮之社主前。社主阴,阴主杀也。"孥戮:孥,当作奴。集解孔安国曰:"非但止身,辱及女子,言耻累之。"戮,辱,惩罚。颜师古《匡谬正俗》卷二:"按孥戮者,或以为奴,或加刑戮,无有所赦耳。此非孥之孥。"意为如果你们这些人不执行命令,就会被变为奴隶,以此作为惩罚。

【事件简介与檄文赏析】

本书选自《尚书》,是启所发的一篇战争动员令。

启,史称夏启,生卒年不详,大禹的儿子。大禹所处的时代正是我国原始社会末期的部落联盟阶段。由于大禹治水成功,促进了农业的发展,农业的发展又促进了手工业和交换的发展,大大加速了原始公社制度的瓦解,为向奴隶制过渡创造了条件。也正是由于他治水和发展生产的功绩卓著,在虞舜以后,他被推举为领袖,这种由各氏族部落首领民众推举产生部落联盟首领的制度,称为"禅让"。

按照传统的"禅让"制,禹也推荐东夷的首领皋陶作为自己的继承人。不久皋陶死去,禹又推荐东夷的伯益作为继承人。此时,私有制已日益发展,人们越来越强烈地希望独占部落联盟首领职位。禹虽然不得不顺应传统习惯势力推荐伯益,但他却不给伯益实权,使伯益得不到很好的锻炼,没能在群众中树立崇高的威信。相反的,禹却把实权交给了自己的儿子启,让启的亲信掌握了许多权力。当禹年老死去后,伯益就按照过去的传统,跑到别的地方躲起来表示谦让,让各氏族、部落来决定

启画像

由谁来继位。由于伯益的威望和权力都不及启，所以当时"朝觐讼狱者"都不去找伯益而去找启，民间的歌谣也不歌颂伯益而歌颂启，他们说："启才是我们真正的君主，他是帝禹的儿子啊！"这样，启就轻而易举地继承了禹位。

启继承禹位说明两方面的问题：一方面固然有禹在位时已经给启创造了继位条件的原因，但另一方面也应当看到，主要的并非是启的个人野心夺取了王位，他还是由联盟中各氏族、部落拥戴而立的。原始的民主推选制仍然在发挥着作用，只不过此时的原始民主制已被奴隶主贵族所利用，从此变为新兴的奴隶制国家上层建筑的一个组成部分了。这就是历史上所谓的"大禹传子"。它宣告了原始社会部落联盟首领"禅让"制的结束和阶级社会王位世袭制的开始，从此"大人世及以为礼"，公天下变为了家天下。王位世袭制代替禅让制，是社会生产力和私有制发展的必然结果，是历史上的一次巨大的进步。恩格斯曾经说过："掠夺战争加强了最高军事首长以及下级军官的权力；习惯地由同一家庭选出他们的后继者的办法，特别是从父权制确立下来，就逐渐转变为世袭制，人们最初是容忍，后来是要求，最后便汲取这种世袭制了。"而当世袭制确立以后，"整个氏族就转化为自己的对立物……变为旨在反对人民的，一个独立的统治和压迫机关了。"(《家庭、私有制和国家起源》)从此，部落联盟军事首领就转化为国王，部落联盟机构则转化为统治和压迫人民的国家机器。

禹和启虽为父子相继，但他们却代表了两个不同的时代，禹是中国历史上最后一个原始社会的部落联盟领袖，启则是中国历史上第一个国王，在禹病死后继位，成为中国历史上由"禅让制"变为"世袭制"的第一人。启在位9年，病死，葬于安邑附近(今山西省夏县西池下村里)。夏启建立夏王朝的过程，充满着激烈的斗争。新兴的奴隶制国家政权必然会遭到传统的旧势力的反对。后来伯益就组织力量反对夏启，启最后战胜了伯益。据《古本竹书纪年》载："益干启位，启杀之。"随后夏的同姓诸侯有扈氏也起兵反对启。有扈氏是仅次于夏后氏的一个强大的氏族。双方在甘(洛阳附近)展开大战，本文所记载的正是这场战争。有扈氏，夏初的一个部落名，和夏同姓，皆为姒姓部族，位于今河南原阳一带，另说在陕西户县一带，或说为东夷少昊族的九扈部落。夏禹死后本来是伯益继位，但是他的儿子启破坏了传统的禅让制度，自己继承了王位。有扈氏不服，以"尧舜举贤，禹独与之"为名反对启的统治。启发兵讨伐有扈氏，大战于甘，战前，启作《甘誓》称"有扈氏威侮五行，怠弃三正，天用剿绝其命，今予惟恭行天之罚。"这场战争的结局是有扈氏战败被灭，其部众被罚为奴隶。各部落不再有异议，启的统治得以确认巩固，家天下的世袭制取代了禅让制。战后夏启在钧台(今河南禹州)大会诸侯，举行宴享，诸侯纷纷前来朝贺，夏王朝的统治得到了诸侯的正式承认。《淮南子·齐俗训》评论说："有扈氏为义而亡，知义而不知宜也。"

软硬兼施的讨伐令:汤誓

伊尹相汤伐桀。升自陑,遂与桀战于鸣条之野。作《汤誓》。(1)

王曰:"格尔众庶,悉听朕言。非台小子,敢行称乱。有夏多罪,天命殛之。(2)

"今尔有众,汝曰:'我后不恤我众,舍我穑事而割正夏?'(3)予惟闻汝众言,夏氏有罪,予畏上帝,不敢不正。

"今汝其曰:'夏罪其如台?'夏王率遏众力,率割夏邑,有众率怠弗协,曰'时日曷丧,予及汝皆亡!'(4)夏德若兹,今朕必往。

"尔尚辅予一人,致天之罚,予其大赉汝。尔无不信,朕不食言。尔不从誓言,予则孥戮汝,罔有攸赦。(5)"

【简释】

(1)伊尹,生卒年不详。商初大臣。名伊,一说名挚。今洛阳人。生于伊洛流域古有莘国的空桑涧(今洛阳市嵩县莘乐沟),奴隶出身。因为其母亲在伊水居住,以伊为氏。尹为官名,甲骨卜辞中称他为伊,金文则称为伊小臣。出仕前,曾在"有莘之野"躬耕务农。传说他为了见到商汤,遂使自己作为有莘氏之女的陪嫁之臣,说汤而被用为"小臣"。后为成汤重用,任阿衡,委以国政,助汤灭夏。汤死后,历佐卜丙(即外丙)、仲壬二王。仲壬死后,太甲即位,汤孙太甲为帝时,因不遵汤规,横行无道,被伊尹放之于桐宫(今山西省万荣县西,另说今河南省虞城东北),令其悔过和重新学习汤的法令。3年后,迎回太甲复位。他为商朝理政安民50余载,治国有方,权倾一时,世称贤相,三代元老。相传伊尹于公元前1550年卒于亳(今山东省曹县南),享年81岁。

桀:又名癸、履癸,商汤给他的谥号为桀(凶猛的意思)。桀是夏朝第16代君主发之子,在位54年(前1653—前1600)。履癸文武双全,为历史上著名的暴君。在位54年,国亡,被放逐而饿死。至桀时,延续了400多年的夏朝,已是德政衰败,民不聊生,危机四伏。但夏桀不思改革,骄奢自恣。据《竹书纪年》记载,他"筑倾宫、饰瑶台、作琼室、立玉门"。还从各地搜寻美女,藏于后宫,日夜与妹喜及宫女饮酒作乐。桀日益失去人心,弄得众叛亲离。后来,商汤在名相伊尹谋划下,起兵伐桀,两军交战,夏军纷纷逃散。夏桀仓皇逃入城内,匆忙携带妹喜和珍宝,渡江逃到南巢(今安徽省巢县）。后又被汤追上俘获，放逐在此。长达近500年的夏王朝结束。

升而陑(ér)：升，从下向上而行。陑，古地名，在今山西省永济县南。

鸣条：古地名，又名高侯原，其地具体位置，异说甚多，一说在今山西省运城市夏县之西，一说在今河南洛阳附近，还有一说在河南省新乡市封丘东。商汤出兵攻伐夏桀，与夏师在鸣条发生鸣条大战。

（2）格：来。众庶：众人，大家。台(yí)：我。小子：对自己的谦称。称：举，发动。殛(jí)：诛杀。

（3）后：国君。穑事：穑(sè)，收割谷物，亦泛指耕作农事。割：意思是为什么。正：征，征讨。

（4）如台(yí)：如何。率遏众力：意思是说夏王耗尽了民力。遏：竭，尽力，竭力。割：剥削。有众：臣民。率：大多。怠：怠工。协：和。时：这个。日：这里指夏桀认为他的统治永远不会灭亡。曷：什么时候。他说："天上有太阳，正像我有百姓一样，太阳会灭亡吗？太阳灭亡，我才会灭亡。"夏代臣民指着太阳咒骂夏桀说："时日曷丧，予及汝皆亡！"意思是说，你这个太阳什么时候灭亡，我们愿意和你一起灭亡。

（5）赍(lài)：赏赐。食：吞没。食言：指不讲信用。罔：无。攸：所。

【事件简介与檄文赏析】

本文选自《尚书》，是商汤征伐夏桀的誓师词。

汤是商朝的建立者，又称武汤、武王、天乙、成汤、成唐，甲骨文作唐、太乙，一称高祖乙。汤在夏朝时曾任方伯之职，专管征伐之事，在夏朝末年继立为商族领袖。由于他一直握有重兵，并能爱护百姓，施行仁政，深得人拥戴，也取得了周围方国的信任，他们慕名前来归附，商族人军事实力急剧膨胀。商汤开始了灭夏准备工作。商汤攻夏，先从征服葛开始，后逐步扩大灭夏和统一周围方国的战争。商汤经过十一次征战将韦国、顾国

汤画像

和昆吾灭掉，基本上剪除了夏朝的羽翼，占据了兖、豫大平原。经过鸣条之野的决战，夏国灭亡。商汤回师亳邑，众多诸侯前来朝贺表示臣服。后商汤称武王，国号为商，定都亳。商朝正式建立。汤死后，被尊为"成汤"。

夏桀在历史上以残暴著称，由此导致了夏王朝覆灭。他自比为太阳，以为光照万里，何等的自高自大！夏桀的残暴激起了天怒人怨，众叛亲离。商汤正是看准了天怒人怨的大好时机，才毅然举兵伐桀，他同时以劝说加威胁，软硬兼施，以慷慨激昂的演讲激起听众的共鸣。他那句"时日曷丧，予及汝皆亡"有巨大的穿透力，可以算得上是千古名句。

武王伐纣誓师词:姬发牧誓

武王戎车三百两,虎贲三百人,与受战于牧野,作《牧誓》。(1)

时甲子昧爽,王朝至于商郊牧野,乃誓。(2)

王左杖黄钺,右秉白旄以麾,曰:"逖矣,西土之人!"(3)

王曰:"嗟!我友邦冢君御事,司徒、司马、司空、亚旅、师氏、千夫长、百夫长,及庸、蜀、羌、髳、微、卢、彭、濮人。称尔戈,比尔干,立尔矛,予其誓。"(4)

王曰:"古人有言曰:'牝鸡无晨;牝鸡之晨,惟家之索。'今商王受唯妇言是用,昏弃厥肆祀弗答,昏弃厥遗王父母弟不迪,乃惟四方之多罪逋逃,是崇是长,是信是使,是以为大夫卿士。俾暴虐于百姓,以奸宄于商邑。今予发惟恭行天之罚。(5)

今日之事,不愆于六步、七步,乃止齐焉。勖哉夫子!不愆于四伐、五伐、六伐、七伐,乃止齐焉。勖哉夫子!尚桓桓如虎、如貔、如熊、如罴,于商郊,弗迓克奔,以役西土,勖哉夫子!尔所弗勖,其于尔躬有戮!"(6)

【简释】

(1)"武王戎车三百两"句:戎车,战车。两,同辆。

虎贲三百人:贲(bēn),同奔,意思是虹虎舞跑,像虎一样勇猛有力。虎贲,勇士。常指守卫王宫、护卫君主的专职人员和军中骁勇者,勇士。《后汉书·顺帝纪》注引《汉官仪》曰:"《书》称虎贲三百人,言其猛如虎之奔赴也。"三百人,《史记》作"三千人"。

受:商纣王名,他是商代的第三十二位帝王子辛,也叫"帝辛"。据《正史》所载,商纣王博闻广见、思维敏捷、身材高大、膂力过人。他曾经攻克东夷,把疆土开拓到中国东南一带,开发了长江流域。并为古代中国的最终统一奠定了物质和思想的基础,是统一古代中国的先驱者。纣是后人给他的恶谥。

(2)"时甲子昧爽"句:甲子,甲子日。昧爽,黎明时刻。王,武王。朝,早晨。商郊,指商首都之郊,古时距王城 50 里为远郊。牧野,地名,在商的首都朝歌南 70 里,今河南淇县北。

(3)"王左杖黄钺"句:杖,拿着。钺(yuè),古代兵器,青铜制,像斧,比斧大,圆刃可砍劈,中国商及西周盛行。又有玉石制的,供礼仪、殡葬用。黄钺,黄色的青铜大斧。右秉白旄以麾:秉,执。旄,装饰着牛尾的旗。麾,同挥。逖:远,不近。西土之人:西土是商、周地域相对的称呼,泛指随周武王征战的西方各部族。这是对各友邦首领的尊称。

(4)"王曰:'嗟'"句:嗟(jiē),感叹词,表示忧感。

冢君:冢,大。冢君,对友邦国君的尊称,即下述庸、蜀等八个西方古代部族的首领。

御事:对办理政务的官吏的泛称。

司徒、司马、司空:官名。《孔传》:"治事三卿,司徒主民,司马主兵,司空主土。"

亚旅、师氏:官名。亚旅,上大夫。见《左传》文公十五年杜预注。师氏,中大夫。见《周礼·地官·序官》。

千夫长、百夫长:官名。郑玄云:"千夫长,师帅;百夫长,旅帅。"

庸:约在今湖北省竹山县东南。蜀:约在今陕西省汉中东南。羌:约在今甘肃省东南地区。

髳(máo):额上头发齐眉的一种发式。这里指中国古代西南少数民族的一支,约在今山西南部。

微:今陕西省眉县东南。卢:约在今湖北省宜城西南。彭:约在今湖北省房县、谷城之间。濮:约在今湖北郧县和河南邓县之间。

称尔戈:称,举。尔,你。比尔干:比,按次序排好。干,盾牌。矛:刺杀用的武器。干和戈是古代常用武器,因以"干戈"用作兵器的通称。

誓:当众或共同表示决心,依照说的话实行,《说文》:"约束也。"

(5)"王曰:'古人有言曰'"句:牝鸡无晨:牝(pìn),雌性的鸟或兽,与"牡"相对,这里指母鸡。牝鸡无晨,母鸡没有早晨啼叫的。惟家之索:索,空、尽。惟家之索,就是惟索家,宾语前置。意为(母鸡是不报晓的;如果母鸡报晓)这个人家就会倾家荡产。

妇:指妲己。妲(dá)己,商纣王的宠妃,人称一代妖姬,传说姓苏。

昏弃厥肆祀:昏弃,蔑弃,即轻蔑、轻视之意。见《经义述闻》。肆,祭名,对先祖的祭祀叫肆。厥:此处为代词,其。

弗答:不答不问。迪:用。指纣王慢怠祖先,排斥兄弟。

逋逃:逋,亡。逋逃,逃亡。

是崇是长:崇,长,指尊敬。信:信任。使:使用。以上指重用坏人。

俾:使。奸宄(guǐ):犯法作乱,乱在内为奸,乱在外为宄。

发:武王名,姬发自称。

(6)"今日之事"句:愆:超过。止齐:止,待。止齐,等待队伍整齐,防止轻进。强调行军和战斗时必须步调一致,保持整齐的战斗队形。

勖(xù)哉夫子:夫子,《孔传》:"夫子谓将士。"勖,勉力。

伐:刺杀,一击一刺称为一伐。

尚桓桓:尚,崇尚尊崇,提倡要求。桓桓:威武的样子。郑玄云:"桓桓,威武貌。"

如虎、如貔(pí):貔,《说文》,"豹属"。虎、貔,均猛兽。喻像虎、貔一样。罴(pí):一种大熊,也是猛兽。

弗迓(yà)克奔:迓,迎敌。克,杀。奔,指奔来投降的人。指不要杀害俘虏。

役:役于之意。躬:身。戮:杀。

【事件简介与檄文赏析】

本文选自《尚书》,是周武王在牧野与商纣王的军队决战前的誓师词。

周武王,周朝第一代王。在位 4 年(前 1046—前 1042),姬姓,名发,周文王子。文王长子伯邑考被商王纣杀害,立发为太子。文王死后,太子发继位,将周都从丰迁到镐,即宗周(今陕西长安西北)。武王继承了文王事业,用太公、周公、召公、散宜生、太颠、闳夭等为大臣。即位第二年,观兵于盟津(今河南孟津西北)。传有八百诸侯不期而会,要求伐纣,但武王认为时机尚未成熟,还师归周。"牧野之战"决定了中国历史上的第二个奴隶制国家殷商的灭亡,中国的奴隶制王朝全盛时期的兴起,具有划时代的历史意义。

周武王画像

商朝最后一个国王帝辛,名纣(有的古书写作"受",纣和受古音同),是历史上有名的暴君。纣是帝乙的小儿子,帝乙长子曰微子启,启母贱,不得嗣。少子辛,辛母正后,辛为嗣。帝乙崩,子辛立,是为帝辛,天下谓之纣。(残义损善曰纣)帝纣资捷辨疾,闻见甚敏;膂力过人,手格猛兽。知足以拒谏,言足以饰非。矜人臣以能,高天下以声,以为皆出己之下。好酒淫乐,嬖于妇人。爱妲己,唯妲己之言是从。于是使师涓作新淫声,北里之舞,靡靡之乐。厚赋税以实鹿台之战,而盈巨桥之粟。益收狗马奇物,充仞宫室。益广沙丘苑台,多取野兽蜚鸟置其中,慢于鬼神。大最乐戏于沙丘,以酒为池,悬肉为林,使男女裸裸相逐其间,为长夜之饮。百姓怨望而诸侯有畔者,于是纣乃重刑辟,有炮烙之法。……纣愈淫乱不止。微子数谏不听,乃与少师谋,遂去,比干曰:"为人臣者,不得不以死争。"乃强谏纣。纣怒曰:"吾闻圣人心有七窍。"剖比干,观其心。箕子惧,乃佯狂为奴,纣又囚之。殷之太师乃持其祭乐器奔周,商朝统治阶层分崩离析。

于是,武王起兵,联合庸、蜀、羌、髳、微、卢、彭、濮等西方及西南方国部落,渡过盟津，与诸侯相会，并作《牧誓》，声讨纣王罪行，表示自己要"恭行天罚"。武王十一年二月甲子日早晨（公元前 1036 年），周武王率诸侯之师来到距朝歌只有 70 里之遥的商郊牧野。战前，周武王又一次宣告了纣王的罪行，周军士气大振，斗志昂扬。纣王闻讯，匆忙调集大军，开赴牧野，与武王对阵。纣王的军队远远多于武王，但是因纣王暴虐至极，遗弃骨肉兄弟，残害百姓，任用奸人，失去民心，军队无心恋战，只盼望武王尽快打败纣王。双方一交战，纣军士兵就掉转戈头，向纣军杀去。武王乘势指挥军队冲入敌阵，纣军彻底崩溃。纣王逃回殷都，登上鹿台，用四千多块宝玉环绕周身，自焚身亡。武王率大军进入朝歌，百姓们列队欢迎仁义之师。武王在纣王的尸体上射了三箭后下车，用剑击之，再用黄钺砍下纣王首级，悬之白旗。杀妲己。释箕子之囚，封比干之墓，表商容之间。令修行盘庚之政。

从汤到纣，商王朝历 17 代 30 王（不包括汤长子太乙），共 555 年。武王灭了商纣王，商朝至此告亡。武王灭商后，分其王畿为邶、鄘、殷，设三监（纣子禄父、管叔、蔡叔，一说管叔、蔡叔、霍叔）加以治理。继而派兵征讨商朝各地残余力量。据记载，当时共讨伐了九十九国，有六百五十二国向武王臣服。武王分封了一批宗室功臣，如太公封于齐，周公封于鲁，召公封于燕等；还封了一些前王之后，如焦、祝、蓟、陈、杞等。为了巩固周朝的统治，武王在返周后选定伊水、洛水一带夏人的故居地，准备建立新的都邑，但不久病逝，未能实现计划。其子成王继位，周公辅佐，终于和召公一起建成了东都成周（今河南洛阳）。

周公之子平叛词·伯禽《费誓》

鲁侯伯禽宅曲阜,徐、夷并兴,东郊不开。作《费誓》。(1)

公曰:"嗟!人无哗(2),听命。徂兹淮夷、徐戎并兴,善敹乃甲胄,敿乃干,无敢不吊!备乃弓矢,锻乃戈矛,砺乃锋刃,无敢不善!(3)今惟淫舍牿牛马,杜乃擭,敜乃阱,无敢伤牿。牿之伤,汝则有常刑!(4)马牛其风,臣妾逋逃,勿敢越逐,祗复之,我商赉汝。(5)乃越逐不复,汝则有常刑!无敢寇攘,逾垣墙,窃马牛,诱臣妾,汝则有常刑!(6)

甲戌,我惟征徐戎。峙乃糗粮,无敢不逮;汝则有大刑!(7)鲁人三郊三遂,峙乃桢干。(8)甲戌,我惟筑,无敢不供;汝则有无余刑,非杀。(9)鲁人三郊三遂,峙乃刍茭,无敢不多;汝则有大刑!(10)"

【简释】

(1)"鲁侯伯禽宅曲阜"句:伯禽,周公姬旦的长子。宅,居。曲阜,鲁国国都。徐、夷并兴:徐,指徐戎,古代徐州一带的戎人。夷,指淮夷,古代淮河下游的夷人。并,一起,意思是起来作乱。东郊不开:孔颖达《疏》云:"戎、夷在鲁之东,诸侯之制于郊有门,恐其侵逼鲁境,故东郊之门不开。"这里指鲁国的东郊不安宁。

(2)人无哗:人,郑玄云:"人谓军之士人众及费地之民。"无,同勿。哗,喧哗。

(3)徂兹:徂(cú),往。兹,此。善敹乃甲胄:善,好。敹(liáo),缝缀,今方言中仍把缝衣服的破绽处叫敹。乃:你的,你们的。甲,军衣。胄,头盔。干,盾牌。吊:善。锻:锻冶,制造。砺:磨利。

(4)今惟淫舍牿牛马:淫,大。舍,放。《说文》:"牿,牛马牢也。"牿(gù),关牛马的圈栏,牛马牢也。淫舍牿牛马,孙星衍《尚书今古文注疏》云:"军行以牛载辎重,马驾兵车,常驾不舍,力不能任,故放置之。"

杜乃擭:杜,闭塞。擭(huò),装有机关的捕兽器,意抓取。

敜乃阱:敜(niè),填塞,封闭。阱,陷阱。伤牿:指伤牛马。汝则有常刑:你们就要受到惩罚。

(5)风:意为牛马发情互相引诱。一说,风是放逸、走失的意思。

臣妾逋逃:臣妾,指奴仆。妾,女奴。据古书记载,古时有妇女从军。逋,逃亡。

勿敢越逐：越逐，离开车队去追逐。不准这样做，这是为了严肃军纪，不使军队陷于紊乱。祗复之：祗，敬。复，还。指还给原主。我商赉汝：商，赏，于省吾说："金文赏每作商。"赉，赐。

（6）寇攘：寇，抢劫。攘，偷窃。郑玄云："因其来而敢之曰攘。"以下警告也都是宣布纪律，指不要骚扰百姓。

（7）峙乃糗粮：峙，准备，具备。糗(qiǔ)，炒熟的米、麦等谷物，饭或面食粘连成块状或糊状。糗粮，干粮。逮，及。大刑：死刑。

（8）三郊三遂：城外近处曰郊，远处曰遂。三，指城外采邑等次。古时征兵先征城近郊，再征远郊，仍不足，则举国征兵。三郊三遂，意指大量征兵。

桢干：筑墙用的木板，桢用在墙的两端，干用在墙的两旁。

（9）余：孙诒让云："余舍二字得相通借。舍，释也。"

汝则有无余刑，非杀，意思是说你们将终生受到惩罚，只是不杀头。

（10）刍茭(chú jiāo)：可喂牛马的干草。多：《史记·鲁周公世家》作"及"。"不及"与上文"不逮"同义。

【事件简介与檄文赏析】

本篇选自《尚书》。费(bì)，地名，在今山东省费县西北。《费誓》的写作年代有很大争议，一般认为是周公旦的儿子鲁侯伯禽率领军队征伐徐戎、淮夷，在费地发布的誓师词。

伯禽是西周初年人，姬姓，字伯禽，亦称禽父。周公旦长子，周代鲁国的第一任国君。武王去世后，发生武庚、管蔡之乱，连带东方诸国也起兵，周公东征后，平定了叛乱，统一了国家。成王七年，为控制东征后新占领的东部地区，成王将原本封在河南鲁山的周公迁封到山东曲阜，建立鲁国，统治原商奄之民和从殷都迁来的殷民，担负稳定东部地区局势、充当周朝政权藩屏的任务。

周公旦画像

伯禽就封时，周公语重心长地告诫他说："我是文王的儿子、武王的弟弟、今王的叔父，我在天下也算是不轻不贱的人。然而我洗一次澡要三次握着湿头发出来，吃一顿饭要三次吐掉嘴中的食物，以接待贤士的来访。即使是这样，我还怕失掉天下的贤人。你到鲁国去，千万不可因为自己是国君而骄傲待人。"伯禽临行时又问周公："请问如何治鲁？采用什么方法有效？"周公回答说："务在利民而不要以利民者自居。"伯禽牢记周公的教导，来到鲁国后努力发展生产，教育人民遵守礼仪规范，寻访天下贤士，把鲁国治理

13

得井井有条,随之带去的有"殷民六族",控制了旧奄国土地及人民,国号、氏号为鲁,目的是为了"生以养周公,死以周公主",用来褒奖周公。

可是,在伯禽建立鲁国的初期,东方局势仍然不稳。虽然周公东征践奄、迁蒲姑,攻灭了东夷最大的两个国家,但还有许多少数民族的夷人、戎人,怀着狭隘的民族偏见,对新建立的周朝政权怀有敌意,特别是把周朝在东方建立的诸侯国视为眼中钉、肉中刺,千方百计想把它搞垮。有一年,鲁国南部的淮夷、徐戎两个少数民族集团,同时发生叛乱。他们把攻击的矛头直指新建的鲁国。鲁国军队在伯禽的率领下,在全体将士努力奋战以及齐军的支援下,击退了淮夷、徐戎的来犯,平定了少数民族的叛乱,保卫了鲁国的安全。此役以后,鲁国国力日盛。确实起到了"大启尔宇,为周室辅"的作用,使"淮夷来同,莫不率从"。

据《诗经·鲁颂·必宫》记载,鲁国后来的疆域扩展到"徐宅"和"海邦",北有如"泰山岩岩"直达泰山脚下,东面"奄有龟蒙",包括龟、蒙诸山,西抵阳谷一带,南向"保有凫绎",连着凫山和绎山,成为周王朝控制东方的一个重要封国,对中国的传统礼乐文明做出了应有的贡献。伯禽分封到鲁国后,牢记周公的教育和嘱托,出色地完成了担负周室藩屏的任务,在政治上、军事上都做出了卓越的贡献。伯禽在鲁国苦心经营了三年,才去西周的都城镐京(今西安附近)向周公汇报国政。周公问道:"为什么报政这么晚呢?"伯禽回答说:"我改造了当地的风俗,变革了当地的礼仪。寻常百姓父母死后也要服丧三年,所以到这时候才来报政。"

伯禽坚持以周礼治国,在位46年,鲁国的政治经济都出现了新局面,成为周王朝控制东方的一个重要邦国,并享有"礼仪之邦"的美称。其爵位为诸侯最高等级公,诸侯之长。

尊王攘夷斥楚臣：管仲檄楚使

昔召康公命我先君大公曰："五侯九伯，汝实征之，以夹辅周室。[1]"赐我先君履：东至于海，西至于河，南至于穆陵，北至于无棣。[2]尔贡包茅不入，王祭不共，无以缩酒，寡人是征；[3]昭王南征而不复，寡人是问。[4]

【简释】

（1）召（shào）康公：周成王时太保，召公奭（shì），因其封地在召，故有此称，"康"是他的谥号。

先君大公：大公，后来写作"太公"，即姜太公，名尚，他是齐国的开国君主。先君，是后代君臣对本国已故君王的称呼。

五侯九伯：即公、侯、伯、子、男五等爵和九州的长官，此泛指各国的诸侯。

汝：你。实征之：可以征伐他们。

夹辅，辅佐、拱卫。此句意思是对不听从天子之命的五侯九伯，你可以征讨之，以辅佐周王。

（2）赐我先君履：履，践踏，此指足迹可以到的地方，意思是指齐国可以征伐的范围。海，指黄海、渤海。河，即黄河。穆陵，地名，在今湖北麻城北的穆陵山，也有人说在今山东临朐县南的穆陵关。无棣，齐国的北部边境，在今山东无棣县附近。

（3）尔贡包茅不入：贡，贡物。包，裹束。茅，楚国的特产菁茅，可用于渗酒。入，纳，此指纳贡。

王祭不共：共，同供，供给，后来写作"供"。意为供应不上周王祭祀的用品。

无以缩酒：缩酒，渗滤酒渣，此乃祭祀时的一种仪式，将酒洒于束茅上渗下去，象征神以此法饮用。

寡人是征：寡人，谦辞，意为寡德之人，多为君王自称。此句是说：我来（代周天子）索取它。

（4）昭王：周成王的孙子周昭王。南征，南巡。复，回，返回。周昭王晚年荒政，人民怨恨。传说他南巡渡汉水时，当地人民故意弄了一只用胶黏结的船给他。船至江心解体，昭王因此溺死。问，责问。

【事件简介与檄文赏析】

本文选自《左传》僖公四年，是春秋时期齐国丞相管仲于公元前656年讲的一段话。

管仲（约前723或前716—前645），中国春秋时期齐国颍上（今安徽颍上）人，名夷吾，字仲，谥敬，故又称敬仲，管敬仲，史称管子。春秋时期齐国著名的政治家、军事家，周穆王的后代。

管仲少时丧父，老母在堂，生活贫苦，不得不过早地挑起家庭重担，为维持生计，与鲍叔牙合伙经商；后从军，到齐国，几经曲折，经鲍叔牙力荐，为齐国上卿（即丞相），被称为"春秋第一相"，辅佐齐桓公进行改

管仲画像

革，使齐国力量大增。管仲注重经济，反对空谈主义，主张改革以富国强兵。齐桓公尊管仲为"仲父"，授权让他主持一系列政治和经济改革，实质是改革土地和人口制度。管仲改革成效显著，齐国由此国力大振。在周天子衰微，诸侯不臣的背景下，他又帮助齐桓公树起"尊王攘夷"的旗帜，号召联合北方邻国，抵抗山戎族南侵。这一外交战略也获得成功，从而又取得政治上的主动权，使齐国逐渐成为春秋时期大国争霸的第一霸主。所以又说"管夷吾举于士"。

管仲的言论见于《国语·齐语》，另有《管子》一书传世。在春秋大国争霸的斗争中，齐桓公首先建立霸业。为制伏地处南方并且日益强大的楚国，僖公四年（公元前656年），齐桓公率齐、鲁、宋、陈等八国诸侯之军，先讨亲楚的蔡国。在蔡人溃败后，又乘胜进军楚地，讨伐楚国。面对来势甚猛的众诸侯，楚成王一面亲率大军相迎，一面派使者楚王同族、楚国大夫屈完谈判，希望和平了结。

由于本文选取的只是管仲的回答，和对方所说的话联系起来就更好理解。屈完见到齐相管仲时责问说："齐在北，楚在南，相距极远，本来是风马牛不相及的，不料你们却率军来到我们的地盘，这是什么缘故？"面对楚使的质问，管仲振振有词，为齐国的兴师进兵找到了不少"根据"。管仲回答说："从前召康公命令我们先君大公说，五等诸侯和九州长官，你都有权征讨他们，从而共同辅佐周王室。召康公还给了我们先君征讨的范围：东到海边，西到黄河，南到穆陵，北到无棣。你们应当进贡的包茅没有交纳，周王室的祭祀供不上，没有用来渗滤酒渣的东西，我特来征收贡物；周昭王南巡没有返回，我特来查问这件事。"屈完回答说："贡品没有交纳，是我们国君的过错，我们怎么敢不供给呢？周昭王南巡没有返回，还是请您到汉水边去问一问吧！"双方谈不拢，于是齐军继续前进，临时驻扎在陉（今河南郾城南）。

后来的结局也很有趣。这年夏天，楚成王派使臣屈完到齐军中去交涉，齐军后

撤，临时驻扎在召陵（今河南偃县）。齐桓公让诸侯国的军队摆开阵势，与屈完同乘一辆战车观看军容。齐桓公说："诸侯们难道是为我而来吗?他们不过是为了继承我们先君的友好关系罢了。你们也同我们建立友好关系，怎么样?"屈完回答说："承蒙您惠临敝国并为我们的国家求福，忍辱接纳我们的国君，这正是我们的国君的心愿。"齐桓公说："我率领这些诸侯军队作战，谁能够抵挡他们?我让这些军队攻打城池，什么样的城池攻不下?"屈完也是个雄辩家，他回答说："如果您用仁德来安抚诸侯，哪个敢不顺服?如果您用武力的话，那么楚国就把方城山当作城墙，把汉水当作护城河，您的兵马虽然众多，恐怕也没有用处!"后来，屈完代表楚国与诸侯国订立了盟约。

雄辩滔滔敌千军：吕相绝秦

夏四月戊午，晋侯使吕相绝秦，⑴曰：

"昔逮我献公及穆公相好，戮力同心，申之以盟誓，重之以昏姻。天祸晋文，文公如齐，惠公如秦。⑵无禄，献公即世。穆公不忘旧德，俾我惠公用能奉祀于晋。⑶又不能成大勋，而为韩之师。亦悔于厥心，用集我文公，是穆之成也。⑷

"文公躬擐甲胄，跋履山川，逾越险阻，征东之诸侯，虞、夏、商、周之胤而朝诸秦，则亦既报旧德矣。⑸郑人怒君之疆场，我文公帅诸侯及秦晋围郑。⑹秦大夫不询于我寡君，擅及郑盟。⑺诸侯疾之，将致命于秦。文公恐惧，绥靖诸侯，秦师克还无害，则是我有大造于西也。⑻

"无禄，文公即世，穆为不吊，蔑死我君，寡我襄公，迭我殽地，奸绝我好，伐我保城，殄灭我费滑，散离我兄弟，挠乱我同盟，倾覆我国家。⑼我襄公未忘君之旧勋，而惧社稷之陨，是以有殽之师。犹愿赦罪于穆公。⑽穆公弗听，而即楚谋我。天诱其衷，成王殒命，穆公是以不克逞志于我。⑾

"穆、襄即世，康、灵即位。康公，我之自出，又欲阙翦我公室，倾覆我社稷，帅我蟊贼，以来荡摇我边疆，我是以有令狐之役。⑿康犹不悛，入我河曲，伐我涑川，俘我王官，翦我羁马，我是以有河曲之战。⒀东道之不通，则是康公绝我好也。⒁

"及君之嗣也，我君景公引领西望曰：'庶抚我乎！'君亦不惠称盟，利吾有狄难，入我河县，焚我箕、郜，芟夷我农功，虔刘我边垂，我是以有辅氏之聚。⒂君亦悔祸之延，而欲徼福于先君献、穆，使伯车来命我景公曰：'吾与女同好弃恶，复修旧德，以追念前勋。'言誓未就，景公即世，我寡君是以有令狐之会。君又不祥，背弃盟誓。⒃白狄及君同州，君之仇雠，而我之昏姻也。君来赐命曰：'吾与女伐狄。'寡君不敢顾昏姻，畏君之威，而受命于使。君有二心于狄，曰：'晋将伐女。'狄应且憎，是用告我。⒄楚人恶君之二三其德也，亦来告我曰：'秦背令狐之盟，而来求盟于我，昭告昊天上帝、秦三公、楚三王，曰："余虽与晋出入，余唯利是视。"不榖恶其无成德，是用宣之，以惩不壹。'诸侯备闻此言，斯是用痛心疾首，暱就寡人。⒅寡人帅以听命，唯好是求，君若惠顾诸侯，矜哀寡人，而赐之盟，则寡人之愿也，其承宁诸侯以退，岂敢徼乱?君若不施大惠,寡人不佞,其不能以诸侯退矣。敢尽布之执事,俾执事实图利之。⁽¹⁹⁾"

【简释】

(1)晋侯,晋厉公,名周浦,晋景公之子,公元前 580 年至前 573 年在位。吕相,人名,晋国大夫,晋大夫魏锜之子,因食邑于吕,故称吕相。绝,绝交。

(2)昔逮:昔,往昔。逮,及。献公:指晋献公。穆公:指秦穆公。戮:并力,合力。申之以盟誓:申,明。晋献公与秦穆公曾有盟誓。重之以昏姻:重,作加重解。昏姻,即婚姻。指晋献公之女嫁为秦穆公夫人。天祸晋公:指晋献公时发生骊姬之乱。文公如齐:指公子重耳出奔齐国,重耳奔亡在外 19 年,先奔狄后去各国,只举齐国,是因齐为大国。惠公如秦:指公夷吾先奔梁,后由秦助其回国,只举秦国,也是因为秦国为大国。

(3)无禄:没有福禄,即死。言不再食禄,此处作"不幸"解。即世:死,去世。晋献公死于鲁僖公九年(公元前 651 年)。俾:使。用能:因而能够。奉祀:主持祭祀,指秦穆公送晋惠公回国即为君。

(4)大勋:大功。韩之师:韩地的战争,指秦晋韩原之战,鲁僖公十五年秦晋之战,晋惠公被俘入秦。悔于厥心:悔,后悔,遗憾。厥,其,指秦穆公。用集我文公:用,因而。集,安定,指秦穆公帮助重耳回国安定其君位。成:帮助,成全。

(5)躬擐甲胄:躬,亲身;擐,穿上。甲胄,作战时用的铠甲和头盔。跋履:跋涉。逾越险阻:逾越,超越;险阻,难下为险,难上为阻。这里泛指道路艰难。征东之诸侯:征,征伐。此处有率领之意。

胤(yìn):后代。东方诸侯国的国君大多是虞、夏、商、周的后代。这里指陈、杞、宋、卫诸国。林尧叟云:"言东方诸侯,皆四代之嗣,诸侯朝秦,事无所考,想当时必有往朝于秦者,因文(公)致之耳。"旧德:过去的恩惠。

(6)郑人怒君之疆场:怒,侵犯。疆场,边界。郑人怒君之疆场,意为郑人侵犯秦国的边境。秦晋围郑:事见《左传》僖公三十年。晋文公出亡过程中,郑文公不礼,晋到此时乃与秦联合围郑。当时郑并没有侵犯秦国的边境。围郑也只有晋秦两国,并无率领其他诸侯的记载。此系外交辞令,吕相故意夸大其词。

(7)"秦大夫不询于我"句:询,谋。此句意为秦人不同晋国商量,就私自与郑订盟而退。杜预注云:"盟着秦伯,谦言大夫。"

(8)疾:恨。致命:拼命,意为要进攻秦军。致命于秦:与秦国拼命。《左传》僖公三十年载欲望攻秦军者实为狐偃,并无其他诸侯,此亦夸大之词。绥靖诸侯:绥靖,安定。意为晋文公劝止诸侯。克还无害:克还,秦军全师胜利而还。无害,没有受到损害。大造:大功劳。西:指秦国。

（9）不为吊：不详，不善。蔑死我君：是说秦穆公因晋文公已死而无知，加以轻蔑。寡我襄公：寡，寡弱，这里是轻视的意思。秦国为晋襄公新立寡弱无助而加以侮慢。迭我殽地：迭，同"轶"，越过，指侵犯，侵袭。《左传》僖公三十三年载秦过晋伐郑，灭滑后回秦，在殽山附近被晋师击败。奸绝我好：奸绝，犹拒绝。我好，同我友好。言秦拒绝与晋国和好。保城：即城堡。高士奇《地名考略》谓保城非地名，保即堡，小城也。殄灭我费滑：殄（tiǎn）灭，灭绝，尽灭。费（bì），滑国的都城，在今河南偃师附近。费滑，滑国建都于费，故称费滑，实指滑国。散离：拆散。兄弟：指兄弟国家。散离我兄弟：滑与晋同姓，秦灭滑，故说散离我兄弟。滑、郑原是晋的盟国，所以说扰乱我同盟。挠乱：扰乱。

（10）犹愿：还是希望。赦罪：赦，同"释"，解也。说详见王引之《经义述闻》。殽之战后，晋国释放秦国的主帅，表示了"赦罪"即愿意和解的意思。

（11）即楚谋我：即，亲近。即楚，亲近楚国。谋我，谋算我晋国。据《左传》文公十四年载，殽之战秦败即放回楚囚斗克，以求与楚缔结盟约。天诱其衷：诱，启、开之意。衷，内心。此句为当时俗语，意即"上天打开它的内心"，如同后来说的"老天有眼"。成王殒命：楚太子商臣因其父成王欲立其庶弟王子职而废己，杀其父而自立为穆王，时当公元前626年，鲁文公元年。殒命：丧命，死亡。逞志：快意。

（12）穆、襄：穆，秦穆公。襄，晋襄公。即世：辞世。康、灵：康，秦康公。灵，晋灵公。即位：继位。康公，我之自出：秦康公是穆姬所生，晋国的外甥。阙翦：损害，削弱。蟊贼：食禾的害虫。食根叫蟊，食节叫贼。此处指公子雍。据《左传》鲁文公六年、七年载，晋襄公死，晋国大臣赵盾等主张立襄公的弟弟公子雍。公子雍寄居在秦国，秦康公因此派兵护送公子雍回国。但由于襄公夫人穆姬坚持要立她的儿子夷皋（即晋灵公），赵盾等屈服，并出兵在令狐迎击秦军。公子雍原由晋国前往迎回，此处说秦帅蟊贼，又说秦康公有意颠覆晋国，皆为诬枉之词。

（13）悛：改，改悔。河曲、涑川、王官、羁马：都是地名。河曲在今山西永济东南；涑川，水名，在今山西西南部；王官在今山西闻喜西；羁马在今山西永济南。

（14）东道之不通：秦在西，晋在东，故晋自言东道。不通，指两国邦交断绝。

（15）及君之嗣也：君，指秦桓公。嗣共公而立，公元前608年至前577年在位。引领：伸长着脖子。庶抚我乎：庶，庶几，或者，也许。抚，抚恤。此句意为秦国或许会对我晋国加以抚恤吧。君亦不惠称盟：称，副，符合。言秦桓公不肯赐惠于晋国，符合晋国的愿望，缔结盟约。利吾有狄难：《左传》宣公十五年载，晋灭赤狄潞氏。利吾有狄难意为秦国利用晋国交战之机。河县、箕、郜：均为地名。芟夷我农功：芟，原意为除去杂草，此处有割除之意。夷，伤害。农功，指农业和农村。虔刘我边垂：虔刘，劫掠，杀戮。垂，同陲，边境。辅氏之聚：辅氏，地名，今陕西朝邑县西北。聚，指聚集群众。意为把人民聚集在辅氏以抵抗秦师。见《左传》宣公十五年。

(16)君亦悔祸之延：君，指秦桓公。悔祸之延，对于延长两国战争灾祸感到后悔。徵福于先君献、穆：徵福，求取福庇，希望同好。献，晋献公。穆，秦穆公。伯车：秦穆公的儿子，名针，又称后子。令狐之会：成公十一年，秦桓公和晋厉公相约在令狐盟会。但秦桓公不过黄河，双方派代表往来结盟。秦桓公归国就背弃盟约。

(17)白狄及君同州：白狄，狄族中的一支。同州，古人把天下分为九州，秦和白狄同在雍州。而我之昏姻也：指晋文公娶季隗事。王伯祥注说："季隗，卷姈如赤狄之女也。白狄伐而获之，纳诸文公，故晋称我之昏姻。"使：指秦国传令的使臣。君有二心于狄：有同又。二心，指秦桓公又对狄表示友好，耍两面派手法，故言"二心"。狄应且憎：应，接受。憎，憎恨、嫌恶。此言狄一面接受秦君的话，一面嫌恶秦君。是用告我：是，因此。用，以，把。此言把秦君的话来告诉晋君。

(18)二三其德：三心二意，反复无常。昭告昊天上帝：昭，明。昊，大。昊天，犹言伟大的天。上帝，天帝。秦三公、楚三王：秦三公，指秦穆公、康公、共公。楚三王，指楚成王、穆王、庄王。出入：犹往来。此乃秦楚盟誓之词，由楚转告晋国，言"秦虽与晋往来，秦实唯视其利而从之，不以诚心与晋"。唯利是视：一心图利，唯利是图。不榖恶其无成德：不榖，楚王自称。恶其无成德，犹言厌恶他的二三其德。成德，固定的德行。是用宣之，以惩不一：宣，揭露。惩，惩罚。不一，言行不统一。斯是用痛心疾首：斯，这就是。用，因而。疾首，犹言头疼。暱就寡人：犹言亲近晋军。

(19)帅以听命：率诸侯来听候君王的命令。矜：怜悯，同情。承宁诸侯以退：承，接受。宁，宁静，安定。此句意为秦如允许订盟，则晋当接受秦君之命，把诸侯安定下来退去。徼乱：徼，求。言晋岂敢用兵以自求祸乱。不佞：犹言不才，不敏。此为当时的习语。其不能以诸侯退矣：不能以诸侯退，即要与秦作战。布之执事：把这实情在秦君的执事前陈述。俾执事实图利之：使执事图度其利害而决定它。图，考虑。利之，对秦国有利。

【事件简介与檄文赏析】

吕相，字宣子，是春秋中期晋国的一名大夫。他是"公族未得"《左传》(宣公十二年)的晋臣魏锜(武子)的儿子，食邑于吕，故其父亦名吕锜。吕相在晋悼公年代(前572—前558)曾任下军主帅，此后《经》《传》不见记载，但他却因出色完成此次外交使命而名垂后世。

成公十三年时，晋厉公以秦桓公背令狐之盟召楚与狄以图晋，乃使吕相出使秦国。历数秦自穆公以来，违信弃义，唯利是图事实，迫其俯首言和，否则与其绝

吕相画像

秦,并以兵戎相见。其目的在于唤起国人同仇敌忾之心,宣扬国外,使秦陷于孤立,以获先声夺人之国际宣传效果。秦晋两国,都是春秋时期争霸的大国,一在今天的陕西,一在今天的山西,既是近邻,又有婚姻关系,交往十分频繁。出于政治利益的考虑,他们有时友好,有时又是兵戎相见。鲁成公十一年(公元前580年),晋厉公与秦桓公原定在令狐会盟,秦桓公未遵守盟约,却挑唆白狄和楚国,夹攻晋国。晋厉公于是派大夫吕相去宣布秦国的罪状。绝,是断绝外交关系,准备战争的意思,类似今天的最后通牒。

这篇文章可以说是对秦晋外交关系的总清算。吕相作为外交官,自然处处站在晋君的立场上,维护晋国的利益,因而他在运用辞令时颇费周折,把晋国说得通情达理,始终保持友好愿望,帮助秦国排忧解难,只是在忍无可忍的情况下,才不得已而反击。而秦国却是反复无常,蛮不讲理,背信弃义,损害两国友谊。总之,好事尽归晋,坏事都是秦,为使晋国能够和其他诸侯国联合起来对秦制造舆论。从当时大国争霸关系来讲难有曲直、道义之分。刘勰在《文心雕龙·檄移》中说:"晋厉伐秦,责箕郜之焚,管仲吕相,详其意义,即今之檄文。"这也是我们把它归于檄文的原因。

妖言惑众约叛乱：吴王刘濞遗诸侯书(1)

吴王刘濞敬问胶西王、胶东王、淄川王、济南王、赵王、楚王、淮南王、衡山王、庐江王、故长沙王子(2)：幸教寡人！以汉有贼臣，无功天下，侵夺诸侯地，使吏劾系讯治，以僇侮辱之为故，不以诸侯人君礼遇刘氏骨肉，绝先帝功臣，进任奸宄，诖乱天下，欲危社稷。(3)陛下多病志失，不能省察。(4)欲举兵诛之，谨闻教。敝国虽狭，地方三千里；人虽少，精兵可具五十万。寡人素事南越三十余年，其王君皆不辞分其卒以随寡人，又可得三十余万。寡人虽不肖，愿以身从诸王。越直长沙者，因王子定长沙以北，西走蜀、汉中。告越、楚王、淮南三王，与寡人西面；齐诸王与赵王定河间、河内，或入临晋关，或与寡人会雒阳；燕王、赵王固与胡王有约，燕王北定代、云中，抟胡众入萧关，走长安，匡正天子，以安高庙。愿王勉之。楚元王子、淮南三王或不沐洗十余年，怨入骨髓，欲一有所出之久矣，寡人未得诸王之意，未敢听。(5)今诸王苟能存亡继绝，振弱伐暴，以安刘氏，社稷之所愿也。敝国虽贫，寡人节衣食之用，积金钱，修兵革，聚谷食，夜以继日，三十余年矣。凡为此，愿诸王勉用之。能斩捕大将者，赐金五千斤，封万户；列将，三千斤，封五千户；裨将，二千斤，封二千户；二千石，千斤，封千户；千石，五百斤，封五百户；皆为列侯。其以军若城邑降者，卒万人，邑万户，如得大将；人户五千，如得列将；人户三千，如得裨将；人户千，如得二千石；其小吏皆以差次受爵金。佗封赐皆倍军法。(6)其有故爵邑者，更益勿因。愿诸王明以令士大夫，弗敢欺也。寡人金钱在天下者往往而有，非必取于吴，诸王日夜用之弗能尽。有当赐者告寡人，寡人且往遗之。敬以闻。(7)

【简释】

（1）吴王刘濞遗诸侯书：遗(wèi)，书面语，赠予，送给。刘濞，刘邦的二兄刘仲的儿子。刘邦平定英布后封刘濞为吴王，管辖三郡五十三城。公元前154年，刘濞起兵造反，这是他写给造反诸王的书信。

（2）胶西王、胶东王、淄川王、济南王、赵王、楚王、淮南王、衡山王、庐江王、故长沙王子：以上诸王均属西汉初年刘氏同姓王。胶西王刘昂、胶东王刘雄渠、淄川王刘贤、济南王刘辟光为齐王刘肥诸子，其王国为原齐国旧地；赵王刘遂、楚王刘戊、淮南王刘安、衡山王刘勃、庐江王刘赐为前淮南王刘长的三个儿子。他们都是汉景帝削藩的对象。吴王刘濞首先与齐王刘肥诸子中最强大的胶西王刘昂联络,约定反汉事成,吴与胶西分天下而治之。胶西王刘昂又与他的兄弟、齐国旧地其他诸王相约反汉。吴王刘濞还与楚、赵、淮南诸国通谋。削藩诏传到吴国,吴王刘濞立即谋杀吴国境内汉所置二千石以下官吏,与楚王刘戊、赵王刘遂、胶西王刘昂、济南王刘辟光、淄川王刘贤、胶东王刘雄渠等分别起兵。原来参与策划的诸王中,齐王将闾临时背约城守,济北王刘志和淮南王刘安都为国内亲汉势力所阻,未能起兵。淮南王刘安见信心动准备起兵,淮南相张释之取得兵权却闭门不出没有反叛。庐江王刘赐"不应",衡山王刘勃"坚守无二心"。长沙王则没有动静。叛乱很快被平。

(3)贼臣:指汉景帝时期御史大夫晁错。晁错(前200—前154),颍川(今河南禹县)人,西汉时期的政治家。文帝时任太常掌故,后任太子家令,深得太子的信任,号称"智囊"。景帝即位后,晁错改任御史大夫。他坚持"重本抑末"政策,积极备御匈奴贵族的攻掠,并坚决主张削夺诸侯王国的封地,以巩固中央集权制度和维护国家的安定统一。汉景帝采纳了晁错"削藩"的建议,开始削夺王国的部分土地,划归中央直接管辖。为对抗中央,甚至夺取帝位,吴楚等七国遂于公元前154年发动了公开的武装叛乱。其主谋和祸首就是刘濞。当叛乱爆发后,景帝杀掉晁错,派使者劝说刘濞息战退兵,但他拒不答应,并狂妄地宣称"我已为东帝"。这就完全暴露了他的野心,说明书信中的表白完全是虚伪奸诈的欺人之谈。而书信中关于"力""势"的夸饰渲染,也不能改变刘濞等失败的命运。汉朝中央政府仅用了三个月的时间就平定了"七国之乱"。

僇(lù)侮辱之为故:故,即事。意思是指他们专以侮辱诸侯为事。奸宄(guǐ):指犯法作乱之人。诖(guà):欺骗,贻误。这是刘濞提出反叛的理由。

(4)陛下多病志失,不能省察:陛下(汉孝景帝)身体多病,需要静养,不能够仔细考察(晁错的所作所为)。汉景帝刘启(前188—前141),公元前157—前141年在位。即位后继续实行汉初的"与民休息"政策,支持晁错加强中央集权的主张,进行"削藩"争斗。旧史学家把他和文帝统治时期并举,称之为"文景之治"。王国势力强大的局面,是汉高祖刘邦时形成的。文帝碍于形势,没有实行削藩。景帝即位后,中央专制皇权和地方王国势力的矛盾日益激化,景帝接受晁错所上《削藩策》,下诏削赵王刘遂常山郡,胶西王刘昂六县,楚王刘戊东海郡;景帝三年,又削吴王刘濞会稽等郡。削藩之举激起了诸王的强烈反对。吴王刘濞年六十二,是宗室元老,也是晁错所议削藩的主要对象。他致书诸侯王,声称起兵目的是诛晁错,恢复王国故地,安刘氏社稷。在他的影响和策划下爆发的这次叛乱,遍及整个关东地区,形成东方诸王"合纵"攻汉的形势,震动很大。

（5）南越：此泛指吴地的少数民族。越直等句：意思是，南越与长沙之地相连，长沙王子平定长沙以北地区以后，可以再进军蜀地和汉中。告越等句：意思是，在告诉东越、楚、淮南三王，与吴王联手，一起向西进军。齐诸王：指齐地的胶西王、胶东王、淄川王等。胡：指当时北部边疆地区的匈奴。抟（tuán）：同团，意思是专门统领匈奴的军队。不沐洗：沐，受恩泽，可引申为受到恩惠。不沐洗，意思是说得不到朝廷所施及的恩泽。未敢听：听，处理、判断。未敢听，意为不敢妄断。这是刘濞提出的进兵方略。

（6）存亡继绝，振弱伐暴：亡、绝、弱，指那些因叛乱或其他原因被消灭剥夺或削弱的同姓诸侯王。万户：即万户侯。汉代制度，列侯食邑，小者五六百户不等。二千石：汉代内自九钦郎将，外至郡守郡尉的俸禄等级都是二千石，分为三等：中二千石，月俸八十斛；二千石，月俸百二十斛；比二千石，月俸百斛。佗：同"他"。此处意为"其他"。封赐皆倍军法：意思是吴王刘濞的封赐是汉朝平常封赐办法的一倍。这是刘濞许诺的赏赐标准。

（7）其有故爵邑者，更益勿因：对于那些原来有爵位的，更会增加赏赐。寡人金钱在天下者往往而有，非必取于吴，诸王日夜用之弗能尽：我的财富存在于全国，并不是只在吴国，诸王尽情使用也用不完。寡人且往遗之：我将亲自前去赠送。

【事件简介与檄文赏析】

本文选自《史记·吴王刘濞列传》，是刘濞在叛乱前分送诸王的信。

刘濞（bì）（前216—前154），沛县（今江苏省沛县）人，汉高祖刘邦的侄子，刘仲的长子，被刘邦封为吴王。刘濞性情极为剽悍勇猛且有野心，性格与其父相反，却与刘邦相似。汉高帝十一年乙巳（公元前196年），年满二十岁的刘濞受封为沛侯，英布反时，刘濞以骑将，随从刘邦破英布军。刘濞从军有功，汉高祖又顾及吴郡接壤东越等国，乃需选壮王镇之，汉高帝十二年丙午（公元前195年），刘邦惧怕江东人士不服他的皇权，故而封刘濞为吴王，都于沛（江苏省沛县），改当年刘贾所封的荆国为吴国，统辖东南三郡五十三城，定国都于广陵（江苏省扬州市）。刘濞惧怕江南，故而不敢以荆国旧都——吴县（今苏州）为其国都。

吴王刘濞塑像

汉文帝时，刘濞的儿子吴国太子在京城与文帝皇太子刘启（即后来的汉景帝）下棋时出现争执，吴太子无礼，被皇太子所杀，刘濞痛失爱子。刘濞在封国内大量铸钱、煮盐,并招纳工商和"任侠奸人",以扩张割据势力,图谋篡夺帝位。汉景帝采御史大夫晁错建议,削夺王国封地,刘濞谋划了"清君侧"的策略,以诛晁错为名,联合楚、赵等国叛乱,便在景帝三年丁亥(公元前154年),带领楚、赵等七国公开叛乱,史称七国之乱。

七国之乱的根源,是强大的王国势力与专制皇权的矛盾。汉高祖死后,当权的吕后违背誓约,立诸吕为王。吕后对于受封为王的高祖诸子,控制很严,有些国王甚至被摧残致死。吕后专权以及分封诸吕为王,激起了刘姓诸王的强烈反对,王国势力与专制皇权的矛盾,以刘姓诸王与拥刘大臣团结反吕的形式表现出来。文帝时一再发生王国叛乱。景帝即位后,中央专制皇权和地方王国势力的矛盾日益激化,景帝削藩之举激起了诸王的强烈反对。吴楚"七国之乱"是以刘邦之侄吴王刘濞为首发动的一次同姓王联合大叛乱。

这场叛乱导火线是,汉景帝三年(公元前154年),景帝和晁错认为吴王刘濞有罪,欲削他的会稽和豫章两郡。刘濞就乘机串通楚、赵、胶西、胶东、淄川、济南六国的诸侯王,发动了联合叛乱。刘濞发兵二十万,号称五十万,为主力。又派人与匈奴、东越、闽越贵族勾结,用"请诛晁错,以清君侧"的名义,举兵西向。叛军顺利地打到河南东部。汉景帝因此惶恐,先听从袁盎的建议杀了晁错,想满足他们"清君侧"的要求换取他们退兵,但晁错已死,叛军不退,还公开声言要夺皇位。叛军至梁国(今河南商丘),为汉景帝之弟梁王武所阻。至此时,汉景帝才决心以武力进行镇压。他命太尉周亚夫与大将军窦婴率三十六将军,以骑兵断绝了叛军的粮道,只用了三个月的时间,就大破叛军。刘濞逃到东越,为东越人所杀。其余六王皆畏罪自杀,七国皆被废除。

当时以吴楚八十万之力,确实可以横扫中原,大军直逼睢阳,威胁函谷关,在久攻不下的情况下,有一位恒将军提出移师洛阳,攻下天下粮仓的计谋,跋扈的刘濞没有采纳,后来周亚夫断了他的粮草以后才醒悟过来,这个时候本来的联盟就很松散纷纷作鸟兽散,无奈之下退守吴地,结果被一群蛮夷杀了。

应该说刘濞一开始定下的政治和军事策略是对的,"诛晁错,清君侧"以及进军路线都是对的,但是后续策略却一直被皇帝给牵着,就是不懂得变通,一个"拖"字就拖死了自己。

布其三逆著雄文：隗嚣讨王莽檄

　　故新都侯王莽[1]，慢侮天地，悖道逆理。鸩杀孝平皇帝，篡夺其位。矫托天命，伪作符书，欺惑众庶，震怒上帝。反戾饰文，以为祥瑞。戏弄神祇，歌颂祸殃。楚、越之竹，不足以书其恶。天下昭然，所共闻见。今略举大端，以喻使民。[2]

　　盖天为父，地为母，祸福之应，各以事降。莽明知之，而冥昧触冒，不顾大忌，诡乱天术，援引史传。昔秦始皇毁坏谥法，以一二数欲至万世，而莽下三万六千岁之历，言身当尽此度。循亡秦之轨，推无穷之数。是其逆天之大罪也。[3]

　　分裂郡国，断截地络。田为王田，卖买不得。规锢山泽，夺民本业。造起九庙，穷极土作。发冢河东，攻劫丘垄。此其逆地之大罪也。[4]

　　尊任残贼，信用奸佞，诛戮忠正，复按口语，赤车奔驰，法冠晨夜，冤系无辜，妄族众庶。行炮烙之刑，除顺时之法，灌以醇醯，袭以五毒。政令日变，官名月易，货币岁改，吏民昏乱，不知所从，商旅穷窘，号泣市道。设为六筦，增重赋敛，刻剥百姓，厚自奉养，苟且流行，财入公辅，上下贪贿，莫相检考，民坐挟铜炭，没入钟官，徒隶殷积，数十万人，工匠饥死，长安皆臭。既乱诸夏，狂心益悖，北攻强胡，南扰劲越，西侵羌戎，东摘濊貊。使四境之外，并入为害，缘边之郡，江海之濒，涤地无类。故攻战之所败，苛法之所陷，饥馑之所夭，疾疫之所及，以万万计。其死者则露尸不掩，生者则奔亡流散，幼孤妇女，流离系虏。此其逆人之大罪也。[5]

　　是故上帝哀矜，降罚于莽，妻子颠殒，还自诛刈。大臣反据，亡形已成。大司马董忠、国师刘歆、卫将军王涉，皆结谋内溃，司命孔仁、纳言严尤、秩宗陈茂，举众外降。今山东之兵二百余万，已平齐、楚，下蜀、汉，定宛、洛，据敖仓，守函谷，威命四布，宣风中岳。兴灭继绝，封定万国，遵高祖之旧制，修孝文之遗德。有不从命，武军平之。驰命四夷，复其爵号。然后还师振旅，櫜弓卧鼓，申命百姓，各安其所，庶无负子之责。[6]

【简释】

（1）王莽（公元前45—公元23年），西汉末年外戚，新朝的建立者。字巨君。汉元帝皇后王政君侄。早年折节恭俭，勤奋博学，孝事老母，养护寡嫂兄子，以德行著称。成帝时封为新都侯。哀帝时，外戚丁、傅两家辅政，王莽被迫告退，闭门自守。哀帝死，王政君以太皇太后临朝称制，任王莽为大司马，拥立刘衎(kàn)为平帝，由他总揽朝政。遂诛灭异己，大封汉宗室、功臣子孙和在朝大官为侯，广植党羽，以此获得了许多人的拥护。平帝死，改立2岁的孺子婴为帝，自己以摄政名义据天子之位，称"假皇帝"。初始元年(公元8年)废孺子婴，自称皇帝，改号为新，建年号为"始建国"。于是托古改制，下令变法：将全国土地改为"王田"，限制个人占有数量；奴婢改称"私属"，均禁止买卖；推行五均六筦，以控制和垄断工商业，增加国家税收；屡次改变币制，造成经济混乱，农商失业，食货俱废；恢复五等爵，经常改变官制和行政区划；等等。由于贵族、豪强破坏，改制没有缓和社会矛盾，反使阶级矛盾激化；又对边境少数民族政权发动战争，赋役繁重，横征暴敛，法令苛细，终于在公元17年爆发了全国性的农民大起义。公元23年，新王朝在赤眉、绿林等农民起义军的打击下崩溃，王莽也在绿林军攻入长安时被杀。王莽是一个复杂的历史人物。传统对王莽的评价都是停留在他是一个篡权的外戚，统治无方，最终18年后就被刘秀给灭亡了，总体上是一个负面人物。但要看到王莽的积极方面：第一，王莽是一个有着创新思路的统治者，在看到西汉末年统治腐朽，民不聊生之后，他采取了积极的改革措施，虽然失败了，但是在封建社会中能有这样的创新精神应该赞扬；第二，王莽重新采用了中央集权的做法来实现国家的统一，为刘秀建立一个统一的东汉奠定了基础；第三，王莽也是一个有抱负的国君，他的亡国不能只是简单地归结为他的失败，有着很多的客观因素。

(2)鸩杀孝平皇帝，篡夺其位：平帝(公元前9—公元5年)刘衎，元帝庶孙，中山孝王刘兴子。公元元年即位，时9岁，在位5年王莽掌权。公元5年，被王莽毒死。时年14岁。

矫托天命，伪作符书：为了制造取代西汉王朝的舆论，在王莽的示意下，不少拥护王莽的官吏、地主和儒生一而再、再而三地向王莽献祥瑞、符命和图等，为其歌功颂德。初始元年(公元8年)冬，有个"素无行，好为大言"的梓潼(今四川梓潼)人哀章，见王莽摄政，制作了一只铜匮，里面装上伪造的符书，来到刘邦的神庙，将符书献给王莽。符书的内容是刘邦传位给王莽，太后应照天命行事。符书上还写有王莽宠幸的几个大臣及哀章的名字，说这些人应当封为高官，辅佐新天子。急于做真皇帝的王莽见此符书后大为兴奋，立即下书诏告天下，宣布遵照天意接受刘邦的禅让，即日登基，以公元9年为始建国元年，定国号为"新"。为了表示他敬畏天命，迫不得已，在他将孺子婴赶下皇位时，还"亲执孺子婴手，流涕歔欷""哀叹良久"。同时，他还封孺子婴为定安公，"永为新室宾"。此后，在中国历史上，凡朝代更替，只要是同民族的，都沿袭王莽的这个成例，行禅让典礼。

反戾饰文,以为祥瑞。戏弄神祇,歌颂祸殃:《汉书·王莽传》记载,王莽篡夺西汉政权之前,曾令人伪造了不少谶图,为自己夺权制造舆论。当然,王莽自己更没料到,他利用文字游戏瞒骗大众的伎俩,很快在风起云涌的农民起义中露出原形,最后被人民革了命。

(3)秦始皇毁坏谥法,以一二数欲至万世:秦始皇统一六国以后,废除了春秋战国存在的子议父、臣议君的谥法,"如此则子议父,臣议君也,甚无谓,朕弗取焉",规定皇帝按照世代排列,"朕为始皇帝,后世以计数,二世,三世至于万世,传之无穷"。结果秦王朝至二世而亡。

莽下三万六千岁之历,言身当尽此度:公元8年,王莽代汉自立,建新朝,年号为"始建国"。王莽建立的新朝那几年没有用夏历,新朝王莽始建国1年,以12月为正月。

(4)分裂郡国:西汉原来对地方的统治实行郡国并行之制。莽新王朝建立后,王莽曾数度下令重新规划行政区,并以《周官·王制》为蓝本,更改官吏名称。在有些地方,原来的一县之地竟被分为六县,分裂郡国即指此。

断截地络:王莽还更改了许多地名,给人民生活带来极大的不便,甚至连官吏也弄不清楚,所以王莽在后来的诏令中提到某地时也只好注明故某地。

田为王田:这是王莽改制核心内容之一。为解决西汉末年土地高度集中的社会问题,王莽根据《周礼·王田》记载的井田制度,开始推行"天田"之制。规定所有土地收归国有,称为"王田",私人对此不得买卖;男丁八口以下之家占田超过"一井"(900亩)者,将多余的田地分给宗族、邻里、乡党;原来无田者,可按制度得到土地,一夫一妇给予百亩。"王田"制度遭到地主官僚的抵制和反对,不久即被废止。

造起九庙:古时帝王立庙祭祀祖先,本来只有太祖庙及三招庙、三穆庙,共七庙。王莽称帝后增为祖庙五,亲庙四,共九庙。九庙穷极壮丽,花费巨大。

发冢河东:在汉哀帝即位之初,掌握朝廷大权的外戚丁、傅家曾抑制排斥过王莽。当汉元帝和丁、傅两皇后死去以后,大权在握的王莽开始报复。在他的授意下,其党羽组织了10余万人,用了20多天的时间,铲平了丁、傅的两座墓。为发泄心头之恨,王莽还命人在该坟地周围栽满荆棘。发冢河东即指此事。

(5)复按口语,赤车奔驰:赤车,古代收捕犯人的官吏所乘之车。李贤注:《续汉志》曰:"小使车,赤毂白盖赤帷,从驺骑四十人。"按,当是近小使车,《后汉书·舆服志上》:"近小使车,兰舆赤毂,白盖赤帷。从驺骑四十人。此谓追捕考案、有所敕取者之所乘也。"指只按口供抓人下狱。

炮烙之刑:商纣王在位时,为了镇压反抗者所设置的一种残酷的刑罚名称。《史记·殷本纪》:"纣乃重刑辟,有炮烙之法。"即在铜柱上涂油,下加炭使热,令有罪之人行其上,辄坠炭中活活烧死。据记载,王莽曾以此刑烧杀陈良、终带等27人。

除顺时之法:按传统,处决死囚多在秋季。王莽却作不顺时之命,往往春夏斩人。

灌以醇醯(chún xī),袭以五毒:醇醯,纯醋。袭以五毒,指王莽残暴无道。据史载:王莽以董忠谋反而收其宗族,之后用纯醋、毒药、白刃、丛棘折磨摧残他们,最后并为一坎而掩埋掉。

政令日变,官名月易:为了表示改朝换代,革汉立新,废刘兴王,王莽根据儒家经典,将一大批政府机构和官职改换名称。地方官职的名称也多有改动:太守改为大尹(或卒正、连率)、都尉改为太尉、县令(长)改为宰,等等。此外,王莽还增加了许多新的官职,在地方,州置牧副,部置监副,等等。

货币岁改:王莽共进行了四次币制的改革。第一次是在他即位前的居摄二年(公元7年),下令在五铢钱之外增铸大钱、契刀、错刀。新朝建立后,王莽又在始建国元年(公元9年)进行第二次改革,废除五铢钱及刀币,另外发行宝货,计有五物(金、银、龟、贝、铜)、六名(钱货、黄金、银货、龟、贝货、布货),共二十八种货币。由于货币种类太多,换算起来又十分困难,因此流通非常不便。所以人们仍在暗地使用五铢钱。为推行新币制,王莽采取强制措施,下令严禁私铸钱,甚至民家藏有铜、炭者,都被指为私铸货币,一家盗铸,五家连坐。即使这样,也无法使新货币顺利流通。一年以后,王莽被迫废除刚刚施行的二十八种货币,只留小钱值一和五钱五十两种继续使用。第四次改革是在天凤元年(公元14年),废大、小钱,另作货布、货泉两种。货泉重五铢,货布重二十五铢,但一货布却值二十五货泉,货币价值的比例十分不合理。这次改革,非但没有理清混乱的货币体制,反而加剧了混乱。而且,这些改革都是以新铸的劣质货币代替质量较高的旧币,然后又以更劣的货币代替原来铸造的货币,每更换一次货币,百姓就要遭受一次盘剥。由于这些货币无信誉可言,所以在王莽施行货币改革期间,物价飞涨,社会经济十分混乱,黎民百姓深受其害,每一易钱,民用破业而大陷刑,不少人甚至在市场上痛哭。

六筦:是王莽改制中的重要经济政策,它包含五均赊货,再加上政府经营的盐钱、铁、酒、铸钱和山泽税等六项,合为六筦。

苴苴:指馈赠的礼物,引申为贿赂。

民坐挟铜炭:为防止民间盗铸货币,王莽实行"一家铸钱,五家坐之"的严苛刑罚,甚至民家藏有铜、炭者,也被认为私铸货币。

钟官:王莽时期主掌铸造货币的官员。

徒隶殷积,数十万人:王莽原来曾规定,凡私自铸钱者,处以死刑。后来由于犯私铸罪者与日俱增,杀不胜杀,于是改为罚做官奴婢。结果因此而沦为奴婢者,多达

10万人以上。

北攻强胡,南扰劲越,西侵羌戎,东摘濊貊(wèi mò):王莽一改西汉自昭宣以来建立的与邻国平等友好关系,妄自尊大,使中央政府与周边国家的关系日趋恶化,将西域各国的王改封为侯,向臣服于汉的高句丽征兵,改变了与匈奴友好的态度。王莽动员全国的财力、物力,并下令将天下男丁及死罪囚吏民奴发往北方,将全国吏民三分之一的财产资助军费开支,准备同匈奴长期作战。这样,大大加重了内地人民的负担,使得西汉末年以来的社会问题以及王莽改制所带来的新的社会矛盾进一步加剧,终于导致了全国此伏彼起的暴动和起义浪潮。羌,中国古代西部的民族。濊貊,是中国东北的古老的民族,又称貉、貊貉或藏貉,古文献称之为"白民"、"亳人"或"发人"。濊貊族是由濊人和貊人会合而成,以农业城栅为特点,不同于游牧族。濊貊族在夏商之际广泛分布于南起山东半岛北至松花江流域中游的广大地区,濊貊主体在山东半岛,周灭商后逐渐迁至东北地区,另有一部分濊貊人迁至古朝鲜半岛北部(汉四郡地区),最远到汉江南北两岸都有濊貊人的足迹。

(6)妻子颠殒,还自诛刈:指王莽逼杀其儿子王宇、王临等以后,其妻王氏由此而涕泣失明,不久即病死。大臣反据,亡形已成:董忠、刘歆、王涉等本来是王莽集团的骨干,在农民军取得一系列重大胜利,并开始向都城发动凌厉攻势的背景下,他们密谋发动政变,劫持王莽。后因不慎,走漏风声,董忠被杀,王涉、刘歆也被迫自尽。"结谋内溃"即指此事件。

司命孔仁(?—公元23年)新莽时期司命将军,地皇三年(公元22年)王莽派遣孔仁、严尤、陈茂等前去就地募兵,以镇压起义者。但不与兵符。地皇四年(公元23年)扬州牧李圣、司命孔仁在山东地区吃了败仗,李圣战死。孔仁率领部众投降,过后又拔剑自杀。

高祖:即汉高祖刘邦。孝文(前202—前157):即汉文帝刘恒,公元前179—前157年在位。他实行"与民休息"的政策,减轻田赋、刑狱,使农业生产有所恢复发展。又削弱诸侯王势力,以巩固中央集权。旧史家将他同汉景帝统治时期并称为"文景之治"。

櫜(gāo)弓卧鼓:櫜,是收藏盔甲、弓矢的器具。櫜弓,即将弓箭收藏起来。卧鼓,即息鼓。櫜弓卧鼓引申为战争结束。

庶无负子之责:意思是如果百姓襁负流亡,责任应该由国君来负。现在百姓各安其业,国君就没有这种责任了。可引申为百姓安于乡里,国君治于朝廷,上下相安,共享太平之乐。

【事件简介与檄文赏析】

本文选自《后汉书·隗嚣传》,是起兵反王莽的隗嚣于公元23年秋发布的檄文。

　　隗嚣(?—公元33年),字季孟,天水成纪(今甘肃秦安)人。出身陇右大族,青年时代在州郡为官,以知书通经而闻名陇上。王莽的国师刘歆闻其名,举为国士。刘歆叛逆后,隗嚣归故里。刘玄更始(公元23年)政权建立后,隗嚣叔父隗崔、兄隗义及上(今甘肃天水市)人杨广、冀县(今甘肃甘谷县)人周宗等合谋起义,响应刘玄,兴汉灭莽。隗嚣趁机占领平襄(今甘肃通渭县),杀了王莽的镇戎郡(今甘肃天水一带,治平襄)大尹。因隗嚣"素有名,好经书",推为上将军。从此隗嚣成了割据一方的势力。

　　隗嚣建立割据势力后,听从军师方望的主张,以"承天顺民,辅汉而起"为宗旨,号召人民讨伐王莽,并修高祖庙,盟誓效忠汉室。刘玄更始元年(公元23年)七月,隗嚣诸将领向各州牧、部监、郡国发布檄文(即本文),列举王莽罪状,共同谋伐。于是隗嚣兴兵十万,攻占雍州、安定,杀死州牧陈庆、大尹王向等。此时,长安汉将起兵杀了王莽。隗嚣趁势先后攻占了陇西、武都、金城(今甘肃兰州)、武威、张掖、酒泉、敦煌等郡县。更始二年,隗嚣归顺更始,封为右将军。这年冬天,隗崔、隗义合谋反叛,隗嚣告密,刘玄感其大义灭亲(隗嚣亲叔父隗崔和兄隗义),封为御史大夫。东汉光武帝刘秀即位(公元25年)后,又得到光武帝的器重,但隗嚣将陇西视为自己的独立王国,光武帝知隗嚣终不为他用而出兵讨伐,隗嚣公开叛汉始终不降,建武九年(公元33年)隗嚣病故,部将王元立隗嚣少子隗纯为王。

　　翌年汉军来歙攻破洛门,势逼陇上,隗纯和其部将全部投降,从此结束了陇右隗氏的统治。他的这篇檄文内容充实,表达独到,主旨明确,层次分明,结构严谨。檄文以"慢侮天地、悖道逆理"为总纲,在高度概括王莽罪恶的基础上,又分别陈述王莽"逆天""逆地""逆人"之恶。文章环环相扣,步步深入。《文心雕龙·檄移》在论及此篇檄文时说:观隗嚣之檄文,"布其三逆,文不雕饰,而词切事明,陇右之士,得檄之体矣"。隗嚣不愧文武全才。

辞赋大家亦帅才：司马相如喻巴蜀檄

告巴蜀太守：

　　蛮夷自擅，不讨之日久矣。时侵犯边境，劳士大夫。陛下即位，存抚天下，安集中国。⑴然后兴师出兵，北征匈奴，单于怖骇，交臂受事，屈膝请和。康居西域，重译纳贡，稽颡来享。移师东指，闽越相诛。右吊番禺，太子入朝。南夷之君，西僰之长，常效贡职，不敢堕怠，延颈举踵喁喁然，皆向风慕归义，欲为臣妾，道里辽远，山川阻深，不能自致。夫不顺者已诛，而为善者未赏，故遣中郎将往宾之，发巴蜀之士各五百人，以奉币帛，卫使者不然，靡有兵革之事，战斗之患。今闻其乃发军兴制，惊惧子弟，忧患长老，郡又擅为转粟运输，皆非陛下之意也。当行者或亡逃自贼杀，亦非人臣之节也。⑵

　　夫边郡之士，闻烽举燧燔，皆摄弓而驰，荷兵而走，流汗相属，唯恐居后，触白刃，冒流矢，义不反顾，计不旋踵，人怀怒心，如报私仇。彼岂乐死恶生，非编列之民，而与巴蜀异主哉？计深虑远，急国家之难，而乐尽人臣之道也。故有剖符之封，析珪而爵，位为通侯，处列东第。终则遗显号于后世，传土地于子孙，行事甚忠敬，居位甚安逸，名声施于无穷，功烈著而不灭。⑶是以贤人君子，肝脑涂中原，膏液润野草而不辞也。今奉币役至南夷，即自贼杀，或亡逃抵诛，身死无名，谥为至愚，耻及父母，为天下笑。人之度量相越，岂不远哉！然此非独行者之罪也。父兄之教不先，子弟之率不谨，寡廉鲜耻，而俗不长厚也。其被刑戮，不亦宜乎！⑷

　　陛下患使者有司之若彼，悼不肖愚民之如此，故遣信使，晓谕百姓以发卒之事，因数之以不忠死亡之罪，让三老孝悌以不教诲之过。方今田时，重烦百姓，已亲见近县，恐远所溪谷山泽之民不遍闻，亟下县道，使咸喻陛下之意，无忽。⑸

【简释】

（1）蛮夷：古代华夏中原民族对四方少数民族的通称。

自擅：自专其事，自作主张，不服朝廷之命。讨：征伐。

陛下：指汉武帝刘彻（前156—前87），汉朝第六位皇帝，汉族，中国古代伟大的政治家、战略家、诗人、民族英雄，他当政期间，西汉王朝的思想、政治、经济以及民族关系都得到巩固和发展,是中国历史上具有雄才大略的著名皇帝。汉武帝是汉景帝刘启的第十个儿子,其母是皇后王娡。公元前 156 年生于长安,公元前 87 年崩于五柞宫,享年 70 岁。汉武帝 4 岁时被册立为胶东王,7 岁时被册立为太子,16 岁登基,在位 54 年(前 140—前 87),建立了西汉王朝最辉煌的功业。曾用年号:建元、元光、元朔、元狩、元鼎、元封、太初、天汉、太始、征和、后元。谥号"孝武",后葬于茂陵。存抚:慰问、安抚。安集:和睦安定。

(2)北征匈奴:汉武帝时期,曾于公元前 133—前 119 年,以卫青、霍去病为将,进击匈奴贵族,解除了匈奴的威胁,保障了北方经济文化的发展。

交臂受事,屈膝请和:拱手称臣,屈膝求和。

康居:古代西域国名。在汉宣帝、汉元帝时始与中国交往,司马相如写此《喻巴蜀檄》时,康居尚未来朝中国,言其来朝,乃夸大其词,以张声威。

重译:言西域诸国来汉朝,需穿越许多国家,要辗转翻译,方能通话相交往。

稽颡来享:请求朝见武帝,虔敬地叩头,进献贡物。稽颡,古时的一种跪拜礼,屈膝下拜,以额触地。

闽越:我国古代东南地区的种族名,也是战国后期的国名。汉高祖五年(公元前 190 年),封驺无诸为闽越王,自此以后 92 年间,三代相传,六王执政,其中无诸长子袭位不久被其弟甲所杀,甲又被弟郢所杀,郢被弟余善所杀,内部斗争激烈,残杀相仍,故曰"闽越相诛"。但这些诛杀背后,都有汉王朝与闽越间的政治背景,如汉武帝建元六年(公元前 135 年),闽越王乘南越王赵佗去世之机,发兵相攻。武帝应南越王胡之请,派王恢与韩安国夹击闽越,闽越王郢之弟余善乘机杀郢降汉,故曰"移师东指,闽越相诛"。吊:至。番禺:古地名,为南越的都城,故这里的番禺就是南越的代称。据记载,闽越袭击南越被汉王朝阻止后,汉王朝派庄助谕意南越王胡,胡派太子婴齐至长安"入宿卫"。这里的"太子入朝"当指此事。

僰(bó):古代少数民族。居住于现在川南以及滇东一带。效:呈献。贡职:当贡献的赋税。延颈举踵:伸长脖颈,高抬脚跟。喁喁:形容众人向慕之状。归义:附归于仁义者,即归附汉王朝。自致:亲自表示其心意。中郎将:此指唐蒙。宾之:以礼相待,使其安然归附。卫使者不然:保卫使者唐蒙不发生意外。不然,犹"不虞",意外的事情。靡:无,没有。

今闻其乃发军兴制:皇上听说中郎将竟然动用战时法令。

郡又擅为转粟运输,皆非陛下之意也:巴、蜀二郡又擅自为中郎将转运粮食,这都不是皇上的本意。

当行者:指应当被征发的人。或:有的人。自贼杀:自相残杀。

亦非人臣之节:这也不是为臣者的节操。

（3）烽举燧燔：烽烟点燃起来。烽燧为古代边防的警报设备，边塞遇到敌人侵扰，则在高台上烧柴以示警，夜晚点燃的火称"燧"，白天点燃的称"烽"。张楫曰："昼举烽，夜燔燧。"《索引》引韦昭曰："烽，束草置之长木之端，如絜皋，见致则烧举之。燧者，积薪，有难则焚之。烽主昼，燧主夜。"从敦煌等地古烽火台遗地所发现的实物，可证韦说是。

摄弓：张弓待射。荷兵：扛着兵器。走：奔跑。此指冲向战场。相属：相连。

旋踵：旋转脚跟，意为向后逃跑。计不旋踵，从没想到掉转脚跟，向后逃跑。

编列之民：名字编入户籍之民。

与巴蜀异主哉：与巴、蜀不是同一个君主吗？

剖符之封：指重大的封赏。符本是信物，一剖为二。古代分封功臣，朝廷与被封者各执其半，以为凭证。析珪(guī)：即"析圭"，分颁玉圭，赏赐爵位。按，圭本是古代长条玉器名，诸侯所执，当作守邑的信物。通侯：即列侯，汉代爵位之一。东第：即甲第，最好的住宅。因在京城之东，故曰东第。施：延续，传续。

（4）役：徭役。抵：至于。越：远离。长厚：淳厚。被：遭。

（5）悼：哀伤。遣：派。信使：宣喻朝廷意旨的诚信使者。古代也称使者为信。因：趁机。数：数落，指责。让：责备。三老：古代乡间负责教化的长官。孝悌：古代乡间负责教化的官员。都是汉代乡官之名。重烦：一再烦扰。亟：急。道：居有蛮夷的县称道。忽：忘。

【事件简介与檄文赏析】

本文选自《史记·司马相如列传》，是汉武帝派司马相如出使巴蜀时，司马相如写的宣喻老百姓的檄文。

司马相如（约前179—前127年），字长卿，汉族，蜀郡(今四川省成都)人。西汉大辞赋家。其代表作品为《子虚赋》。作品辞藻富丽，结构宏大，使他成为汉赋的代表作家，后人称之为"赋圣"。他与卓文君的爱情故事也广为流传。鲁迅的《汉文学史纲要》中在一个专节里评述指出："武帝时文人，赋莫若司马相如，文莫若司马迁"。

司马相如少年时喜欢读书，很仰慕蔺相如的为人，就改名相如。他凭借家中富有的资财而被授予郎官之职，侍奉孝景帝，做了武骑常侍，但这并非他的爱好。正赶上汉景帝不喜欢辞赋，这时梁孝王刘武前

司马相如画像

来京城朝见景帝,跟他来的善于游说的人,有齐郡人邹阳、淮阴人枚乘、吴县人庄忌先生等。司马相如见到这些人就喜欢上了,因此就借生病为由辞掉官职,旅居梁国。梁孝王让司马相如与这些读书人一同居住,司马相如才有机会与读书人和游说之士相处了好几年,于是写了《子虚赋》。

过了较长一段时间,一天,武帝读了《子虚赋》后,认为写得好,就招来司马相如询问。司马相如请求为天子写篇游猎赋即《上林赋》。《子虚赋》和《上林赋》是汉赋的顶峰作品,其铺陈的描写达到了极致,显示出高度的修辞技巧,赋中的描写渲染了奢侈的帝王生活,极大地满足了汉武帝的虚荣心。这篇赋写成后,进献给汉武帝,汉武帝即任命相如为郎官。司马相如担任郎官数年,在此之前,西南官员唐蒙上书汉武帝,建议通夜郎道,以增进西南地区与中原的联系。唐蒙由此授予中郎将,并出使夜郎、僰中。唐蒙在出使西南过程中掠取和开通夜郎及其西面的僰中,征发巴、蜀二郡的官吏士卒上千人,西郡又多为他征调陆路及水上的运输人员一万多百姓服徭役,驱使他们转漕运输。唐蒙等滥用民力的举动引起少数民族首领的不满和蜀地民众惊恐,唐蒙等又私兴军法,用战时法规杀了大帅以此立威,巴、蜀百姓大为震惊恐惧,严重影响了汉朝中央政府与西南少数民族的关系。汉武帝听到这种情况,就派司马相如出使巴蜀责备唐蒙,趁机告知巴、蜀百姓,唐蒙所为并非汉武帝的本意,应由他个人承担。

司马相如正是出于这种动机,才发布《喻巴蜀檄》一文的。《喻巴蜀檄》是一篇很有特殊性的檄文,一是它不同于一般战前发布的讨伐性檄文,而是一篇为安抚开导巴蜀民众,指责唐蒙举措失当的晓谕性文章;二是它不同于许多檄文是主帅请属下才子代笔,作者并非主帅的情况,而是作者既是才子又是主帅,因而构思巧妙文辞有力,说理透彻词语丰富,尤其是他所提出的措施都能够得到落实,因而司马相如很快稳定了蜀地局势,完成了汉武帝交给的使命。司马相如出使完毕,回京向汉武帝汇报。汉武帝就任命司马相如为中郎将,令持节出使。从那以后,有人上书告司马相如出使时接受了别人的贿赂,因而,他失掉了官职。他在家待了一年多,又被召到朝廷当了郎官。后来被授官为汉文帝的陵园令,司马相如却常常借病在家闲待着。之后因病免官,在家中去世。

两千多年来,司马相如在文学史上一直享有崇高的声望,产生了深远的影响。后曾屡次上书劝谏汉武帝。但死后却遗下《封禅书》造成汉武帝耗费大量人力物力进行封禅活动。

诸侯兴兵扶汉室：曹操讨伐董卓⁽¹⁾檄文

操等谨以大义布告天下：董卓欺天罔地，灭国弑君⁽²⁾；秽乱宫禁，残害生灵；狼戾不仁，罪恶充积！今奉天子密诏，大集义兵，誓欲扫清华夏，剿戮群凶。望兴义师，共泄公愤；扶持王室，拯救黎民。檄文到日，可速奉行！

【简释】

（1）董卓（？—公元192年4月23日）：字仲颖，陇西临洮（今甘肃省岷县）人。早年为汉将，在西方平定少数民族叛乱。中平元年（公元184年），代卢植统兵，因临阵换帅，不敌黄巾军。灵帝病危，董卓不肯接受朝廷的征召而两次抗旨。董卓性粗猛而有谋断，从驻守边塞的地方官吏升迁为羽林郎，累迁西域戊己校尉、并州刺史、河东太守。中平二年（公元185年），副车骑将军皇甫嵩征讨北地先零羌、湟中义从和金城人边章、韩遂，后皇甫嵩因之前得罪宦官，于其年秋征还，边章、韩遂等遂愈发猖獗（临阵换帅，兵家大忌）。后朝廷又以张温为车骑将军，统兵十万，督董卓等平叛。十一月，董卓、鲍鸿大破韩遂、边章，斩首数千。后讨先零羌，诸军皆败，唯董卓独全师而还。中平五年（公元188年），与皇甫嵩平讨王国。灵帝病危，驻屯河东，拥兵自重，坐待事变。灵帝死后，大将军何进和司隶校尉袁绍合谋诛诸宦官，不顾朝臣反对，私召董卓入京。董卓引兵驰抵京城，势力大盛，废黜少帝，立陈留王为献帝，卓迁太尉领前将军事，进位相国。董卓放纵士兵在洛阳城中大肆剽房财物、淫掠妇女，称之为"搜牢"。又虐刑滥罚，以致人心恐慌，内外官僚朝不保夕；与此同时，他又为党人恢复名誉，起用士大夫，企图笼络人心。初平元年（公元190年）冀州牧韩馥与袁绍、孙坚等人兴兵声讨董卓。黄巾余部也陆续起兵关东。最后董卓挟持献帝西都长安，并焚烧洛阳宫庙、官府和居家，强迫居民数百万口随迁，致使洛阳周围200里内荒芜凋敝，无复人烟。董卓自知自己凶暴，为人所恶，所以时常要吕布做自己的侍卫及守中阁；不过，董卓性格又十分猜疑，曾因少许失意而向吕布掷出手戟，又吕布与董卓的婢女有染，恐怕事情被董卓发觉，所以心中十分不安。当时，王允、士孙瑞、杨瓒等密谋暗杀董卓，于是拉拢吕布，吕布答应，成功刺杀董卓，任职奋武将军，初平三年四月，董卓入朝时为吕布所杀。消息传开后，百姓歌舞于道，置酒肉互相庆贺。

董卓被陈尸街衢,其家族被夷灭。余部由李傕等人率领。

（2）欺天罔地,灭国弑君:中平六年(公元189年)四月,汉灵帝刘宏在嘉德宫驾崩。少帝刘辩继位。由于刘辩年幼不晓事,暂时由何太后临朝主政,皇权更加衰微。宦官和外戚为了取得控制皇权的特殊权力,斗争日趋激烈。双方不惜采用一切手段,相互排挤,殊死斗争。深知朝廷派系之争的董卓得知灵帝驾崩的消息后,心中窃喜,他密切注视朝廷各派动向,随时准备相应措施,见机行事。不久,在河东伺机而动的董卓便收到大将军何进的密令。何进是少帝的舅舅,代表外戚势力。灵帝死后,他与司隶校尉袁绍共同谋计诛杀张让,遭到何太后的反对。于是,何进便诱董卓以好处,以圣旨名义召他立即进京讨伐张让,并以此来威胁何太后。董卓接到圣旨后,大喜过望,立即召集人马,连日引军进京,并按何进的意思,上书少帝,要求"逐君侧之恶""收让军,以清奸秽"。可是,董卓却万万没有想到,在他还没来得及赶到洛阳之前,何进就在争斗中被张让等人杀死。这时,虎贲中郎将袁术(?—公元199年)也趁机领兵进入洛阳,听到何进被杀的消息后,便放火烧毁了南宫,并追杀张让等人。张让和中常侍段珪慌忙劫持少帝刘辩和陈留王刘协半夜出逃至黄河渡口小平津(今河南省巩县西南)。行进中的董卓远远望见京城一片火海,知道情况有变,打听到少帝在北芒,董卓又急忙率兵前往。少帝被蜂拥而至的大军吓得惊慌失措,泪流满面。董卓威风凛凛,大摇大摆地走上前去参见少帝,并且向他询问事变经过。少帝结结巴巴,语无伦次,倒是站立一旁的陈留王刘协主动上前向董卓讲述了整个事变的经过,叙述毫不含糊,条理清楚。当时,刘协只有9岁,比少帝还小整整5岁,董卓大为欢喜,认为刘协要比刘辩强得多,而且又因他是董太后亲自抚养的,于是,便有了罢黜刘辩、拥立刘协的最初念头。董卓把少帝奉迎至皇宫后,挟天子以令诸侯,开始干预整个东汉的中央政权。

【事件简介与檄文赏析】

这是公元190年,曹操和各路讨伐董卓大军一共十几万人马,在陈留附近的酸枣(今河南延津西南)组成一支讨伐董卓的联军,而发出的檄文。

曹操是沛国谯县(今安徽省亳县)人。他父亲曹嵩,是个宦官的养子。曹操从小聪明机灵,办事能干。当时有一个名士叫许劭(shào),善于品评人物。曹操年轻时候,去请他评论。许劭说:"你这个人呀,如果在太平时代,可能成为能臣;要是在乱世,你会成为奸雄。"曹操二十岁那年,当上了洛阳北部尉(管理京城北部治安的官员)。他一上任,就叫工匠做了二十多根五色大棒,悬挂在衙门左右。他立下禁令,谁要是犯了禁,不管他是豪门大族,还是平民百姓,都用大棒责打。那时候,宦官蹇硕有个叔父,是个出名的恶霸,依仗蹇硕的权势在洛阳横行不法,谁也不敢惹他。有一次,他在夜里带刀乱闯,触犯了曹操的禁令。曹操不管他来头多大,把他抓起来,用五色棒一阵痛打。那个恶霸经受不起，当场就死了。这件事轰动了整个洛阳。大家都称赞曹操不怕权势，执法严明。宦官对他又恨又怕，后来，把他调出洛阳，去当一名县令。

黄巾起义的时候，汉灵帝封曹操为骑都尉，派到颍川（今河南禹县）一带镇压起义军。他打败了波才领导的黄巾军。东汉王朝认为他作战有功，把他提升为济南相。过了几年，他才重新回到洛阳。董卓进了洛阳，为了笼络人心，用高官厚禄收买一些官员。他听说曹操有点名气，就把曹操提升为骁骑校尉。但是曹操看出董卓倒行逆施，不得人心，迟早要垮台，不愿在董卓手下办事，他冒险逃出济阳，到陈留（今河南陈留县）去找他父亲。曹操的父亲在陈留有点财产，曹操回到陈留，得到父亲同意，花钱招兵买马，准备讨伐董卓。当地有个财主卫

曹操画像

兹，也拿出很多钱和粮食来帮助曹操。不久，曹操的堂弟曹洪带着一千人来投奔曹操。曹操逐渐聚集了五千多人马。他一面操练兵马，一面派人探听各处动静。自从黄巾起义后，各州各郡都拥有一支人马。许多州郡的刺史、太守，本来有割据野心，趁洛阳大乱，借声讨董卓的名义，纷纷起兵。其中声势最大的要数袁绍。袁绍自从在洛阳同董卓闹翻以后，跑到冀州，当了渤海太守。因为袁绍是个大士族，冀州牧韩馥又是袁家的老部下，所以袁绍很快就在渤海郡组织了一支人马。

公元190年，曹操和各路讨伐董卓的大军一共十几万人马，在陈留附近的酸枣集合，组成一支联军，大家推袁绍做盟主。各地起兵的消息传到洛阳，董卓有点害怕起来。他不顾大臣们的反对，决定把汉献帝和上百万人口迁到长安，自己留在洛阳附近对付联军。献帝被迫离开洛阳的时候，董卓放了一把火，把宫室、官府、民房全部烧掉。洛阳周围二百多里以内，被烧得鸡犬不留。老百姓被迫离开洛阳，路上有被饿死的、被踩死的、被打死的，倒在路边的尸体不计其数。但是，在酸枣附近讨伐董卓的联军却互相观望，按兵不动。有一次，各路将领在袁绍的大营开会，曹操对大家说："大家起兵，为的是讨伐董卓。现在董卓劫走天子，烧毁宫室，全国人心惶惶。这正是消灭逆贼的好时机，为什么还要犹豫不决呢？"尽管曹操说得慷慨激昂，可大家一点也不热心。连盟主袁绍都不想动，谁还愿意先动手呢？曹操看出他们只想保存

实力,不想打董卓,心里很生气,就决定单独带着五千人马,向成皋(今河南荥阳汜水镇)进兵。

董卓听到曹操向成皋进兵,早已派大军在汴水(今河南荥阳西南)边布好阵势。曹操的人马刚刚到了汴水,就遇到董卓部将徐荣的拦击。徐荣兵多,曹操兵少,两下里一交战,曹操的人马就垮了下来。曹操骑着马往后撤走的时候,肩上中了一箭;他赶紧拍马逃奔,又是一支箭,射伤了曹操骑的马。那马一受惊,把曹操掀了下来。后面徐荣的追兵呐喊声越来越近。正在危急的时候,幸亏曹洪赶上。他跳下马来,扶起曹操。曹操骑上曹洪的马,才脱了险。曹操损兵折将,回到酸枣,再看看他的同盟军,不但按兵不动,将领们还每天喝酒作乐,根本没想讨伐董卓。他满心气愤,跑到袁绍他们摆酒宴的地方,指责他们说:"你们以起义兵为名,却在这里犹豫观望,让天下百姓失望。我真替你们害臊呢。"过了不久,驻酸枣的几十万兵马把粮食全消耗完,就散伙了。

曹操经过这一次讨伐战斗,觉得跟这些人一起根本成不了大事,就单独到扬州(今安徽淮水和江苏长江以南)一带招募人马,准备重整旗鼓,自己开创事业,后来终于成就了大事。

依附权贵文刻薄：陈琳为袁绍檄豫州

左将军领豫州刺史郡国相守(1)：盖闻明主图危以制变，忠臣虑难以立权。是以有非常之人，然后有非常之事；有非常之事，然后立非常之功。夫非常者，固非常人所拟也。曩者强秦弱主，赵高执柄，专制朝权，威福由己，时人迫胁，莫敢正言，终有望夷之败，祖宗焚灭，污辱至今，永为世鉴。(2)及臻吕后季年，产禄专政，内兼二军，外统梁赵，擅断万机，决事省禁，下凌上替，海内寒心，于是绛侯、朱虚，兴兵奋怒，诛夷逆暴，尊立太宗。故能王道兴隆，光明显融，此则大臣立权之明表也。(3)

司空曹操，祖父中常侍腾，与左悺、徐璜并作妖孽，饕餮放横，伤化虐民。父嵩，乞丐携养，因赃假位，舆金辇璧，输货权门，窃盗鼎司，倾覆重器。操，赘阉遗丑，本无懿德，剽狡锋协，好乱乐祸。(4)

幕府董统鹰扬，扫除凶逆。续遇董卓，侵官暴国。于是提剑挥鼓，发命东夏，收罗英雄，弃瑕取用。故遂与操同咨合谋，授以裨师，谓其鹰犬之才，爪牙可任。至乃愚佻短略，轻进易退，伤夷折衄，数丧师徒。幕府辄复分兵命锐，修完补辑，表行东郡，领兖州刺史。(5)被以虎文，奖戚威柄，冀获秦师一克之报。而操遂承资跋扈，肆行凶忒，割剥元元，残贤害善。故九江大守边让，英才俊伟，天下知名，直言正色，论不阿谄，身首被枭悬之诛，妻孥受灰灭之咎。自是士林愤痛，民怨弥重，一夫奋臂，举州同声。故躬破于徐方，地夺于吕布，彷徨东裔，蹈据无所。幕府惟强干弱枝之义，且不登叛人之党。故复援旌擐甲，席卷起征，金鼓响振，布众奔沮，拯其死亡之患，复其方伯之位。则幕府无德于兖土之民，而有大造于操也。(6)后会銮驾反旆，群虏寇攻。时冀州方有北鄙之惊，匪遑离局。故使从事中郎徐勋，就发遣操，使缮修郊庙，翊卫幼主。操便放志，专行胁迁，当御省禁，卑侮王室，败法乱纪，坐领三台，专制朝政。爵赏由心，刑戮在口，所爱光五宗，所恶灭三族；群谈者受显诛，腹议者蒙隐戮。百僚钳口，道路以目。尚书记朝会，公卿充贡品而已。故太尉杨彪，典历二司，享国极位。操因缘眦睚，被以非罪，榜楚参并，五毒备至，触情任忒，不顾宪纲。又议郎赵彦，忠谏直言，义有可纳，是以圣朝含听，改容加饰。操欲迷夺时明，杜绝言路，擅收立杀，不俟报闻。(7)又梁孝王，先帝母昆，坟陵尊显，桑梓松柏，犹宜肃恭。而操帅将吏士，亲临发掘，破棺裸尸，掠取金宝。至今圣朝流涕，士民伤怀。操又特置发丘中郎将、摸金校尉，所过隳突，无骸不露。身处三公之位，而行桀虏之态，污国虐民，毒施人鬼。加其细政苛惨，科防互设，罾缴充蹊，坑阱塞路，举手挂网罗，动足触机陷。是以兖豫有无聊之民，帝都有吁嗟之怨。(8)历观载籍，无道之臣，贪残酷烈，于操为甚。

幕府方诘外奸，未及整训，加绪含容，冀可弥缝。而操豺狼野心，潜包祸谋，乃欲摧挠栋梁，孤弱汉室，除灭忠正，专为枭雄。往者伐鼓北征公孙瓒，强寇桀逆，拒围一年。操因其未破，阴交书命，外助王师，内相掩袭。故引兵造河，方舟北济，会其行人发露，瓒亦枭夷。故使锋芒挫缩，厥图不果。尔乃大军过荡西山，屠各左校，皆束手奉质，争为前登，犬羊残丑，消沦山谷。于是操师震慑，晨夜遁遁，屯据敖仓，阻河为固。欲以螳螂之斧，御隆车之隧。(9)

幕府奉汉威灵，折冲宇宙，长戟百万，胡骑千群。奋中黄育获之士，骋良弓劲弩之势。并州越太行，青州涉济漯。大军泛黄河而角其前，荆州下宛叶而掎其后。雷霆虎步，并集虏庭，若举炎火以焫飞蓬，覆沧海以沃熛炭。有何不灭者哉！又操军吏士，其可战者，皆自出幽冀，或故营部曲，咸怨旷思归，流涕北顾。其余兖豫之民，及吕布张扬之遗众，覆亡迫胁，权时苟从，各被创夷，人为仇敌。若回旆方徂，登高冈而击鼓吹，扬素挥以启降路，必土崩瓦解，不俟血刃。(10)

方今汉室陵迟，纲维弛绝，圣朝无一介之辅，股肱无折冲之势。方畿之内，简练之臣，皆垂头揭翼，莫所凭恃。虽有忠义之佐，胁于暴虐之臣，焉能展其节？又操持部曲精兵七百，围守宫阙，外托宿卫，内实拘执，惧其篡逆之萌，因斯而作。此忠臣肝脑涂地之秋，烈士立功之会，可不勖哉！操又矫命称制，遣使发兵，恐边远州郡，过听而给予，强寇弱主，违众旅叛，举以丧名，为天下笑，则明哲不取也。即日幽、并、青、冀，四州并进。书到荆州便勒见兵，与建忠将军协同声势。州郡各整戎马，罗落境界，举师扬威，并匡社稷，则非常之功，于是乎著！其得操首者，封五千户侯，赏钱五千万。部曲偏裨将校诸吏降者，勿有所问。广宣恩信，班扬符赏，布告天下，咸使知圣朝有拘逼之难。如律令！(11)

【简释】

(1)袁绍(？—公元202年)，字本初，汝南汝阳(今河南周口西南)人。出身于四世三公的名门望族，自曾祖父起四代有5人位居三公。少折节下士，知名当世，初为司隶校尉。灵帝死，大将军何进与袁绍合谋诛宦官，卓未至而事泄，何进被杀，袁绍率军尽诛宦官。后董卓至京师专朝政，与袁绍政见不同，逃奔冀州，董卓拜其为渤海太守。初平元年(公元190年)，关东州郡牧守联合起兵以讨董卓，袁绍被推为盟主，自号车骑将军。董卓不久被杀。关东军内部开始互相兼并。袁绍夺取冀州牧韩馥地盘，自领冀州牧，此后又夺得青州、并州。建安四年(公元199年)消灭幽州公孙瓒。

至此袁绍已据黄河下游四州,领众数十万,成为当时最大势力。同年,袁绍准备向曹操发起进攻,直捣许都,劫夺汉帝。监军沮授、谋士田丰劝其进屯黎阳,据守黄河,以逸待劳,遣精骑以骚扰曹军,俾不出 3 年可击败曹操。而以郭图、审配为代表的一部分将领主张迅速决战。袁绍采纳后者的意见,建安五年,发布讨曹檄文,率 10 万大军进军黎阳。当年与曹操决战于官渡,大败,主力 7 万多被消灭,只与其长子袁谭带 800 多骑败回河北。两年后惭愤病死,诸子亦败灭,所据之地尽并于曹操。

左将军:指刘备。刘备先归陶谦,谦表为豫州刺史;后附曹操,操表为左将军。

(2)赵高(?—前 207 年):秦朝宦官,本赵国人,后进入秦宫管事多年。秦始皇死后,与李斯伪造遗诏,逼公子扶苏自杀,立胡亥为二世皇帝,自任郎中令,居中用事,控制朝政,掌握大权。后用计杀李斯,任中丞相,不久又杀二世,立子婴为秦王。旋为子婴所杀。

望夷之败:秦二世曾在望夷宫祭祀泾水,派人责备赵高,赵高用计迫使秦二世自杀。

(3)臻:至,达到。

吕后(前 241—前 180 年):名雉,汉高祖皇后。季年:末年。

产禄专政:指汉高祖刘邦死后,吕后专权,任用吕产、吕禄为将,领南北二军;并违背刘邦关于不得封异姓王的约定,封吕产为梁王、吕禄为赵王,专制朝政。

省禁:指王宫禁地。凌:侵犯,欺凌。替:废弃,更换。下凌上替就言欺上瞒下。

绛侯:汉初名将周勃(?—前 169 年),沛县人。秦末随刘邦起义,以军功封绛侯。吕后时,任太尉。这时周勃名义上是太尉,可是兵马全掌握在吕家的人手里。周勃陈平相商,逼着吕禄交出兵权。

朱虚:朱虚侯刘章。吕产不知道吕禄已经离开北军,他带着一队人马,进宫去收玉玺。卫士们守住殿门,不让他进去,刘章带领着一千名士兵已经赶到,就把他杀了。

尊立太宗:即汉文帝刘恒(前 202—前 157 年),汉初被封为代王。公元前 180 年诸吕被杀后被迎立为皇帝。

明表:明白之表仪。

(4)司空曹操(154—220 年):司空是中国古代官名。西周始置,位次三公,与六卿相当,与司马、司寇、司士、司徒并称五官,掌水利、营建之事,金文皆作司工。春秋、战国时沿置。汉朝本无此官,成帝时改御史大夫为大司空,但职掌与周代的司空不同。曹操,字孟德,沛国谯县(今安徽亳县)人,西汉相国曹参之后。祖父曹腾在汉桓帝时担任官职,封为费亭侯。父亲曹嵩本姓夏侯,因为成为曹腾养子而改姓并继承侯爵。年轻时的曹操机智警敏,有随机权衡应变的能力,而任性好侠、放荡不羁,不修品行,不研究学业,所以社会上没有人认为他有什么特别的才能,只有梁国的桥玄等人认为他不平凡。公元 184 年汉末黄巾之乱时显露头角,董卓死后,纵横乱世,南征北战,公元 200 年 10 月,曹操在官渡(今河南中牟县东北)以少胜多挫败河北袁绍 10 万军队,公元 201 年在仓亭(今河南管县东北)再次击破袁绍大军。公元 208 年,曹操统一中国北方,并成为东汉朝廷丞相。公元 208 年 7 月,曹操南征荆州刘表,12 月于赤壁与孙刘联军作战,失利。公元 211 年 7 月,曹操领军西征以击马超,构筑了整个魏国基础。公元 213 年,汉献帝派御使大夫任命曹操为魏王。公元 220 年,曹操于洛阳逝世,享年 66 岁,谥号"武王",葬于高陵。曹操一生从陈留起兵到洛阳逝世,奋战 30 余年,参加大小战役 50 余次,消灭了袁绍、袁术、刘表、张绣、吕布等割据势力。曹操认为长子曹丕笃厚恭谨,立为后继,成为后来的魏文帝。曹操是历史上杰出的政治家、军事家、文学家,他与两个儿子曹丕、曹植代表了东汉末年的文风,与苏轼一家并称,是历史上有名的"文学家庭"。

腾:曹操的祖父曹腾,字季兴,少除黄门。桓帝即位,加特进。左悺:河南人,为小黄门。徐璜:下邳人,为中常侍。

饕餮(tāo tiè):是传说中的龙的第五子,是一种想象中的神秘怪兽。古书《山海经》介绍其特点是:羊身,眼睛在腋下,虎齿人爪,有一个大头和一个大嘴。十分贪吃,见到什么就吃什么,由于吃得太多,最后被撑死。后来形容贪婪之人叫"饕餮"。在游戏、小说、漫画、影视作品中均有相关形象。

嵩:曹操的父亲曹嵩,曹腾养子,官至太尉。他们都骄横贪暴不可一世。因:依靠。脏:肮脏。曹腾本是宦官,因谓之脏。假位:占据了不应占据的高位。舆金辇璧:喻奢华。

输:送达。货:财物,此作贿赂解。

鼎:古代三足炊具,盛行于商周时代。又以九鼎为立国的重器,王都所在,即鼎之所在。鼎司:犹言朝廷官署。

重器:国家的宝器。赘:假肉。阉:指曹腾。这里指曹操父亲曹嵩系曹腾养子,是假相连属。

剽狡:剽悍狡猾。锋:锐利。协:和谐。这一句是说此人剽悍狡猾,有时很厉害,有时又显得和气顺从。

(5)幕府:指袁绍。董:督,监督。董统:督率。鹰扬:比喻部卒。

扫除凶逆:大将军何进与袁绍谋欲诛诸阉。事泄,何进被杀。袁绍遂勒兵尽捕阉宦,无论老少皆杀之,至二千人。

董卓:字仲颖,汉末陇西临洮人。灵帝时任并州牧。昭宁元年(公元 189 年)率兵入洛阳,废少帝,立献帝,专断朝政。曹操与袁绍等起兵反对,他挟持献帝西迁长安,自为太师,之后为王允、吕布设计所杀。

夏:华夏,中国。东夏:即华夏东部,绍所居渤海郡等地。

弃瑕取用:指不计人的缺点而重用各种各样的人才。

裨师:偏师。佻:轻佻。衄:指鼻子出血,引申为损伤、挫败。师徒:部队士卒。

辑:本义为协调驾车的众马,引申为和睦、齐一。修完补辑:意为修补缺漏,整理得更加完善、齐一。表行:指袁绍先表曹操为东郡太守,不就。时兖州刘公山为黄巾起义军所杀,刘部下遂迎曹操领兖州刺史。

(6)被:披。虎文:虎皮。被以虎文:说曹操羊质而虎皮,表面威风而内实空虚。

冀:希望。获:取得。

秦师一克之报:秦穆公使孟明视、西乞术、白乙丙伐郑,晋襄公败诸殽,执孟明等。文嬴请而舍之,归于秦。穆公复用孟明伐晋,晋人不敢出,封殽尸而还。事见《左传·僖公三十二年、三十三年》。

忒:恶。元元:庶民,众民。太公金匮曰:"天道无亲,常与善人。今海内陆沈于殷久矣,何乃急于元元哉?"

边让:生卒年不详,陈留人。当曹操在兖州时,边让言语冒犯曹操,操杀之,并族其家。

枭:斩首高悬以示众。灰灭:消失化成了尘土。徐方:徐州。陶谦为徐州刺史,曹操曾发兵征讨,因粮少而还。

吕布(?—公元198年),字奉先,汉末五原九原(今内蒙古包头西北)人。曾与王允共谋杀董卓。卓死,部下郭汜等声言为董卓报仇,攻吕布。王允被杀,吕布出关,后据徐州。此时曹操与吕布战于濮阳,曹操失败。

东裔:东部边远地区。

叛人:指吕布。吕布初附董卓,后又杀卓。出关后,先奔袁术,术不纳。遂奔袁绍,复又离去。行为反复,所以袁绍说他是反叛之人。

擐:套,穿。《左传》曰:"擐甲执兵。"杜预注曰:"擐,贯也。"前书杨雄曰:"云彻席卷,后无余灾。"《魏志》曰:"操袭定陶未拔,会布至,击破之。布将薛兰、李封屯钜野,操攻之。布救兰败,布走。布复与陈宫将万余人(乘)[来]战,操时兵少,设伏纵奇兵击,大破之。布夜走,东奔刘备,投袁绍,绍乃给兵五千人,还取兖州。"

大造:大德,大成。左传使吕相绝秦曰:"秦师克还无害,则是我有大造于西也。"杜预注曰:"造,成也。"

(7)旆(pèi):泛指旌旗仪仗。群虏:指郭汜等叛军。此句说董卓挟献帝迁都长安,尽焚洛阳宫室。后在郭汜之乱时,韩暹迎献帝车驾还归洛阳。

北鄙:北方边邑。北鄙之惊:指公孙瓒立刘伯安,率众攻绍事。匪:通"非"。遑:

闲暇。

局:局部地方。《左传》曰:"局部也。"杜预注曰:"远其部曲为离局。"

徐勋:袁绍部将。翊:辅助。三台:尚书为中台,御史为宪台,谒者为外台。《三国志·魏书》:时杨奉、韩暹以献帝还洛阳。曹操遂至洛阳,卫京都,暹遁走。因洛阳残破,董昭建议遂迁都许。献帝封曹操为武平侯。旋以袁绍为太尉,曹操为司空、车骑将军。

五宗:五服以内的亲属。上至高祖下及孙。三族:指父族、母族、妻族。

群谈者:当众发牢骚的人。腹议者:心中有怨恨的人。

显:公开。隐:秘密。显诛、隐戮互文见义,意为有的公开杀戮,有的秘密处死。

道路以目:有怨言而不敢直言只能用眼神交流,心照不宣。《国语》曰:"厉王虐,国人谤王。邵公告王曰:'人不堪命矣。'王怒,得卫巫,使监谤,以告则杀之。国人莫敢言,道路以目。"《周书》曰:"贤哲钳口,小人鼓舌。"

充贡品:比喻只是摆设而已。

杨彪:字文先,代董卓为司空,又代黄瑰为司徒。时袁术僭乱,曹操托彪欲与术联姻,旋又诬彪谋叛,劾以大逆。含听:中听。改容加饰:动容给以赞扬。迷夺:迷惑改变。

不俟报闻:不等待奏报皇上,或不等皇上下达的命令。

(8)梁孝王:刘武,汉文帝皇后窦皇后之子,孝景帝之弟。昆:弟。桀:夏代的暴君。桀虏:凶暴。

毒施人鬼:残暴虐毒不仅施及人间,还施及神鬼,极言残暴。科:法律条文。

科防互设:指法网严密。罾:渔网。缴:缴绕,缠绕。蹊:山路,小路。聊:依靠。

(9)诘:问罪。绪:丝头。加绪含容:加强联络,宽容忍耐。

弥缝:左传曰:"弥缝敝邑。"杜预注曰:"弥缝犹补合。"

公孙瓒(?—公元199年):字伯圭,东汉末年辽西令支(今河北迁安西)人。割据幽州,与袁绍连年征战。建安四年为袁绍所败,尽杀其妻子,然后自焚死。屠各:当时少数民族名。

左校:官名。时黑山义军于毒等攻陷邺城。袁绍入朝歌鹿肠山杀于毒,又击左校郭太贤等,遂及西营屠各战于常山。遁:逃亡。敖:地名,在荥阳西北,有太仓。螳螂之斧:螳螂之臂。隆车:高大的车。

隧:道路,此指车辙。此句意为"螳臂当车"。

阴交书命句:献帝春秋曰:"操引军造河,托言助绍,实图袭邺,以为瓒援。会瓒破灭,绍亦觉之,以军退,屯于敖仓。"

(10)折冲:折还敌方的战车,意为抵御敌人。引申为外交谈判。

中黄：古勇士名。李善注引《尸子》中黄伯曰："余左执泰行之猱而右搏雕虎。"育获：育和获，皆古勇士名。张衡《西京赋》："中黄之士，育获之俦。"

并州：汉置十三刺史部之一，约当今山西大部和内蒙古、河北的一部。时袁绍出长子谭为青州刺史，外甥高干为并州刺史，故言越太行山而来助。

青州：汉置十三刺史部之一，约当今山东济南、德州周围及河北河桥等地。

济漯：水名。宛叶：地名。掎：拉住，拖住。

"大军"两句：时刘表为荆州刺史，北与袁绍相结。好像捕野兽，一人捉角，一人拉足。

张扬：字稚叔，云中人。董卓以为建义将军。建安四年，曹操擒杀吕布，部将杨丑杀张扬以应曹操。挥：通"徽"，幡。扬素挥：举白幡，表示投降。

(11)陵迟：斜平，渐，引申为衰颓。纲维：指统治国家的重要法纪。

股肱：比喻得力的臣子。勖：勉励。旅：《汉书》作"助"。

建忠将军：张绣(?—207年)，汉末武威祖厉人，以军功迁至建忠将军。此时张绣率领部众，屯驻宛地与刘表合。后投曹操，接着又掩杀操军。官渡之战时，再一次投降曹操。在跟随曹操出征乌丸时，死于途中。罗落：一作罗罗，清疏的样子。罗落境界：使境界清静无事。

班：通"颁"。符：古代朝廷传达命令或征调兵将用的凭证。拘逼之难：指朝廷受到挟持逼迫之难。

如律令：汉代公文的常用语，表示要对方文到奉行，像按照律令执行一样。

【事件简介与檄文赏析】

本文选自《文选》卷四四，是公元200年由当时避难冀州依附袁绍的陈琳撰写的讨伐曹操的檄文。陈琳(?—217年)，字孔璋，广陵(今江苏江都县)人，汉末文学家，"建安七子"之一。汉末魏晋时代，既是"文学的自觉时代"(鲁迅语)，又是中国古代文人作家的人格悲剧时代。文人作家想在政治上有所建树，不得不依附于权贵。他们一方面热切追逐荣名，向往仕进，同时又慨叹世事叵测，仕途多艰。陈琳也是如此。他在汉魏间动乱

袁绍画像

时世中三易其主，一方面表现了他对功名的热衷，另一方面也是出于保家全身的考虑和需要。

陈琳入仕之初，正是东汉统治日趋黑暗的年代，大将军何进想诛灭宦官，下令召地方诸侯董卓带领军队到京。陈琳曾经提醒他说："大兵一到，强者称雄，这样做是倒拿干戈，授柄于人，不但不能达到目的，恐怕还会引起混乱！"何进不听，终遭董

卓之乱。陈琳依附于袁绍后,袁绍的势力一天天强大起来。谋士沮授当年劝袁绍迎奉汉帝,袁绍不予采纳;当曹操后发制人,挟天子以令诸侯,袁绍又老大不高兴,在致曹操的信中,态度强蛮地要求曹操把皇帝送到邺城来。曹操拒绝了,自此,两人正式交恶。虽然曹操惮于袁绍的势力,曾做过一些妥协,如将高于自己的"大将军"职位让给袁绍,袁绍仍愤愤不平。

为了实现独霸天下的野心,袁绍决定首先消灭曹操。为了师出有名,袁绍命令陈琳起草了一篇讨伐曹操的檄文,即历史上著名的《为袁绍檄豫州》文。陈琳是一个典型的文人,擅长撰写章表书檄,风格比较雄放,文气贯注,笔力强劲,尽展铺张扬厉之能事,用尖酸刻薄的词句,不仅历数曹操专横跋扈、贪残肆虐的罪状,把曹操写得一无是处,而且连曹操的祖宗三代也被骂遍。文章最后号召"幽、并、青、冀,四州并进","举武扬威,并匡社稷,则非常之功,于是乎著"。并以五千户侯、钱五千万收买曹操的首级。该文笔锋犀利,文辞流畅,具有很强的鼓动性。这篇文字虽有横扫千军之势,可官渡一战,曹操却以弱胜强,大败袁绍,陈琳也在兵败中被俘。他想起自己写过讨伐檄文得罪了曹操,这次被俘绝无生还的希望。然而,曹操很大度,并没有要杀他的意思,只是问他说:"你从前为袁绍写檄文,骂我一个人就可以了,为什么要骂到我的祖宗三代?"陈琳连忙谢罪:"矢在弦上,不得不发。"意思是说:当初写檄文是袁绍让我写的,这就好比搭在弦上的箭,不得不放一样,是身不由己的事啊!听了陈琳的解释,曹操放声大笑起来,从此再也不提这件事了。后来,人们用来比喻事情到了不得不做的时候,便常用"箭在弦上"或"箭在弦上,不得不发"这个成语。陈琳官渡之战后到曹操手下任司空军谋祭酒,管记室。这些都是古代秘书性职务。汉献帝建安十三年(公元208年),提升为门下督。建安二十二年(公元217年),染疫疾而亡。

袁曹官渡之战是三国时期一次重要的战役。汉末社会已呈现出一片分崩离析的大混乱状态。建安三年,曹操挟持献帝迁都许城(今河南许昌),自称大将军封武平侯,位司空,行车骑将军事。但东方州郡的刺史太守,都各自拥兵割据。建安四年,袁绍起兵讨曹,并传檄各州郡。此文是袁绍和曹操交战前,陈琳为袁绍所作讨曹操的檄文。文中历数曹操罪状,并称赞袁绍兵威。历来读者欣赏的,并不是文中扬袁抑曹的论点,而是其行文的铺陈排偶,辞藻华美,笔力遒劲,感情充沛。袁绍的兵力在当时远远胜过曹操,自然不甘屈居于曹操之下,他决心同曹操一决雌雄。建安五年二月进军黎阳,企图渡河寻求与曹军主力决战。他首先派颜良进攻白马的东郡太守刘延,企图夺取黄河南岸要点,以保障主力渡河。曹操亲自率兵北上解救白马之围,解了白马之围后又击败袁军,杀了文丑,顺利退回官渡。袁军初战失利,但兵力仍占优势。双方相持3个月,曹操处境困难,但也在积极寻求和捕捉战机,击败袁军。不久派徐晃、史涣截击、烧毁袁军数千辆粮车，增加了袁军的困难。同年十月，袁绍又派车运粮，并令淳于琼率兵万人护送，囤积在袁军大营以北约 20 公里的故市（今河南延津县内）、乌巢（今河南延津东南）。恰在这时，袁绍谋士许攸投降曹操，建议曹操轻兵奇袭乌巢，烧其辎重。曹操立即付诸实行，亲自率领步骑 5000，冒用袁军旗号，衔枚缚马口，每人带一束柴草，利用夜暗走小路偷袭乌巢。到达后立即围攻放火。袁绍听说曹操袭击乌巢，又作出错误处置，只派一部兵力救援乌巢，用主力猛攻官渡曹军营垒。哪知曹营坚固，攻打不下。当曹军急攻乌巢淳于琼营时，袁绍增援的部队已经迫近。曹操励士死战，大破袁军，杀淳于琼，并烧毁其全部粮草。乌巢粮草被烧的消息传到袁军前线，袁军军心动摇，内部分裂。曹军乘势出击，大败袁军。袁绍仓皇带 800 骑退回河北，曹军先后歼灭和坑杀袁军 7 万余人，官渡之战就这样以曹胜袁败而告结束，是中国历史上有名的以少胜多的战例。

词繁势虚意不坚:陈琳檄吴将校部曲文

　　年月朔日,子尚书令彧,告江东诸将校部曲,及孙权宗亲中外:盖闻祸福无门,惟人所召。夫见机而作,不处凶危,上圣之明也;临事制变,困而能通,智者之虑也;渐渍荒沈,往而不反,下愚之蔽也。是以大雅君子,于安思危,以远咎悔;小人临祸怀佚,以待死亡。二者之量,不亦殊乎![1]

　　孙权小子,未辨菽麦。要领不足以膏齐斧,名字不足以污简墨。譬犹毂卵,始生翰毛,而便陆梁放肆,顾行吠主。谓为舟楫足以距皇威,江湖可以逃灵诛,不知天网设张,以在纲目;爨镬之鱼,期于消烂也。若使水而可恃,则洞庭无三苗之墟,子阳无荆门之败,朝鲜之垒不刊,南越之旌不拔。昔夫差承阖闾之远迹,用申胥之训兵,栖越会稽,可谓强矣。及其抗衡上国,与晋争长,都城屠于勾践,武卒散于黄池,终于覆灭,身鎣越军。及吴王濞,骄恣屈强,狷猾始乱,自以兵强国富,势陵京城。太尉帅师,甫下荥阳,则七国之军,瓦解冰泮,濞之骂言未绝于口,而丹徒之刃以陷其胸。何则?天威不可当,而悖逆之罪重也。[2]

　　且江湖之众,不足恃也。自董卓作乱,以迄于今,将三十载。其间豪杰纵横,熊据虎跱,强如二袁,勇如吕布,跨州连郡,有威有名,十有余辈。其余锋捍特起,鹰视狼顾,争为枭雄者,不可胜数。然皆伏铁婴钺,首腰分离,云散原燎,罔有孑遗。近者关中诸将,复相合聚,续为叛乱。阻二华,据河渭,驱率羌胡,齐锋东向,气高志远,似若无敌。丞相秉钺鹰扬,顺风烈火,元戎启行,未鼓而破。伏尸千万,流血漂橹,此皆天下所共知也。是后大军所以临江而不济者,以韩约马超,逋逸迸脱,走还凉州,复欲鸣吠。逆贼宋建,僭号河首,同恶相救,并为唇齿。又镇南将军张鲁,负固不恭,皆我王诛所当先加。故且观兵旋旆,复整六师,长驱西征,致天下诛。偏将涉陇,则建约枭夷,旗首万里。军入散关,则群氐率服,王侯豪帅,奔走前驱。进临汉中,则阳平不守,十万之师,土崩鱼烂,张鲁逋窜,走入巴中,怀恩悔过,委质还降;巴夷王朴胡,賨邑侯杜濩,各帅种落,共举巴郡,以奉王职。钲鼓一动,二方俱定,利尽西海,兵不钝锋。若此之事,皆上天威明,社稷神武,非徒人力所能立也。[3]

　　圣朝宽仁覆载,允信允文,大启爵命,以示四方。鲁及胡濩,皆享万户之封,鲁之五子,各受千室之邑,胡汉子弟部曲将校,为列侯,将军已下千有余人。百姓安堵,四民反业。而建约之属,皆为鲸鲵,超之妻孥,焚首金城,父母婴孩,覆尸许市。非国家钟祸于彼,降福于此也,逆顺之分,不得不然。夫鸷鸟之击先高,攫鸷之势也;牧野之威,孟津之退也。(4)

今者枳棘翦扞,戎夏以清,万里肃齐,六师无事。故大举天师百万之众,与匈奴南单于呼完厨及六郡乌桓丁令屠各,湟中羌僰,霆奋席卷,自寿春而南。又使征西将军夏侯渊等,率精甲五万,及武都氐羌,巴汉锐卒,南临汶江,扼据庸蜀。江夏襄阳诸军,横截湘沅,以临豫章,楼船横海之师,直指吴会。万里克期,五道并入,权之期命,于是至矣。(5)

丞相衔奉国威,为民除害,元恶大憝,必当枭夷。至于枝附叶从,皆非诏书所特禽疾。故每破灭强敌,未尝不务在先降后诛,拔将取才,各尽其用。是以立功之士,莫不翘足引领,望风响应。昔袁术僭逆,王诛将加,则庐江太守刘勋,先举其郡,还归国家。吕布作乱,师临下邳,张辽侯成,率众出降。还讨眭固,薛洪樛尚,开城就化。官渡之役,则张郃高奂,举事立功。后讨袁尚,则都督将军马延、故豫州刺史阴夔、射声校尉郭昭临阵来降。围守邺城,则将军苏游,反为内应,审配兄子,开门入兵。既诛袁谭,则幽州大将焦触,攻逐袁熙,举事来服。凡此之辈数百人,皆忠壮果烈,有智有仁,悉与丞相参图画策,折冲讨难,艾敌搴旗,静安海内,岂轻举措也哉!诚乃天启其心,计深虑远,审邪正之津,明可否之分,勇不虚死,节不苟立,屈伸变化,唯道所存,故乃建丘山之功,享不訾之禄。朝为仇虏,夕为上将,所谓临难知变,转祸为福者也。若夫说诱甘言,怀宝小惠,泥滞苟且,没而不觉,随波漂流,与嫖俱灭者,亦甚众多,吉凶得失,岂不哀哉!昔岁军在汉中,东西悬隔,合肥遗守,不满五千。权亲以数万之众,破败奔走,今乃欲当御雷霆,难以冀矣。(6)

夫天道助顺,人道助信,事上之谓义,亲亲之谓仁。盛孝章,君也,而权诛之,孙辅,兄也,而权杀之。贼义残仁,莫斯为甚。乃神灵之遗罪,下民所同雠。辜雠之人,谓之凶贼。是故伊挚去夏,不为伤德;飞廉死纣,不可谓贤。何者?去就之道,各有宜也。丞相深惟江东旧德名臣,多在载籍。近魏叔英秀出高峙,著名海内;虞文绣砥砺清节,耽学好古;周泰明当世俊彦,德行修明。皆宜膺受多福,保义子孙。而周盛门户,无辜被戮,遗类流离,湮没林莽,言之可为怆然。闻魏周荣虞仲翔,各绍堂构,能负析薪。及吴诸顾陆旧族长者,世有高位,当报汉德,显祖扬名。及诸将校,孙权婚亲,皆我国家良宝利器,而并见驱迮,雨绝于天,有斧无柯,何以自济?相随颠没,不亦哀乎!盖凤鸣高冈,以远翳罗,贤圣之德也。鹪鸠之鸟巢于苇苕,苕折子破,下愚之惑也。(7)

今江东之地,无异苇苕,诸贤处之,信亦危矣。圣朝开弘旷荡,重惜民命,诛在一人,与众无忌。故设非常之赏,以待非常之功。乃霸夫烈士奋命之良时也,可不勉乎!若能翻然大举,建立元勋,以应显禄,福之上也。如其未能,笮量大小,以存易亡,亦其次也。夫系蹄在足,则猛虎绝其蹯;蝮蛇在手,则壮士断其节。何则?以其所全者重,以其所弃者轻。若乃乐祸怀宁,迷而忘复,暗《大雅》之所保,背先贤之去就,忽朝阳之安,甘折苕之末,日忘一日,以至覆没,大兵一放,玉石俱碎,虽欲救之,亦无及已。故令往购募爵赏,科条如左。檄到,详思至言,如诏律令。[8]

【简释】

(1)或:荀彧,字文若,颍川人,曹操进彧为汉侍中,守尚书令。

见机而作:《周易》曰:"君子见机而作,不俟终日。临事制变,困而能通,智者之虑也。"《汉书》曰:"江充因变制宜。"《周易》曰:"困而不失其所亨,其唯君子乎!"王弼曰:"穷必通也。"

渍:浸泡。

于安思危,以远咎悔:封禅书曰:兴必虑衰,安必虑危。

怀佚:佚同逸,怀佚,想着安乐淫逸。

(2)未辨菽麦:《左氏传》曰"晋周子有兄而无慧,不能辨菽麦。"

齐斧:意为整齐,治理天下。斧:钺也,以整齐天下。齐:利也。

譬犹鷇(kòu)卵,始生翰毛:《尔雅》曰"生而自食曰雏,待哺曰鷇"。

翰毛:毛长大者。陆梁:怪兽,引申为嚣张跋扈。顾行吠主:《战国策》刁勃谓田单曰:跖之狗吠尧,非其主也。

舟楫:指战船。此意为孙权依恃长江天险和水军。

灵诛:神诛天诛之意。爨镬(cuàn huò):用以煮饭的锅。

三苗:古代民族之名,约居于今河南南部至湖南洞庭湖和江西鄱阳湖一带。

子阳:公孙述,字子阳。曾据蜀称帝,遣任满据守荆门,以为有长江、荆门之险可恃。任满后来被征南大将军岑彭所败。

朝鲜之垒不刊:《史记》曰:天子拜涉何为辽东部都尉。朝鲜袭杀何。天子遣左将军荀彘击朝鲜,朝鲜人杀其王右渠来降,定朝鲜为四郡。

南越之旌不拔:南越吕嘉反,以主爵都尉杨仆为楼舡将军,下横浦,咸会番禺,南越以平,遂为九郡。昔夫差承阖闾之远迹,用申胥之训兵,栖越会稽:《史记》曰:"吴王阖闾死,立太子夫差。吴王夫差伐越,败之,越王勾践乃以甲兵五千人栖于会稽。"

"抗衡上国,与晋争长"句:吴、晋争强,晋人击之,大败吴师。越王闻之,袭吴。吴王闻之,去晋而归,与越战,不胜,城门不守,遂围王宫而杀夫差。

吴王濞:即刘濞,沛县人,刘邦之侄。西汉初年受封为吴王,刘濞联络楚赵胶东等诸侯,以诛晁错为名发动叛乱。孝景五年起兵于广陵。

太尉:即周亚夫,西汉名将,周勃之子,平定吴楚七国之乱的功臣。后因其子私卖御物下狱绝食而亡。

濞之骂言未绝于口,而丹徒之刃以陷其胸:吴王败,乃与部下壮士千人夜亡,渡淮,走丹徒,保东越。汉使人以利啖东越,东越即给吴王。吴王出劳军,汉使人杀吴王。汉书,贾谊上疏曰:"適启其口,匕首已陷其胸矣。"

(3)强如二袁,勇如吕布:二袁,袁绍、袁术。《魏志》曰"吕布便弓马,勇力过人,号为飞将"。

鹯(zhān)视狼顾:鹯,古书中说的一种猛禽,似鹞鹰,鹯类猛禽。亦称"晨风"。鹯视狼顾,谓如同鹯狼视物。形容目光贪婪。

关中诸将,复相合聚,续为叛乱:《魏志》曰"张鲁据汉中,遣钟繇讨之。是时关中诸将,疑繇欲自袭马超,遂与杨秋、李湛、宜成等反。遣曹仁讨之。超等屯潼关,公敕诸将:关西兵精悍,坚壁勿与战"。"顺风烈火,元戎启行,未鼓而破"句:《毛诗》曰"武王载旆,有虔秉钺,如火烈烈,则莫我敢遏"。又"元戎十乘,以先启行"。

"大军所以临江而不济者"句:《魏志》曰"曹公斩宜成,遂、超走凉州"。

逆贼宋建,僭号河首:宋建是占据陇西的割据者,《魏志》曰"初,陇西宋建自称河首平汉王,聚众枹罕。夏侯渊讨之,屠枹罕,斩建凉州"。

镇南将军张鲁:张鲁,字公旗,沛国丰县人。据汉中,以鬼道教人,自号师君。割据巴汉达三十年,汉末力不能征,遂就宠鲁为镇民中郎将。曹操征之。周礼"负固不服则攻之"。

故且观兵旋旆(pèi):《魏志》曰"建安十七年,公征孙权,攻破江西营,乃引军还"。《史记》曰:"武王东观兵至于孟津。诸侯皆曰:帝纣可伐。武王曰:未可。乃还师。"旆,古代旗末端状如燕尾的垂旒,泛指旌旗。

长驱西征,致天下诛:建安二十年,曹操西征张鲁。

建约枭夷,旇(jīng)首万里:韩遂在显亲,夏侯渊欲袭取之,遂走。后渊大破遂军,得其旇麾。斩建及遂死,已见上文。旇,同旌。

"军入散关"句:曹操西征张鲁,自陈仓出散关至河池。氐王窦茂恃险不服,攻屠之。

"进临汉中"句:曹操西征张鲁,至阳平,张鲁使弟卫据阳平关,曹操遣高祚等乘险夜袭,大破之。张鲁遁窜,张鲁溃走巴中,曹操遣人慰喻,张鲁尽家属出降。

"巴夷王朴胡"句:建安二十年,七姓巴夷王朴胡、賨邑侯杜濩举巴夷、賨民来附。于是分巴郡,以胡为巴东太守,濩巴西太守。朴音浮。濩音护。

(4)宽仁覆载,允信允文:《春秋考》异邮"赤帝之精,宽仁大度"。《礼记》"天无私覆,地无私载"。《毛诗》"允文允武,昭假列祖"。

鲁之五子,各受千室之邑:《魏志》曰"胡、濩者皆封列侯"。又"封鲁及五子皆为列侯"。

"而建约之属"句:鲸鲵比喻凶恶之人。此意被杀戮。南安赵衢讨马超,枭其妻子。汉时有金城郡。马超生前曾上书蜀汉朝廷:"臣门宗二百余口,为孟德所诛略尽。"许市,建安元年,汉献帝迁都于许昌。

"牧野之威"句:周武王继承其父文王遗志,联合庸、蜀、羌等族,率军东征,于牧野一战灭殷商。孟津之退,又称"孟津观兵"。在牧野之战的前两年,周武王东观兵道达孟津。不约而集于孟津的诸侯达到800人,诸侯均倡议讨伐纣王。武王却说,汝未知天命,未可也。于是挥师西返。孟津观兵有观天下人心,向商示弱之意。孔安国"诸侯佥同,乃退以示弱"。

(5)枳棘翦扞(hàn),戎夏以清:枳棘,多刺的树,比喻残余的割据势力。翦扞,翦除而防卫之。

大举天师百万之众:建安二十一年曹操治兵,遂征孙权。夏侯渊,字妙才,夏侯惇族弟,为征西将军。建安二十一年,曹操留夏侯渊屯汉中。

五道并入:曹操大举天师至寿春而南,一道也;使征西甲卒五万,二道也;及武都至庸蜀,三道也;江夏至豫章,四道也;楼船至会稽,五道也。

(6)元恶大憝:意为大奸大恶,恶人之魁首。

"昔袁术僭逆"句:建安四年,曹操败袁术于陈。术病死,庐江太守刘勋率众降,封为列侯。

张辽侯成,率众出降:张辽,字文远,雁门人,以兵属吕布。曹操破吕布于下邳,辽率众降,拜中郎将,爵为关内侯。

"还讨眭固"句:眭固属袁绍,屯射犬。曹操进军临河,使史涣、曹仁渡河击之。固使张扬故长史薛洪、河内太守缪尚留守,自将兵以迎绍求救,与涣、仁遇,交战,大破之,斩固。洪、尚率众降,封为列侯。张郃高奂举事立功:曹操击淳于琼,留曹洪守。袁绍使张郃、高奂攻曹洪。郃等闻琼破,遂来降。

"后讨袁尚"句:曹操围袁尚,营未合,袁尚遣故豫州刺史阴夔及陈琳乞降,曹操不许,围益急。尚夜遁,保岐山,追击之,其将马延等临阵降,众大溃。

将军苏游,反为内应:袁尚攻袁谭,留苏游守邺。曹操进军到洹水,游降。

审配兄子,开门入兵:袁尚走中山,审配兄子荣夜开所守东城门内兵,曹操生擒审配,斩之。

幽州大将焦触,攻逐袁熙,举事来服:建安十年,袁绍子袁熙大将焦触叛,熙、尚奔三郡乌丸,触等举其县来降。

权亲以数万之众,破败奔走:曹操使张辽与乐进等将七千余人屯合肥。曹操征张鲁,孙权率十万众围合肥。于是张辽夜募敢从之士,得八百人。明日大战,平旦,辽被甲持戟,先登陷阵,杀千人,斩二将。权登高冢,以长戟自守。辽呼,权不敢动。权守合肥十余日,城不可拔,乃引退。

(7)天道助顺,人道助信:《周易》曰:"天之所助者顺也,人之所助者信也。"

"盛孝章"句:吴郡太守盛宪,字孝章。被孙权所杀。孙辅,孙权之族兄,因暗通曹操而被杀。辜雠(gū chóu):罪恶昭彰,人所同仇。雠,同仇。

伊挚:即伊尹,商初大臣。始为夏臣,后助商灭夏。飞廉:亦作"蜚廉"。传说商朝末期人。善走,其子恶来有力,父子俱以才力事商纣王。武王灭商后,将飞廉驱至海隅诛之。

"近魏叔英秀出高峙"句:"能负析薪",《左氏传》郑子产曰:"古人有言曰:其父析薪,其子弗克负荷。"虞仲翔即虞翻,与虞文绣是父子,魏周荣与魏叔英也相同,都是用"析薪"这个典故说明他们能继承家业。从《檄文》看来,盛宪、周昕(xīn)即周泰明、魏朗、虞歆等盛、周、虞、魏等会稽大姓强族的代表人物,都是"多在载籍"的"江东旧德名臣",是威胁孙氏政权的力量,作为孙权敌对者的曹操对会稽一郡也十分重视,并企图煽动当地的大姓强族起来反抗孙权的统治。

乂(yì):治理;安定。保乂,意为太平无事。

堂构:比喻父祖的遗业。迮(zé):逼迫之意。罻(wèi)罗:罻,捕鸟的小网。罗,网罗。鹦鴂(níng jué):一种鸟名。

(8)故设非常之赏,以待非常之功:司马长卿《难蜀父老》曰:有非常之事,然后有非常之功。筭量:筭同"算",筭量,即算计权衡。

系蹏在足:意为蹏子被系的猛虎,为保住七尺之躯和性命,会断足而逃。蝮蛇在手,则壮士断其节。《汉书》曰:"项梁使赵齐兵击章邯,田荣曰:楚杀田假,赵杀田角、田间,乃出兵。楚不杀假,赵亦不杀角、间。齐王曰:蝮蠚手则斩手,蠚足则斩足,何者?为害于身也。田假、田角、田间于楚、赵非手足之戚,何故不杀?"

《大雅》之所保,背先贤之去就:《毛诗大雅》曰:"既明且哲,以保其身。"

折苕(shé tiáo):苇苕断折。喻危险的处境。

玉石俱碎:《尚书》曰"火炎昆冈,玉石俱焚"。

【事件简介与檄文赏析】

本文选自《文选》卷四四,又略见《艺文类聚》五十八。

本为陈琳草拟(此时陈琳已归附曹操很久),但开篇却说:"尚书令(荀)彧,告江东诸将校部曲,及孙权宗亲中外"。此檄所以以荀彧的名义发表,一方面由于他在董卓战乱前就跟随曹操,深得曹操信任,称他为吾之子房也。另一方面也由于他地位

孙权塑像

的宠重。荀彧(162—212 年),字文若,颍川郡颍阴(今河南许昌)人。东汉著名大臣、曹魏谋士。他不仅全力替曹操处理军政大事,还不断帮助他物色和举荐人才,先后向曹操推荐了一批极富才华的谋士,他们为曹操开创大业,战胜对手,并最终统一中原,做出了极大的贡献。荀彧跟随曹操多年,战功卓著,与曹操相处多年,私交甚深。曹操主动将女儿安阳公主嫁给荀彧的长子荀恽,结为秦晋。荀彧不仅足智多谋,而且德高望重,被人们奉为楷模。

汉建安十七年(公元 212 年),董昭等人建议将曹操进爵为国公,并加九锡。曹操得知荀彧反对自己接受九锡,觉得荀彧已成为自己专权道路上的巨大障碍,就寻找机会除掉荀彧。荀彧不久忧郁而死,时年五十岁。荀彧之死,史书上还有人说曹操派人给他送去一盒食品,荀彧打开一看,里面空空如也,荀彧明白曹操的用意,于是主动服毒自杀。荀彧临死之前,将他的书稿全都付之一炬,使他的大量谋略灰飞烟灭,令人惋惜。

这场伐吴的战争是建安二十一年(公元 216 年)冬十月由曹操亲自主持和发动的。为配合大规模的军事行动,发布了这篇 2000 多字的檄文。赤壁大战之后,曹操受挫,暂时退回北方,将主要精力放在北方的巩固和稳定方面。建安十七年(公元212 年),曹操在解决了关中马超、韩遂等十多个割据势力,并将马超之父马腾一家老少全部杀戮,又于建安十九年灭掉在报罕(今甘肃导河县)称王 30 余年的宋建。建安二十年,曹军又攻占汉中,五斗米道首领张鲁投降。自此,从关中到陇右完全操纵了朝廷的大权。在这种背景下,曹操以东汉王朝的名义,发动了对江东孙权的战争。孙权继承父兄之业,据有江东,已历三世。不仅百姓归附,豪杰用命,地势险要,有长江天险可以依恃;而且孙权本人也是一位"任才尚计,有勾践之奇"的风云人物。对此,时人包括曹操在内都了然于心。曹操曾发过"生子当如孙仲谋"的感慨。面对如此之对手,鉴于赤壁之败的教训,曹操不敢掉以轻心。《檄吴将校部曲文》就是由此而发的。

李兆洛的《骈体文钞》,在钟会《檄蜀文》的批语中曾论及过《檄吴将校部曲文》,指出:"《檄吴》缓,如不欲战,皆中有戒心也。"也就是说,在当时曹操与孙权的实力对比中,曹操也没有一举吞灭孙权的足够实力和十足的信心,所以檄文在许多方面只是虚张声势、借以吓人而已。这样一来檄文就表现出辞虽繁而意不坚的特点来。

以强击弱理亦实：钟会移蜀将吏士民檄

往者汉祚衰微，率土分崩，生民之命，几于泯灭。我太祖武皇帝神武圣哲，拨乱反正，拯其将坠，造我区夏。高祖文皇帝应天顺民，受命践祚。烈祖明皇帝奕世重光，恢拓洪业。然江山之外，异政殊俗，率土齐民，未蒙王化。此三祖所以顾怀遗恨也。今主上对德钦明，绍隆前绪；宰辅忠肃明允，勄劳王室，布政垂惠，而万邦协和，施德百蛮，而肃慎致贡。悼彼巴蜀，独为匪民，悯此百姓，劳役未已。是以命授六师，龚行天罚，征西、雍州、镇西诸军，五道并进。古之行军，以仁为本，以义治之。王者之师，有征无战。故虞舜舞干戚而服有苗，周武有散财、发廪、表闾之义。今镇西奉辞衔命，摄统戎重，庶弘文告之训，以济元元之命。非欲穷武极战，以快一朝之政。故略陈安危之要，其敬听话言。[1]

益州先主，以命世英才，兴兵朔野。困踬冀徐之郊，制命绍布之手。太祖拯而济之，兴隆大好，中更背违，弃同即异。诸葛孔明仍规秦川，姜伯约屡出陇右，劳动我边境，侵扰我氐羌。方国家多故，未遑修九伐之征也。今边境义清，方内无事，畜力待时，并兵一向。而巴蜀一州之众，分张守备，难以御天下之师。段谷、侯和沮伤之气，难以敌堂堂之阵；比年以来，曾无宁岁，征夫勤瘁，难以当子来之民。此皆诸贤所亲见也。蜀相攻见禽于秦，公孙述授首于汉，九州之险，是非一姓，此皆诸贤所备闻也。[2]

明者见危于无形，智者窥祸于未萌。是以微子去商，长为周宾；陈平背项，立功于汉。岂宴安鸩毒，怀禄而不变哉？今国朝隆天覆之恩，宰辅弘宽恕之德，先惠后诛，好生恶杀。往者吴将孙壹，举众内附，位为上司，宠秩殊毕。文钦、唐咨，为国大害，叛主仇贼，还为戎首。咨困逼禽获，钦二子还降，皆将军封侯。咨与闻国事，壹等穷踧归命，犹加盛宠。况巴蜀贤知，见机而作者哉？主成能深鉴成败，邈然高蹈，投迹微子之踪，错身陈平之轨，则福同古人，庆流来裔。百姓士民，安堵乐业；农不易亩，市不回肆。去累卵之危，就永安之福。岂不美与？若偷安旦夕，迷而不反，大兵一放，玉石俱碎。虽欲悔之，亦无及已。其详择利害，自求多福。各具宣布，咸使闻知。[3]

【简释】

(1)祚：皇位，国统。

太祖武皇帝：指曹操（155—220 年），东汉末年政治家、思想家、军事家、文学家，三国魏的实际建立者。操死后，其子曹丕建魏称帝，追尊曹操为魏武帝。

区夏：又言诸夏，指中国。

高祖文皇帝：魏文帝曹丕（187—226 年），字子桓，沛国谯县（今安徽省亳州市）人。魏武帝曹操与武宣卞皇后的长子。三国时期著名的政治家、文学家，魏朝的开国皇帝。公元 220—226 年在位，庙号高祖（《资治通鉴》作世祖），谥为文皇帝（魏文帝），葬于首阳陵。由于文学方面的成就而与其父曹操、其弟曹植并称为"三曹"。

烈祖明皇帝：魏明帝曹叡（205—239 年），字元仲，沛国谯县（今安徽省亳州市）人。曹丕之子，曹操之孙。能诗文，与曹操、曹丕并称魏之"三祖"，文学成就不及操、丕。219 年，曹叡被封为武德侯。221 年即曹丕继位后的第二年，曹叡被封为齐公。222 年曹叡被封为平原王，因其母甄氏被废，并未被立为太子。226 年曹丕病危，立曹叡为皇太子，托孤于曹真、司马懿、陈群、曹休等人。不久，曹丕去世，曹叡继位，追谥其母甄夫人曰文昭皇后。曹叡在位 13 年，死时年仅 34 岁。临终托孤于曹爽、司马懿，其子曹芳继位。

今主上：指魏元帝曹奂（246—302 年），本名曹璜（司马昭强给改名，意为换掉他），字景明，魏武帝曹操之孙。三国时曹魏最后一代皇帝，公元 260—265 年在位。公元 265 年，曹奂禅位于晋王司马炎，此后被废为陈留王，谥号为元帝。甘露五年（公元 260 年）曹髦死后立曹奂为皇帝，实际上曹奂手中毫无权力，在大臣和军队中也没有任何势力，完全是司马师、司马昭兄弟的傀儡。曹奂在位期间，263 年曹魏大将邓艾和钟会伐蜀汉，蜀汉灭亡。司马昭被晋升为晋王。不过蜀汉灭亡没多久，司马昭的儿子司马炎就于咸熙二年（公元 265 年）废掉了傀儡皇帝曹奂，魏亡。

劬（qú）劳：劬，过分劳苦，劳累，勤劳。劬劳，指父母养育子女的劳苦。

龚行：同恭行，恭敬地执行。

征西、雍州、镇西诸军：指征西将军邓艾、雍州刺史诸葛绪、镇西将军钟会诸路伐蜀大军。

虞舜舞干戚而服有苗：传说部落联盟首领虞舜倡文德，行仁政，只是手持盾、斧之类的兵器象征性地挥舞了七旬，古族有苗就归服。

散财、发廪、表闾之义：指周武王灭商后，散鹿台之财、发钜桥之粟以赈济贫弱和表彰商容之闾一事。商容，商纣王之大夫，以直谏遭贬，武王表其闾。

（2）先主：指蜀汉的建立者、昭烈帝刘备（161—223 年），字玄德，涿郡涿县（今河北涿州）人，汉中山靖王刘胜的后代，三国时期蜀汉开国皇帝，公元 221—223 年在位。政治家，庙号烈祖。刘备少年孤贫，以贩鞋织草席为生。黄巾起义时，刘备与关羽、张飞桃园结义，成为异姓兄弟，一同剿除黄巾，有功，任安喜县尉，不久辞官；董卓乱政之际，刘备随公孙瓒讨伐董卓，三人在虎牢关战败吕布。后诸侯割据，刘备势力弱小，经常寄人篱下，先后投靠过公孙瓒、曹操、袁绍、刘表等人，几经波折，却仍无自己的地盘。赤壁之战前夕，刘备在荆州三顾茅庐，请诸葛亮出山辅助，在赤壁之战中，联合孙权打败曹操，奠定了三分天下的基础。刘备在诸葛亮的帮助下占领荆州，不久又进兵益州，夺取汉中，建立了横跨荆、益两州的政权。后关羽战死，荆州被孙权夺取，刘备大怒，于称帝后伐吴，在夷陵之战中为陆逊用火攻打得大败，不久病逝于白帝城，临终托孤于诸葛亮。

姜伯约：即姜维（202—264 年），字伯约，天水郡冀县（今甘肃省甘谷县东南）人，三国时期原为曹魏天水郡的中郎将，后降蜀汉，官至凉州刺史、大将军，第五代执政大臣。诸葛亮北伐事业的继承者。维忠勤时事、思虑精密、敏于军事，既有胆义，又兼心存汉室深得诸葛亮器重。随诸葛亮出祁山，久经沙场，累立战功。姜维继诸葛亮之略，以攻代守，伺图中原，恢复汉室，伺机十一次兵伐中原，降李简部、斩魏将徐质、破大敌王经，一时挫魏国之威。奈先有费祎裁制，后有宦臣黄皓弄权，互有胜负，悉未成功。及后主降邓艾，敕维降，维乃伴降于钟会，策会反，图中原欲以杀会重扶汉室，乃事败，维及妻子皆伏诛。

乂清：清平、安定。

段谷、侯和：地名。魏将邓艾曾先后于段谷、侯和两地大败率军北伐的蜀将姜维。

蜀相攻见禽于秦：指司马错多次平蜀之事。司马错，生卒年不详，战国秦夏阳（今陕西省韩城）人，司马迁八世祖，战国中后期秦国名将。司马错伐蜀是秦统一中国之前的一个重大的军事举措，在秦史上是不可或缺的。秦惠文王九年（公元前316 年），巴蜀相攻，司马错力排张仪之议而主张伐蜀。同年灭蜀。继而又灭巴、苴。秦惠文王十四年陈庄杀蜀侯，后归降。秦武王元年（公元前 310 年），因蜀相陈庄叛秦，司马错受命协助平定蜀乱。秦昭王六年（公元前 301 年），蜀侯辉反，司马错平定蜀中。秦昭王二十七年（公元前 280 年），司马错率陇西兵及巴蜀兵十万人，从蜀地沿江而下，攻楚黔中，迫楚献出汉北及上庸地（今湖北西北部）于秦，实践了他得蜀即得楚的部分预言。

公孙述授首：公孙述，东汉初扶风茂陵（今陕西兴平东北）人。王莽时，曾任导江卒正（蜀郡太守）。后起兵，据益州称帝，号成家（取起于成都之意）。建武十二年（公元 36 年），光武帝刘秀派大司马吴汉等率军伐蜀，公孙述被杀。

（3）微子：名启（一作"开"）。商纣之庶兄。因见商朝将亡，数谏纣王，王不纳，遂出走。周武王灭商时，向周乞降。周公旦攻灭武庚后，封微子于宋，是为宋国之始祖。

陈平（？—前 178 年）：汉初阳武（今河南原阳东南）人。伟大的谋略家，陈胜起义,他先投魏王咎,后又从项羽入关。不久,归服刘邦,在西汉的建立和后来粉碎吕氏专权的斗争中立有功勋。汉文帝即位后,被拜为丞相。

宴安鸩毒:宴安有逸乐之意。此以宴安比之鸩毒,示人以戒。

孙壹:本吴国将领,江夏太守,因被孙綝所逼,叛吴归魏。魏授壹为车骑将军,封吴侯。

文钦、唐咨:二人本来在魏,后叛魏归吴。在后来的魏吴之战中,文钦被杀,其二子投降,受到魏国的封赏。唐咨再归魏后,也受到重用。

踧(cù):穷迫不安的样子。

庆流来裔:意为世世代代享有荣华富贵。

【事件简介与檄文赏析】

本文选自《魏志·钟会传》,又见《文选》,是曹魏大将钟会进军蜀汉时所发的檄文。

钟会(225—264年),字世季,颍川长社(今河南省长葛市)人。三国时魏国谋士、将领,曹魏大臣钟繇的儿子,敏慧夙成,少有才气。受其父影响,在书法上有独到成就。自幼才华横溢,上至皇帝、下至群臣都对他非常赏识,魏文帝曹丕也听说了钟会兄弟的名声,就让兄弟俩来宫中见个面。二人来到宫中,曹丕看哥哥钟毓紧张得出汗了,就问道:"你脸上怎么那么多汗?"钟毓马上答道:"战战惶惶,汗出如浆。"又问钟会:"你脸上怎么没汗呢?"钟会回答:"战战栗栗,汗不敢出。"兄弟俩机智的回答赢得众人喝彩。夏侯霸降蜀后预言钟会终究会成为吴蜀之大患。毌丘俭叛乱后,

刘禅画像

钟会说服司马师亲征。司马师病死后,钟会又帮助司马昭保住兵权。诸葛诞叛乱期间,钟会多次献策助司马昭平叛。被人比作西汉谋士张良,又曾为司马昭献策阻止了曹髦的夺权企图,钟会得以成为司马氏的亲信。名士嵇康被杀,便是他的主意。

景元年间,司马昭以为蜀国大将姜维屡屡骚扰边疆,想要派大军伐蜀。群臣皆曰不可行,唯独钟会说蜀可取,又画西蜀图本力劝司马昭伐蜀,从而发动伐蜀之战。景元四年(公元263年),魏举兵伐蜀,钟会为主将统兵10万,分别从斜谷、骆谷进兵。命牙门将许仪为先锋开路,自己率领大军在其后,当经过一座桥时,钟会的战马蹄陷入坑中,钟会大怒,不顾及许仪先父许褚的功绩,将许仪斩首。当时蜀军没有据

险而守,而是将部队收回驻守汉城和乐城。钟会让护军荀恺、前将军李辅各统领万人,分别包围汉城和乐城。钟会西出阳安口,派遣人祭拜诸葛亮之墓。因为在阳安城中受诸葛亮托梦,于是对百姓秋毫无犯。又派护军胡烈等走在前面,攻破关城,得到那里的金银珠宝及粮食。钟会派遣田章等从剑阁向西,出江油。钟会想专权,密报司马昭说诸葛绪畏缩不进,于是把他装上囚车送往朝廷,这样一来,大军都由钟会统领了。钟会大军攻打剑阁,却被姜维绊住,久攻不下。这时邓艾奇袭得手,击杀诸葛瞻,刘禅率众投降。姜维得知消息后,归降于钟会。蜀亡后,钟会有谋反之心,大力结交西蜀名士,打击邓艾等人,打算自立政权,密报司马昭说邓艾居功自傲,想要谋反,司马昭命钟会把邓艾关进囚车押解回朝,钟会遣卫瓘在前,把司马昭的手谕传达给邓艾的士兵,于是邓艾的士卒皆放下武器,把邓艾押入囚车。既除邓艾,钟会自以为再无敌手,假传太后遗诏,准备起兵灭掉司马昭,但由于手下官兵不支持钟会的行动,后胡烈用计致使全军混乱。几天后,胡烈之子胡渊号召本部人马起义,看到这情况,诸军皆反,钟会被士兵乱箭射死在乱军中。

　　蜀灭吴亡,三分归于西晋。魏灭蜀之战,是强者消灭弱者的一场战争。魏能灭蜀,在于前者在政治、经济和军事等方面优于后者,但战场上的胜负,又与双方的指挥、谋划直接有关。三国后期,魏、吴、蜀并立抗争的局面因三方力量的消长变化而渐趋崩溃。其中,魏国自明帝曹睿死后,齐王曹芳为帝,大权旁落在司马懿手中。司马懿死后,子司马师、司马昭相继执政。司马氏父子一方面大力清除曹氏势力,笼络士族,并经过几次废立皇帝事件,准备代魏自立;同时,他们还注意招揽人才,移民实边,继续曹操的办法,推广屯田,并兴修水利,使魏国在司马氏的掌管下,政治稳定,经济发展,军事力量十分强大。相比之下,蜀国自诸葛亮死后,蒋琬和费祎辅政,他们遵行诸葛亮的既定方针,团结内部,又不轻易用兵,曾一度使蜀国维持着比较稳定的局面。及蒋琬、费祎之后,姜维执政,多次对魏用兵无功,消耗了国力。特别是后主刘禅,自诸葛亮死后,更加昏庸无道,贪图享乐,不理朝政,宦官黄皓乘机取宠弄权,结党营私,朝政日非,连姜维也因怕被害,自请到沓中(今甘肃甘南州舟曲西北)种麦以避祸。至此,蜀国的基础已大大动摇。这时的吴国,因孙权死后,内争迭起,社会矛盾更加尖锐,多次攻魏也多以失败告终。吴国的实力大大削弱了。这样,在三国中,司马氏掌政下的魏国,势力最强,具备了灭吴、蜀,统一天下的条件。

　　魏元帝曹奂景元三年(公元262年),执政的魏大将军司马昭,分析了当时的局势,认为蜀国已经"师老民疲,我今伐之,如指掌耳",决定采取"今宜先取蜀,三年之后,因巴蜀顺流之势,水陆并进"灭东吴的方针。为此,魏任钟会为镇西将军,都督关中,作伐蜀准备。同时扬言要先攻吴,以迷惑蜀国。姜维闻讯,忙把情况上报刘禅,建议派兵把守阳安关口(即阳平关,在今陕西宁强西北)和阴平(今甘肃文县西北)的桥头,做好防备。但昏庸的后主只宠信宦官黄皓,黄皓则相信鬼巫之说,以为魏军不会进攻,刘禅信以为真,把姜维的建议置之脑后,连群臣都不让知道。景元四年(公元263年)夏,魏"征四方之兵十八万",分三路进攻蜀国:征西将军邓艾率兵3万多,自狄道(今甘肃临洮)向甘松(今甘肃迭部县东南)、沓中,进攻驻守在此的姜维;雍州刺史诸葛绪率3万多人马,自祁山(今甘肃礼县祁山堡)向武街(今甘肃成县西北)、阴平之桥头,切断姜维后路;镇西将军钟会率主力10余万人,分别从斜谷(今陕西眉县南)、骆谷、子午谷(今陕西西安南)进军汉中。蜀国后主见魏军真的来攻了,才仓促应战,忙遣右车骑将军廖化率一支人马前往沓中,增援姜维;派左车骑将军张翼和辅国大将军董厥率另一支人马到阳安关防守汉中的外围据点。这年九月,魏军三路大军发起进攻。在东南,钟会的主力部队三路齐进,而这时刘禅却不等援军到达就敕汉中各外围据点的蜀军撤退,魏军在没遇抵抗的情况下,迅速进入汉中,并随即进逼阳安关。蜀阳安守将傅佥,坚守苦战,旋因部将蒋舒开城出降,傅佥格斗而死。魏军进占阳安关后,又长驱直入,进逼剑阁(今四川剑阁县西),威胁蜀都城成都(今四川成都)。与此同时,邓艾率领的西路魏军也展开攻势,使天水太守王颀、陇西太守牵弘、金城太守杨趋分别从东、西、北三面进攻沓中的姜维。

姜维获悉魏军进入汉中的消息,就虑及阳安关有可能丢失,剑阁孤危,遂引兵且战且退,企图移向剑阁。但是诸葛绪率领的中路魏军已从祁山进达阴平之桥头,切断了姜维的退路。姜维为调开桥头魏军,乃引军从孔函谷(今甘肃武都县西南)绕到诸葛绪后侧,攻击魏军。诸葛绪深怕自己的后路反被切断,忙命魏军后退15公里。姜维趁机立即回头越过桥头。当诸葛绪觉察自己上当时,蜀军已远远离去,追赶不及了。姜维从桥头至阴平,续向南撤退,途中与正在北上的廖化、张翼、董厥等蜀国援军会合,时已获悉阳安关口丢失,遂退守剑阁。不久,邓艾率军抵达阴平,他挑选精兵,欲与诸葛绪联合由江油(今四川江油北),避开剑阁,直取成都。诸葛绪以邀击姜维为己任,拒绝邓艾联军之意,率军东去,与钟会军会合。钟会为扩大军权,密告诸葛绪畏懦不前,结果诸葛绪被征还治罪,其部归属钟会。随后,钟会率军进向剑阁。剑阁在今四川剑阁县西有相连的小剑山和大剑山,地形险峻,道小谷深,易守难攻,但又是通往成都的通道。姜维利用这种有利于防守的地形,在此"列营守险"。钟会屡攻不下,不久魏军因粮食不继,军心动摇,遂有退军之意。魏军伐蜀之战,曾一度顺利进展,并切断了蜀军主帅姜维的退路,灭蜀之举,指日可成。但由于诸葛绪的失策中计,姜维顺利通过桥头,凭险守剑阁,阻挡了魏军的攻势,使之面临粮尽退军、前功尽废的情形。在这个关键时刻,邓艾提出了一条奇策,建议"从阴平由邪径(小道)经汉德阳亭(今四川剑阁西北)趣涪(涪,在今四川绵阳东),出剑阁西百里,去成都300余里,奇兵冲其腹心,剑阁之守(指蜀军)必还,则(钟)会方轨(两车并行)而进；剑阁之军不还，则应涪之兵寡矣。……今掩其空虚，破之必矣"。邓艾献策的要点是，魏军从阴平绕小道攻涪，这样姜维若从剑阁来援，则剑阁势孤易破，若蜀军不援涪，魏军破涪，切断姜维后路，并可直指成都。这条计策被接纳了，并由邓艾执行。从阴平到涪，高山险阻，人迹罕至，十分艰难，不过也因此之故，蜀国没在此设防。

这年十月，邓艾率军自阴平道，行无人之地300多公里，一路凿山通道，造作桥阁。时"山高谷深，至为艰险。又粮运将匮，濒于危殆"。面对困难，邓艾身先士卒，遇到绝险处，"以毡自裹，推转而下，将士皆攀木缘崖，鱼贯而进"。在克服了这些难以想象的困难之后，魏军终于通过了阴平险道，到达江油。蜀江油守将马邈见魏军奇迹般出现，大惊失色，不战而降。邓艾率魏军乘胜进攻涪城。江油失守后，刘禅派诸葛亮之子诸葛瞻阻击邓艾。诸葛瞻督诸军至涪城停住。及战，魏军破蜀军前锋，诸葛瞻被迫退守绵竹(今四川绵竹)，列阵待艾。邓艾遣使致书诸葛瞻劝降说："若降者必表为琅玡王。"诸葛瞻怒斩使者。邓艾即遣其子邓忠及司马师纂等，从左右两面进攻蜀军。魏军失利，邓艾大怒曰："存亡之分，在此一举，何不可之有？"扬言欲斩邓忠、师纂，命之再战。二将急忙重新上阵，结果大破蜀军，临阵斩诸葛瞻及蜀尚书张遵等人。就这样，魏军进占绵竹，并立即进军成都。蜀国的兵力多在剑阁，成都兵少，实际上无防守可言，蜀君臣闻魏军到来，慌作一团，不知所措。有人建议后主逃向南中地区(今四川南部及云、贵部分地区)，但那里情况复杂，能否站稳没有把握。有人建议东投孙吴，但孙吴也日益衰弱，自身难保。光禄大夫谯周力主降魏，群臣多附和之。这年十一月，刘禅接受谯周意见，开城降魏，同时遣使令姜维等投降。魏军占领成都。坚守剑阁的姜维，先闻诸葛瞻兵败，但未知后主确切消息，恐腹背受敌，乃引军东入巴中(今四川巴中)。钟会率魏军进至涪城，遣将追赶姜维。姜维退到都(今四川广福)。旋接后主敕令，姜维乃率廖化、张翼、董厥等人，投戈放甲于钟会军前。魏灭蜀之战结束。

本篇檄文原载于《文选》卷四四，出自钟会之手。这篇《檄蜀文》，除具有檄文常见的语言精练、行文流畅、富有说服力等特点外，还有着一般檄文所没有的突出长处。这就是作者较为尊重事实，明于大势，将精力集中对时势和人心的分析和说明方面。在通篇行文中，虽然对曹魏政权有粉饰之意，但其所言大多有事实依据；虽然对蜀汉政权有贬损之处，但他仍承认刘备为"命世之才"。在这篇檄文中，人身攻击、栽赃污辱性语言极为少见，其力量所在，主要是把握历史潮流和人心向背。

抗胡英雄挽汉族：冉闵讨胡檄文

诸胡逆乱中原，已数十年，今我诛之，若能共讨者，可遣军来也。暴胡欺辱汉家数十载，杀我百姓，夺我祖庙，今特此讨伐，犯我大汉者死，杀我大汉子民者死，杀尽天下诸胡，匡复汉家基业，天下汉人皆有义务屠戮胡狗。冉闵不才，受命于天道。特以此昭告天下！

稽古天地初开，立华夏于中央，万里神州，风华物茂，八荒六合，威加四海，华夏大地，举德齐天。⑴蛮地胡夷无不向往，食吾汉食，习吾汉字，从吾汉俗，此后胡夷方可定居，远离茹毛饮血⑵，不再兽人。然今，环顾胡夷者，无不以怨报德，抢吾汉地，杀吾汉民。中原秀丽河山，本为炎黄之圣地，华夏之乐土，而今日之域中，竟是谁家之天下？

前晋八王乱起，华夏大伤，胡夷乘乱而作，扰乱中原，屠城掠地。⑶永兴元年，胡狗鲜卑，大掠中原，劫财无数，掳掠汉女十万，夕则奸淫，旦则烹食，千女投江，易水为之断流。羯狗之暴，以汉为"羊"，杀之为粮。永嘉四年，围猎汉民，王公忠烈射死者十余万。不日，夷人匈奴，四面纵火，烤汉为食，死者二十余万。大兴元年，愍帝受辱，崩于匈奴。⑷凡此种种，罄竹难书！

今之胡夷者，狼子野心，以掳掠屠戮为乐，强抢汉地为荣。而今之中原，北地苍凉，衣冠南迁⑸，胡狄遍地，汉家子弟几欲被数屠殆尽。天地间，风云变色，草木含悲！四海有倒悬之急，家有漉血之怨，人有复仇之憾。中原危矣！大汉危矣！华夏危矣！

不才闵，一介莽夫，国仇家恨，寄于一身，是故忍辱偷生残喘于世。青天于上，顺昌逆亡，闵奉天举师，屠胡戮夷。誓必屠尽天下之胡，戮尽世上之夷，复吾汉民之地，雪吾华夏之仇。闵不狂妄，自知一人之力，难扭乾坤。华夏大地，如若志同者，遣师共赴屠胡；九州各方，如有道合者，举义共赴戮夷。以挽吾汉之既倒，扶华夏之将倾。

【简释】

⑴"稽古天地初开"句：稽古，考察古代的事迹。八荒，八荒也叫八方，指东、西、南、北、东南、东北、西南、西北等八面方向，指离中原极远的地方。后泛指周围、各

地。犹称"天下"。贾谊《过秦论》："囊括四海之意,并吞八荒之心。"六合,上下和东西南北四方,即天地四方,泛指天下或宇宙。贾谊《过秦论》："及至始皇……吞二周而亡诸侯,履至尊而制六合。"李白《古风》诗："秦王扫六合,虎视何雄哉!"

(2)茹毛饮血:茹,吃。用来描绘原始人不会用火,连毛带血地生吃禽兽的生活,后泛指社会生活的落后。《礼记·礼运》："未有火化,食草木之食,鸟兽之肉,饮其血,茹其毛,未有麻丝,衣其羽皮。"

(3)"前晋八王乱起"句:八王之乱:西晋时统治阶层历时 16 年(291—306 年)之久的战乱。战乱参与者主要有汝南王司马亮、楚王司马玮、赵王司马伦、齐王司马冏、长沙王司马乂、成都王司马颖、河间王司马颙、东海王司马越等八王。太熙元年(公元 290 年)晋武帝临终时命弘农大姓出身的车骑将军、杨皇后的父亲杨骏为太傅、大都督,掌管朝政。继立的晋惠帝软弱,即位后,皇后贾南风(即贾后)为了让自己的家族掌握政权,于元康元年(公元 291 年)与楚王玮合谋,发动禁卫军政变,杀死杨骏,而政权却落在汝南王司马亮和元老卫瓘手中。贾后政治野心未能实现,当年六月,又使楚王司马玮杀汝南王司马亮,然后反诬楚王司马玮矫诏擅杀大臣,将司马玮处死。贾后遂执政,于元康九年废太子司马遹,次年杀之。诸王为争夺中央政权,不断进行内战,史称八王之乱。16 年中,参战诸王多相继败亡,人民被杀害者众多,社会经济严重破坏,西晋的力量消耗殆尽,隐伏着的阶级矛盾、民族矛盾爆发,西晋进入人们常说的"五胡乱华"时期。八王之乱是导致西晋灭亡的重要原因,司马氏集团对中华民族犯下的罪行是无穷无尽的。

(4)"永兴元年"句:永兴元年即公元 304 年。西晋王朝在经历八王之乱后,国力损失惨重,虚弱不堪,最终被匈奴人灭国,北方和西域各胡族势力趁天下大乱之际入侵中原,大肆地屠虐汉民,视汉人不如犬狗,史书上记载"北地苍凉,衣冠南迁,胡狄遍地,汉家子弟几欲被数屠殆尽"。入塞胡族中,羯、白匈奴、丁零、铁弗、卢水胡、鲜卑、九大石胡等部落主体都是金发碧眼的白种人,这些来自蛮荒之域的野蛮胡族还保留着原始的食人兽性,其中以羯族、白匈奴、鲜卑族三族最为凶恶。公元 304年,慕容鲜卑大掠中原,抢劫了无数财富,还掳掠了数万名汉族少女。回师途中一路上大肆奸淫,同时把这些汉族少女充作军粮,宰杀烹食。走到河北易水时,吃得只剩下八千名少女了,慕容鲜卑一时吃不掉,又不想放掉,于是将八千名少女全部淹死,易水为之断流。至于羯族就简直可以称之为"食人恶魔"了。史书记载羯族军队行军作战从不携带粮草,专门掳掠汉族女子作为军粮,羯族称之为"双脚羊"。意思是用两只脚走路像绵羊一样驱赶的奴隶和牲畜,夜间供士兵奸淫,白天则宰杀烹食。在羯族建立的羯赵政权统治下,曾经建立了雄秦盛汉的汉民族已经到了灭族的边缘。到冉闵灭羯赵的时候,中原汉人大概只剩下 400 万(西晋人口 2000 万),冉闵解放邺都后一次解救被掳掠的汉族女子就达二十万。这些汉族女子是被羯族人当作"双脚羊"来饲养的家畜,随时随地被奸淫,也可能随时随地被宰杀烹食。有五万多少女这时虽被解放,但也无家可归,被冉闵收留。后来冉闵被慕容鲜卑击败,邺城被占。这五万名少女又全部落入食人恶魔慕容鲜卑的手中。慕容鲜卑奸淫污辱,又把这五万名刚刚脱离羯族魔爪的可怜少女充作军粮,一个冬天就吃了个干净。邺城城外这五万名少女的碎骨残骸堆成了小山……五胡乱华时代的中原是汉族的人间地狱,胡族的兽欲天堂。

"永嘉四年,围猎汉民"句:永嘉四年为公元310年,石虎将邯郸(一说临漳以南)以南中原地区,数万平方公里土地划为其狩猎围场,创全人类有史以来的吉尼斯世界纪录。规定汉人不得向野兽投一块石子,否则即是"犯兽",将处以死罪,被杀或被野兽吃掉的人不计其数,汉人的地位竟连野兽都不如。住在富丽堂皇宫殿里的石虎,竟笑道:"我家父子如是,自非天崩地陷,当复何愁?"

"大兴元年,愍帝受辱"句:大兴元年为公元318年。公元316年8月,刘曜率军围攻长安。11月,城内粮尽,无法拒守。晋愍帝司马邺(300—317年)只得赤露肩背,口含玉璧,乘坐羊车,出城往刘汉军营求降,群臣围住羊车号哭,有的爬上车拉住他的手臂,不让他出城。愍帝悲不自胜,又无可奈何,只好推开臣下,驱车出城投降,刘汉军将他押到平阳,废封为光禄大夫。西晋至此宣告灭亡。刘聪曾对愍帝百般羞辱,出猎时命令他全身披挂,手执长戟作为前导。晋朝的百姓见了围观痛哭。公元317年12月,刘聪在光极殿会宴群臣,也像对待怀帝那样,命令愍帝穿上青衣,替大家斟酒、洗杯,甚至在自己小便时,命令愍帝替他揭开便桶盖。陪伴愍帝同来长安的晋朝尚书郎辛宾见皇上如此受辱,失声大哭。事后,刘聪担心如留着愍帝,晋人复国之心不灭,就在同月派人杀死了愍帝。

(5)衣冠南迁:指西晋灭亡,东晋建立。公元316年,西晋的末代皇帝司马邺被俘,宣告西晋灭亡,但一些晋朝的旧臣不甘心亡国的命运,仍在全国各地积极活动,准备恢复晋朝的统治。公元317年,琅玡王司马睿在南渡过江的中原氏族与江南氏族的拥护下,在建康称帝,国号仍为晋,司马睿是为晋元帝,因其继西晋之后偏安于江南,故史家称之为东晋。公元346年,东晋安西将军桓温伐蜀,次年3月克成都,控制汉水上游和四川盆地的成汉政权灭亡。至此,东晋统一了南方,与后赵隔秦岭淮河对峙。司马睿在建康建立政权形式的时间实际是在公元311年,当时西晋处于崩溃边缘,但没有明确灭亡。东晋建立的时间一般被视为司马睿称帝的时间,即公元317年。公元420年,东晋被刘裕取代。

【事件简介与檄文赏析】

本文选自《晋书》。

冉闵(约322—352年)，也有文献记为"染闵"，字永曾，小字棘奴。魏郡内黄(今河南内黄西北)人，汉族。公元350年，建立中国五胡十六国时期的冉魏政权。为今人所广为人知的是屠杀胡人的命令，即杀胡令，是拯救了汉民族的抗胡英雄，以勇猛著称。在大混战中，羯族与匈奴在血腥的民族报复中被基本杀绝。公元352年，为慕容儁所执后斩于遏陉山，后被追封为武悼天王。其祖父冉隆为乞活(西晋末至东晋活跃于黄河南北的武装流民集团)军将领，公元309年，石勒(后赵建立者，羯族)率军攻打乞活军，

冉闵画像

冉氏宗族几乎全部阵亡。11岁的少年冉瞻在战斗中勇猛非凡，石勒爱惜并收纳了他。冉瞻就是冉闵之父，7年后在前赵和匈奴的战斗中阵亡，冉闵做了石虎的假子(史书有时称石闵)。

冉闵打仗勇猛异常，在战乱中迅速成长，并屡立战功。凌水河一役，大败鲜卑20万大军，俘杀燕军7万余人，夺鲜卑北燕郡县大小二十八城，威震中原。冉闵所属的后赵在十六国中最为强盛，开国皇帝石勒是胡人，他规定胡人劫掠汉族士人免罚；胡人有所需，可以任意索取一般汉人的东西；禁止汉人称游牧民族作胡人，而称"国人"，违者斩。石勒活着的时候，冉闵凭借军功，日子还过得去。但石勒一死，石虎即位，冉闵寄人篱下的日子就更难熬。石虎荒淫无耻，暴虐嗜杀。他一上台，"起台观四十余所，营长安、洛阳二宫，作者四十余万人"；"青、冀、幽，诸州造甲者五十万人"；"兼公侯牧宰竞兴私利，百姓失业，十室而七。船夫十七万人为水所没、猛兽所害，三分而一"；"发诸州二十六万人修洛阳宫"；"置女官二十四等，东宫十有二等，大发百姓女三万余人"；"发男女十六万，运土筑华林苑及长墙于邺北"(《晋书·载记》卷一百零七)。从《晋书》的记载中我们就可以得出，仅在石虎在位期间，后赵汉人死亡的大概数字了。石虎的儿子们互相残杀，石虎被气死。朝中大乱，石遵(石虎的第九子)趁机杀了年仅十岁的小皇帝而自立。在篡位之前，石遵害怕功劳卓著、在朝野有声望的冉闵有异心，就对冉闵说："努力！事成，以尔为储贰。"但坐上皇位后，却立石斌(石虎的大儿子)的儿子石衍为皇太子，任冉闵为中外诸军事、辅国大将军、录尚书事，辅政。看到汉人像牲口一样被胡人屠杀，自己流血卖命，却被石氏家族猜忌，冉闵心中早已埋下复仇的种子。他忍耐着，等待时机。冉闵既为都督，总内

外兵权,将"殿中将士及故东宫高力万余人,皆奏为殿中员外将军,爵关外侯",且"赐以宫女",广泛树立自己的恩德。

永和六年(公元350年),冉闵杀石鉴、灭后赵,建立汉族政权,国号大魏,史称冉魏,年号永兴。一即位,冉闵即下令:"与官同心者住,不同心者各任所之。"于是"赵人百里内悉入城,胡人或斩关,或逾城而出者,不可胜数"。看到这种情况,冉闵知胡人不为己用,遂宣布《屠胡令》,亲自率赵人诛杀胡羯,"无贵贱男女少长皆斩之,死者二十余万,尸诸城外,悉为野犬豺狼所食。屯据四方者,所在承闵书诛之,于时高鼻多须至有滥死者半"。史载,冉闵颁《屠胡令》,号召汉人起来屠杀胡人复仇。时中原广大地区、山东、山西、陕西、江淮北部的汉人都纷纷起兵,对中原的数百万胡族展开大反攻,"无月不战,互为相攻"。甚至远在陇西的麻书收到冉闵的"讨胡檄文"后,都杀掉所部胡人,因为陇西胡人太多,麻书带领部下斩关向东出关中去投靠冉闵,在冉闵和各路汉人义军的武力威胁下,氐、羌、胡、蛮数百万胡人被驱逐。有的返还陇西或河套草原一带原来生活的地方,有的迁回中亚老家。在返迁途中,不同民族的胡人又因为种族冲突和缺乏粮食而相互掠杀对方,能成功回到故土的十之有二三,仅这场胡族大返迁就造成数百余万胡人死亡。

冉魏汉人政权建立后,"清定九流,准才授任","儒学后门多蒙显进,于时翕然",引起胡人的恐慌,众胡联军征讨冉魏,冉闵率领汉军浴血奋战:"永和六年,冉闵杀石鉴及幸胡数万人。于时人有高鼻多须者,无不滥死。"(何法盛《晋中兴书》卷七)永和六年(公元350年)六月,石虎的另外两个儿子石祗(石鉴弟,僭帝号襄国)和弟弟石晖联军檄诛冉闵,整个邺城血雨腥风,"自凤阳至琨华,横尸相枕,流血成渠",联军大败。(《晋书》卷一百零七)"永和七年二月,率步骑十万攻石祗于襄国,大败,后赵王祗使其将刘显率众七万攻邺,闵悉众出战,大破显军,追奔至阳平,斩首三万余级。"(《资治通鉴》卷九九)"永和八年春正月,刘显僭帝号于襄国,冉闵击破,杀之。"(《晋书》卷一百零七)。永和八年(公元352年)四月,前燕慕容俊已克幽、蓟,至于冀州,冉闵率骑拒之,与慕容恪相遇于魏昌。大将董闰对冉闵说:"鲜卑乘胜气劲,不可当也,请避之以溢其气,然后济师以击之,可以捷也。"闵怒曰:"吾成师以出,将平幽州,斩慕容俊。今遇恪而避之,人将侮我矣。"慕容恪以铁锁连马,选善射的鲜卑勇士五千,方阵而前。冉闵骑骏马,"左仗双刃矛,右执钩戟,顺风击之,斩鲜卑三百余级"。但前燕援军赶到,围之数周,冉闵寡不敌众,跃马溃围东走,行二十里,为恪所擒。临死前,慕容俊问冉闵:"汝奴仆下才,何自妄称天子?"闵怒曰:"天下大乱,尔曹夷狄,人面兽心,尚欲篡逆。我一时英雄,何为不可作帝王邪!"慕容俊怒,"鞭之三百,送至龙城,斩于遏陉山"。史载遏陉山"七里左右草木悉枯,蝗虫大起,五月不雨",到了十二月,慕容俊愈发感到心虚,"遣使者祀之(冉闵),谥曰武悼天王,其日,大雪"。(《晋书》卷一百零七)冉闵死后,尚书令王简、左仆射张乾、右仆射郎肃自杀。侍中缪嵩、詹事刘猗带领冉闵的幼子冉智奉表归顺于东晋,携民数十万渡江,半路遇伏,几十万百姓死伤殆尽,晋大将接应未及时,自杀谢罪。

《屠胡令》使得汉人人口恢复增长,北方很多汉族地主势力渐渐强大起来;使少数民族统治者暂时放弃了进攻东晋朝廷,汉族得到了喘息机会。胡人也见识了汉人血腥报复的可怕,不得不向汉人寻求合作,汉人从事农耕,胡人则充军打仗。这才开始了和睦共处。五胡乱华时的少数民族往往打仗不论男女老少全族皆兵。当然往后发展精兵全由男子充当。在十六国南北朝频繁的战争中,胡族大量战死,胡族彼此之间也相互灭族。民间从事农耕的汉人不断恢复增长,北朝东西魏的战争使胡人人口枯竭。两国汉族大地主势力却强大起来,为补充兵源不足,不得不开始大量起用汉军。西凉地区的汉军得到北周起用,正是在这一时期。鲜卑国主们把公主嫁给这些汉族地主势力以拉拢他们,汉军的起用为后来杨坚灭胡和隋唐的建立创造了外部条件。

人心所向气如虹：隋文帝伐陈诏

　　昔有苗不宾，唐尧薄伐，孙皓僭虐，晋武行诛。有陈窃据江表，逆天暴物。朕初受命，陈顼尚存，思欲教之以道，不以龚行为令，往来修睦，望其迁善。时日无几，蚍恶已闻。厚纳叛亡，侵犯城戍，勾吴闽越，肆厥残忍。于时王师大举，将一车书，陈顼反地收兵，深怀震惧，责躬请约，俄而致殒。矜其丧祸，仍诏班师。(1)

　　叔宝承风，因求继好，载伫克念，共敦行李。每见圭璪入朝，辖轩出使，何尝不殷勤晓谕，戒以惟新。而狼子之心，出而弥野。威侮五行，怠弃三正，诛翦骨肉，夷灭才良。据手掌之地，恣溪壑之险，劫夺闾阎，资产俱竭，驱蹙内外，劳役弗已。徵责女子，擅造宫室，日增月益，止足无期，帷薄嫔嫱，有逾万数。宝衣玉食，穷奢极侈，淫声乐饮，俾昼作夜。斩直言之客，灭无罪之家，剖人之肝，分人之血。欺天造恶，祭鬼求恩，歌儛衢路，酣醉宫闱。盛粉黛而执干戈，曳罗绮而呼警跸，跃马振策，从旦至昏，无所经营，驰走不息。负甲持仗，随逐徒行，追而不及，即加罪谴。自古昏乱，罕或能比。介士武夫，饥寒力役，筋髓罄于土木，性命俟于沟渠。君子潜逃，小人得志，家家隐杀戮，各各任聚敛。天灾地孽，物怪人妖，衣冠钳口，道路以目。倾心翘足，誓告于我，日月以冀，文奏相寻。重以背德违言，摇汤疆场，巴峡之下，海滋已西，江北江南，为鬼为蜮。死陇穷发掘之酷，生居极攘夺之苦。抄掠人畜，断截樵苏，市井不立，农事废寝，历阳广陵，窥觎相继，或谋图城邑，或劫剥吏人，昼伏夜游，鼠窜狗盗。彼则赢兵敝卒，来必就擒，此则重门设险，有劳籓捍。天之所覆，无非朕臣，每关听览，有怀伤恻。有梁之国，我南籓也，其君入朝，潜相招诱，不顾朕恩。士女深迫胁之悲，城府致空虚之叹。非直朕居人上，怀此无忘，既而百辟屡以为言，兆庶不堪其请，岂容对而不诛，忍而不救！(2)

　　近日秋始，谋欲吊人。益部楼船，尽令东骛，便有神龙数十，腾跃江流，引伐罪之师，向金陵之路，船住则龙止，船行则龙去，四日之内，三军皆睹，岂非苍旻爱人，幽明展事，降神先路，协赞军威！以上天之灵，助戡定之力，便可出师授律，应机诛殄，在斯举也，永清吴越。其将士粮仗，水陆资须，期会进止，一准别敕。(3)

【简释】

（1）有苗：传说中的古族名。亦称三苗、苗民。《史记·五帝本纪》载其地在江、淮、荆州(今河南南部至湖南洞庭、江西鄱阳)一带。宾：服从，归顺，依附。原始社会末期，尧和舜曾多次动用武力，征伐过有苗。见前《禹誓》。

孙皓(242—283 年)：字元宗，三国东吴的第四代君主，他是孙权被废去皇太子地位的第三子孙和的长子，也是东吴的最后一位皇帝。孙皓初立时，下令抚恤人民，又开仓赈贫、减省宫女和放生宫内多余的珍禽异兽，一时被誉为令主。但很快他便变得粗暴骄盈、暴虐治国，又好酒色，从而民心丧尽。东吴名臣陆凯、陆抗二人于公元 269 年和公元 274 年相继去世。不久，西晋内部达成了伐吴的一致意见，遂于公元 280 年挥军南下。吴军毫无抵抗之力，吴国灭亡，孙皓本人也成了晋武帝的俘虏。

陈顼(xū)(528—582 年)：南北朝时期陈朝第四位皇帝(569—582 年在位)，在位 14 年，年号太建。他是高祖武皇帝陈霸先的侄子，世祖文皇帝陈蒨的弟弟。他本来是陈废帝陈伯宗的辅佐大臣，后废掉了陈伯宗，自立为帝。他在位期间，兴修水利，开垦荒地，鼓励农民生产，社会经济得到了一定的恢复与发展，一度占有淮、泗之地，但最后被北周夺走。陈顼在位期间，国家比较安定，政治也较为清明。陈太建十四年(公元 582 年)崩，享年 55 岁。谥号孝宣帝，庙号高宗。葬显宁陵(今南京郊区)。

矜其丧祸，仍诏班师：隋文帝称帝的第二年，即公元 582 年，曾命令长孙览为东南道行军元帅，统率八总管，南进攻击陈朝，陈人大惧。恰在此时，陈宣帝陈顼死，隋文帝就以古人所谓"礼不伐丧"为借口诏命伐陈隋军班师。

(2)叔宝(553—604 年)，即陈叔宝，字元秀，南北朝之南朝陈皇帝。公元 582—589 年在位。在位时大建宫室，生活奢侈。自武帝开国以来，内廷陈设很简朴。后主嫌其居处简陋，不能作为藏娇之金屋，于是在临光殿的前面，起临春、结绮、望仙三阁。阁高数十丈，衰延数十间，穷土木之奇，极人工之巧。宠妃张丽华起初只执掌内事，后来开始干预外政，江东小朝廷不知有陈叔宝，但知有张丽华。日与妃嫔、文臣游宴，制作艳词。隋兵南下时，恃长江天险，不以为意。陈叔宝热衷于诗文，他周围聚集了一批文人骚客，这些朝廷命官，不理政治，天天与陈叔宝一起饮酒作诗听曲。所有军国政事，皆置不问。带兵的将帅微有过失，就夺他们的兵权，边备因此越加松弛。消息传入长安，正值隋文帝开皇年间。隋文帝本有削平四海之志，于是隋之群臣，争劝隋文帝伐陈。文帝下诏数后主二十大罪，散写诏书二十万纸，遍谕内外。有人劝隋文帝说兵行宜密，不必如此张扬。文帝说："若他惧而改过，朕又何求?我将显行天诛，何必守密?"于是修建了许多战舰，命晋王杨广、秦王杨俊、清河公杨素为行军元帅，总管韩擒虎、贺若弼等，率兵五十一万八千人分道直取江南。隋兵渡江，如入无人之境。沿江守将，望风尽走，后主被俘。仁寿四年，死于隋大兴城，时年 52 岁。隋朝追封其为长城县公。

载仁克念:形容礼貌恭敬的样子。载仁(zhù),车子停下来;克念,克制自己的欲念。但这只是后主的表象。后面宣示了他的罪行。

行李:亦作"行理"。使者。《左传》僖公三十年载:"行李之往来,共(供)其乏困。"杜预注:"行李,使人也。"朱骏声《说文通训定声》:"李假借为理,实为吏。"引申为行旅。

圭璪(guī zǎo):圭,古玉器名,长方形,是古代贵族朝聘、祭祀、丧葬时所用的礼器;璪,古代冕旒用以贯玉的彩色丝绦。圭璪,引申为朝聘的使臣。

轺轩(yóu xuān):古代使臣乘坐的一种轻便的车。

五行:此指五常,即仁、义、礼、智、信。

三正:我国古代的历法有以建子、建丑、建寅三个月的朔日为岁首的,依次叫作周正、殷正、夏正,合称为三正。

阃(kǔn):指门槛。

有梁之国:萧詧在西魏帮助下,于江陵建立起的封建政权,史称后梁(555—587年)。西魏、北周经常设总管于江陵,以监统后梁。隋代周后,起初亦设总管监统,以后停设。公元587年,后梁皇帝朝见隋文帝于长安,隋朝廷留而不遣。不久就派兵进驻江陵,废掉后梁。

百辟:泛指朝中的高官。

兆庶:众多的黎民百姓。兆,百万;庶,庶民,百姓。

(3)骛:东西交驰谓之骛。引申为迅急。

苍旻(mín):天空,苍天。

【事件简介与檄文赏析】

本文选自《隋书·文帝纪下》,形式上是一诏书,实际上是一篇檄文。

隋文帝(541—604年)杨坚,汉族,伟大的政治家,民族英雄。鲜卑赐姓是普六茹,小字那罗延。隋朝开国皇帝,其父杨忠是西魏和北周的军事贵族,北周武帝时官至柱国大将军,封为隋国公,杨坚承袭父爵。581年二月甲子日,北周的静帝以杨坚众望所归下诏宣布禅让。杨坚登基称帝,定国号为大隋,改元开皇,宣布大赦天下。杨坚称帝后,于开皇七年(公元587年)灭后梁,一年后下诏伐陈。开皇九年(公元589年)灭南陈,统一了中国,结束了西晋末年以来近三百年的分裂局面。同年琉球群岛归降隋朝。隋文帝结束了中国长期混乱的局面,使中国又回到了和平年代。

隋文帝画像

　　隋朝建立以后，隋文帝精心治理，隋朝迅速强大繁荣起来。他不仅完成统一中国的大业，还使隋朝成为政权稳固、社会安定、户口锐长、垦田速增、积蓄充盈、文化发展、甲兵精锐、威动殊俗的强盛国家，史称"开皇之治"。在政治、经济等制度方面进行了一系列的改革。在中央实行三省六部制，将地方的州、郡、县三级制改为州、县两级制，地方官吏概由中央任免，由此巩固了中央集权。由于隋文帝的励精图治，发展生产，他被外国人看作中国历史上最伟大的皇帝。隋文帝下令修建西京大兴城（即后来长安城所仿照原形）和东京洛阳城，这些设计和布局思想，对后世都市建设及日本、朝鲜都市建设都有深刻的影响。584年命宇文恺率众开漕渠。自大兴城西北引渭水，略循汉代漕渠故道而东，至潼关入黄河，长150多公里，名广通渠。这是修建大运河的开始，大运河连接了两个文明，使黄河流域、长江流域逐渐成为一体。他在不长的时间内将中国重新置于一个政权治理下，外御强敌突厥、契丹，内令人民安养生息，功业之伟大，连后世盛唐也没有完全恢复隋朝的国土面积。然而他御下过严，令不少功臣未获善终；在位24年，604年病逝于大宝殿，终年64岁，葬于泰陵（今陕西省杨陵区城西5公里处）。

　　隋朝建立以后，隋文帝准备攻打陈朝，统一全国，隋文帝召集大臣们商量灭陈的大计。他采用仆射高颎的计谋，一面派兵骚扰江南，一面派大臣杨素赶造战船，准备渡江。隋开皇八年（公元588年），隋文帝决定渡江灭陈。这时候，陈朝的陈后主仍在过着花天酒地的生活。发兵之前，隋文帝下诏书揭露陈后主的罪恶，把诏书抄写了二十万份，偷偷派人到江南各地散发。诏书发布的当年，隋文帝就组织大军51万众。十一月，从东海到永安郡，隋军分成八路，同时渡江。告急文书雪片般地飞到建康，陈后主慌忙把大臣们找来商量对策。都官尚书孔范故作镇静说："长江古称天堑，隋军难道能长翅膀飞过来不成？这不过是守边的将领谎报敌情，想要骗取奖赏罢了。杀他几个，就没人敢说谎了！"陈后主说："此话有理！"开皇九年（公元589年）正月初一的清晨，大雾满天，江面上雾气茫茫，什么也看不见。陈朝君臣还在酣睡，两支隋军分别由大将贺若弼、韩擒虎率领，悄悄渡过了长江，然后会合在一起，包围了建康城。当时，建康城里有十几万陈朝的军队，地势又十分险要，如果组织得当，积极防守，是难以攻破的。但陈军士兵长久没有训练，将军们又过惯了享乐生活，双方刚一交手，陈军掉头就跑。正月二十二日，晋王杨广进入建康城，俘获了陈叔宝。陈朝从此灭亡，南北朝的分裂局面结束。

　　隋朝伐陈战争取得胜利的主要原因在于隋文帝的改革，打破了南北之间的平衡；在于这场战争及其事业是大势所趋，人心所向，以强击弱，事业正义。

起兵反隋第一声:杨玄感敦促樊子盖归义书

夫建忠立义,事有多途,见机而作,盖非一揆。昔伊尹放太甲于桐宫,霍光废刘贺于昌邑,此并公度内,不能一二披陈。[1]

高祖文皇帝诞膺天命,造兹区宇,在璇玑以齐七政,握金镜以驭六龙,无为而至化流,垂拱而天下治。今上篡承宝历,宜固洪基,乃自绝于天,殄民败德,频年肆书,盗贼于是滋多,所在修治,民力为之凋尽。荒淫酒色,子女必被其侵;耽玩鹰犬,禽兽皆离其毒。朋党相扇,货贿公行,纳邪佞之言,杜正直之口。加以转输不息,徭役无期,士卒填沟壑,骸骨蔽原野。黄河之北,则千里无烟,江淮之间,则鞠为茂草。[2]

玄感世荷国恩,位居上将,先公奉遗诏曰:"好子孙为我辅弼之,恶子孙为我屏黜之。"所以上禀先旨,下顺民心,废此淫昏,更立明哲。四海同心,九州响应,士卒用命,如赴私雠,民庶相趋,义形公道。天意人事,较然可知。公独守孤城,势何支久!愿以黔黎在念,社稷为心,勿拘小礼,自贻伊戚。谁谓国家一旦至此,执笔潸洒,言无所具。[3]

【简释】

(1)樊子盖(545—616年):隋庐江(今安徽合肥)人,字华宗。历任北齐、北周。入隋,历任辰、嵩、齐三州刺史,旋为循州总管,加统四州,居岭南十年。炀帝初为武威太守。炀帝赴辽东进,任东都留守。大业九年(公元613年),守洛阳拒杨玄感,玄感败死,他奉命与裴蕴穷究玄感党,杀三万余人,枉死者大半。晋爵济国公,取"功济天下"之意。十一年,率军镇压绛郡起义军敬陀、柴保昌等部,烧尽汾水以北村坞,杀降人。旋以无功征还,病卒。

揆:度量;揣度。引申为掂量、选择。

伊尹:商初大臣。名伊,尹是官名。一说名挚。传说奴隶出身,后帮助商汤灭夏桀,参决商政。汤的嫡长孙太甲即位后,破坏商汤法制,不理国政。伊尹将其放逐到桐宫。据说三年后太甲悔过,又被接回复位。

霍光(?—前68年):字子孟,约生于汉武帝元光年间,卒于汉宣帝地节二年(公元前68年)。河东平阳(今山西临汾市)人,霍去病异母弟,武帝时为奉车都尉。昭帝年幼即位,他与桑弘羊等同为受武帝遗诏辅政,任大司马将军,封博陆侯,是汉昭帝的辅政大臣。昭帝死,迎立昌邑王刘贺为帝。刘贺荒淫无道,霍光废之,又迎立宣帝。执掌汉室最高权力近 20 年,为汉室的安定和中兴建立了功勋,成为西汉历史发展中的重要政治人物。

(2)高祖文皇帝:即杨坚,公元 581 年废北周建隋。公元 581—604 年在位,帝号隋文帝。

造兹区宇:建立了这样的疆域、天下。区宇:境域,天下。唐元稹《贺诛吴元济表》:"威动区宇,道光祖宗。"宋陈亮《重建紫霄观记》:"本朝混一区宇,是观因以不废。"

在璇玑以齐七政:璇玑,又名魁星,北斗七星中前四颗星的总称。七政,说法不一。《尚书大传·唐传·尧典》认为七政指春、秋、冬、夏、天文、地理、人道。

握金镜以驭六龙:金镜,比喻明道。刘俊有文曰:"圣人握金镜"。六龙,古代天子之车驾六马,因用为天子车驾的代称。

今上:当今皇帝,即隋炀帝杨广(569—618 年),隋朝第二代皇帝。隋文帝次子,一名英。开皇元年(公元 581 年)封晋王。六年,任淮南道行台尚书令。八年冬,任行军元帅统兵伐陈。灭陈后,封太尉。开皇二十年立为太子。仁寿四年(公元 604 年)七月文帝病逝于大宝殿,太子广即皇帝位,次年改元大业。他是中国历史上有名的暴虐皇帝。其残暴统治激化了社会矛盾。公元 618 年在江都(今江苏扬州)被禁军将领宇文化及等缢杀,庙号世祖,谥号明帝,唐时改谥炀帝。

殄(tiǎn):灭绝。

(3)先公:指杨玄感之父杨素(?—606 年),他是隋代诗人、大臣。字处道。弘农华阴(今属陕西)人。出身北朝士族。北周时任车骑将军,曾参加平定北齐之役。他与杨坚(隋文帝)为北周丞相,深相结纳。杨坚为帝,任杨素为御史大夫,后以行军元帅率水军东下攻陈。灭陈后,进爵为越国公,任内史令。杨广即位,拜司徒,改封楚国公。卒谥景武。杨素戎马一生,征战无数,未有败绩,他不但长于陆战,还擅长水战、骑战等,作战中亦有勇有谋,战术灵活,是为隋朝第一名将。同时杨素也是中国历史上出名的奸臣,贺若弼、史万岁、李纲、柳彧等人皆受过其害。杨素还贪图财货,营求产业,他还是隋朝著名的诗人,并与诗人薛道衡友善。

自诒伊戚:诒,遗留。伊,此。戚,忧愁,悲伤。《诗·小雅·小明》曰:"自诒伊戚。"

【事件简介与檄文赏析】

本文选自《隋书》卷七十《杨玄感传》,是杨玄感为瓦解隋朝东都防务,争取隋民部尚书、东都留守樊子盖放弃抵抗,遂向樊子盖发去的劝降书。但一方面,这时的隋朝还没有到山穷水尽的地步;另一方面,作为隋炀帝的宠信大臣樊子盖必然为隋效

杨玄感画像

死,拼命抵抗。所以这封劝降书没有起到作用。

杨玄感(?—613年),隋末最先起兵反隋炀帝杨广的贵族首领,弘农华阴(今陕西华阴东)人。父杨素,曾协助炀帝夺取皇位与平定汉王谅的叛乱,假楚公,位至司徒。玄感以父功为柱国、礼部尚书,好读书,善骑射,为官严正,甚得时人尊敬。大业九年,隋炀帝第二次征高丽时,命其在黎阳督运粮草。炀帝率隋军主力远在辽东前线,后方兵力空虚。于是,他便抓住取隋代之的这一良机,与虎贲郎将王仲伯、汲郡赞治赵怀义等人策划起兵。他们故意迟滞漕运,不按时发运军资,并派人暗中召回隋炀帝派到辽东的其弟杨玄纵、杨石和在长安的好友蒲山公李密,六月初三,杨玄感诈称在东莱(今山东掖县)海口的右骁卫大将军来护儿谋反,领兵占据黎阳,关闭城门,大索男夫。并向附近各郡发送文书,以讨伐来护儿为名,命各郡发兵会集黎阳。

杨玄感任命赵怀义为卫州刺史、东光县尉元务本为黎州刺史、河内郡主簿唐祎为怀州刺史。杨玄感选精壮运夫5000余人,船夫3000余人,杀三牲誓师,起兵反隋。这时李密赶到,向杨玄感献上、中、下三计:北据幽州,断炀帝后路,为上策;西入长安,控制潼关(今陕西潼关东北),为中策;就近攻洛阳,胜负难测,为下策。但杨玄感却决定用下计,错误地认为打下东都,才能大长士气,并可以抓获文武百官的家属作为人质,遂尽焚屯于黎阳的龙舟水殿,率兵向东都洛阳进发。同时,命其弟杨玄挺率1000人进攻河内,唐祎(此时已背叛杨玄感)凭借坚城拒守,杨玄挺军久攻不克。隋廷留守东都的越王杨侗和民部尚书樊子盖接到杨玄感起兵的消息,立即加强东都的防御。修武县(今河南武陟)民也帮助隋军据守临清关(今河南新乡东北),使杨玄感军无法过关,不得不从汲郡(治卫县,今河南淇县东)南渡黄河,继续向东都前进。杨玄感军未遇到任何抵抗,很快到达偃师(今河南偃师东)。杨玄感乃命其弟杨积善率兵3000从偃师以南沿洛水西进,杨玄挺自白司马坂(即白马山,今河南洛阳北邙山北麓)越过邙山从南面向东都发起进攻,杨玄感率3000余人马紧随其后。东都方面派河南令达奚善意率精兵5000抵挡杨积善,将作监及河南赞治裴弘策率8000人迎战杨玄挺。

当时,杨玄感的士卒多为没受过正规训练的民夫,手执单刀柳盾,也没有弓箭铠甲,但士气高昂,而隋军士兵虽装备精良却士气低落,故达奚善意军不战自溃,裴弘策军五战五败,只带 10 余骑逃回城中。十四日,杨玄挺直抵太阳门,将东都包围。杨玄感屯上春门(洛阳北门),每次向众人发誓都说:"我身为上柱国,家累钜万金,至于富贵,无所求也,今者不顾破家灭族者,但为天下解倒悬之急,救黎元之命耳。"众皆感奋,每日投营报效者有数千人。杨玄感收编隋军降众,招募百姓,得 5 万余人,很多达官贵族子弟也纷纷投奔他。乃分兵 5000 占据慈硐道(今河南洛阳西),5000 人把守伊阙道(今河南洛阳南),派开国元勋韩擒虎之子韩世尊率 3000 人包围荥阳(今河南荥阳东北),顾觉率 5000 人攻取虎牢(今河南荥阳西北汜水镇西)。杨玄感亲率主力攻打东都,樊子盖随机拒守。杨玄感一时无法攻破城池。镇守长安的代王杨侑派刑部尚书卫文升统兵 4 万救援东都。卫文升军经峡(今河南洛宁西北)、渑池(今河南渑池东),在东都城北和杨玄感军交锋,卫文升部且战且走,至金谷(今河南洛阳市东北)与杨玄感军形成对峙之势。杨玄感军屡败卫文升军,使其实力大损。卫文升遂孤注一掷,在邙山南与杨玄感军决战,一日之内双方交战 10 余次。眼看卫军难以支持,恰巧杨玄挺被流箭射死,杨玄感军才不得不暂时退却。

这时,远在辽东的隋炀帝已率隋军主力回师,命虎贲郎将陈棱进攻据守黎阳的元务本,左翊卫大将军宇文述、右侯卫将军屈突通驰援东都。在东莱的来护儿也停止进攻高丽,还师西进,对包围洛阳的杨玄感形成反包围态势。杨玄感军处于四面受敌的不利局面。七月二十日,杨玄感接受李子雄、李密的建议,解除了对东都的包围,率军西进,准备夺取关中。至弘农宫(在今河南陕县),被弘谷太守杨智积用计牵制,耽误了宝贵的三天时间。杨玄感军到达阌乡(今河南灵宝西北文乡)被宇文述、卫文升、来护儿、屈突通等各路隋军追上,杨玄感且战且退,一日内三败。八月初一,杨玄感在皇天原(即董杜原,在今河南灵宝县西北)列阵与隋军决战,大败,仅率 10 余骑逃往上洛(今陕西洛南东南)。杨玄感自知大势已去,乃命杨积善将其杀死,起兵遂告失败。杨玄感起兵时间虽短并以失败告终,但动摇了隋王朝的腐朽统治,削弱了隋朝的统治势力,客观上推动了隋末农民起义的发展。

困兽服于势理情:魏征为李密檄荥阳守邴王庆文

　　自昏狂嗣位,多历岁年,剥削生民,涂炭天下。睿室瑶台之丽,未极骄奢,糟丘酒池之荒,非为淫乱。今者共举义旗,勘剪凶虐,八方同德,万里俱来,莫不期入关以亡秦,争渡河而灭纣。东穷海、岱,南洎江、淮,凡厥遗人,承风慕义,唯荥阳一郡,王独守迷。夫微子,纣之元兄,族实为重;项伯,籍之季父,戚乃非疏。然犹去朝歌而入周,背西楚而归汉。岂不眷恋宗祊,留连骨肉,但识宝鼎之将移,知神器之先改。而王之先代,家在山东,本姓郭氏,乃非杨族。止为宿与隋朝先有勋旧,遂得预沾盘石,名在葭莩。娄敬之与汉高,殊非血胤,吕布之于董卓,良异天亲。芝焚蕙叹,事不同此。又王之昏主,心若豺狼,仇怨同胞,有逾沉、阂,惟勇及谅,咸磬甸师,况乃族类为非,何能自保!为王计者,莫若举城从义,开门送款,安若太山,高枕而卧,长守富贵,足为美谈,乃至子孙,必有余庆。(1)

　　今王世充屡被催蹙,自救无聊,偷存暑漏,讵能支久?段达、韦津,东都自固,何暇图人?世充朝亡,达便夕灭。又江都荒湎,流宕忘归,内外崩离,人神怨愤。上江米船,皆被抄截,士卒饥馁,半菽不充,事切析骸,义均煮弩。举烽火于骊山,诸侯莫至,浮胶船于汉水,还日未期。王独守孤城,绝援千里,糇粮之计,仅有月余,敝卒之多,才盈数百。有何恃赖,欲相拒抗!求枯鱼于市肆,即事非虚,因归雁以运粮,竟知何日。然城中豪杰,王之腹心,思杀长吏,将为内启。正恐祸生匕首,衅发萧墙,空以七尺之躯,悬赏千金之购,可为寒心,可为酸鼻者也。幸能三思,自求多福。(2)

【简释】

　　(1)李密(582—619 年):隋末瓦岗起义军首领。字玄邃,一字法主。京兆长安(今西安)人。隋上柱国、蒲山郡公李宽子。才兼文武,尤多筹算。隋开皇中袭父爵。隋大业初,任亲卫大都督。大业九年(公元 613 年),参与礼部尚书杨玄感起兵反隋,被迎为谋主,但其建议多不被采纳。在杨玄感兵败时被捕,于押送途中逃脱。大业十二年,投奔瓦岗军。辅助首领翟让联合附近诸小股义军,并提出席卷二京(长安、洛阳)、诛暴灭隋的主张。又建议主动出击,西攻荥阳郡(今郑州),以获取军粮。瓦岗军攻下荥阳大部县城后,隋荥阳通守张须陀领兵 2 万来攻,李密劝翟让迎击,于大海寺(今河南荥阳东北)北设伏击溃隋军,斩须陀。随后自统一军,号"蒲山公营"。其军令严肃,赏赐优厚,士卒乐为所用。次年,乘隋炀帝留在江都(今江苏扬州)之机,先发制人,与翟让率军袭占洛口仓(又名兴洛仓,今巩义东北),开仓济众,义军迅速壮大。继于石子河(今巩义东)大败隋虎贲郎将刘长恭,声威大振。于是被翟让推为寨主,称魏公,年号永平,筑洛口城为根据地。随后攻取回洛仓(今洛阳北),进逼东都洛阳,击败隋军 7 万。移檄郡县,列举炀帝十大罪状。时中原一带义军纷纷响应、归附,隋官吏、将领相继投降,瓦岗军众至数十万,占有河南大部郡县,成为反隋主力军。不久,在洛水(今洛河)一带与增援洛阳的隋江都通守王世充军相持,并多次将其击败。又遣将袭取黎阳仓(今浚县东南),义军再次壮大。但此时瓦岗军内部矛盾激化,李密杀害翟让,自此瓦岗旧将遂产生自疑之心。大业十四年(公元 618 年)初,于洛北大败王世充军后,乘胜攻克偃师(今偃师东南),进据金墉城(今洛阳东北),继以 30 万之众布阵于北邙山(今洛阳北),再次逼攻洛阳。但未克,形成与东都隋军日久相持的局面。因其骄矜自满,不爱惜士卒,部众逐渐离心。隋将宇文化及于江都缢杀炀帝后率众北上,李密为避免两面作战,遂向在洛阳称帝的越王杨侗称臣,接受官爵封号。与宇文化及交战后实力消耗较大,加之轻敌,被王世充击败于偃师北邙山。其部众多叛降,遂率余部 2 万人入关降唐,被授为光禄卿、上柱国,封邢国公。旋又离唐东走,企图再举。是年十二月三十日,行至熊耳山(今洛宁南)南,被唐将盛彦师截击杀死。

昏狂嗣位:指杀父即位的隋炀帝。

睿室瑶台:据《三国志·魏志·杨埠传》载:"桀作睿室象廊,纣为倾宫鹿台,以丧其社稷。"糟:酒渣。糟丘:用酒糟堆成的小丘。《新序·节士》载:"桀为酒池,足以运舟;糟丘足以望七里。"这些话的意思是,隋炀帝淫侈至极,与隋炀帝的暴政相比,夏桀、商纣的骄奢淫逸倒算不了什么。洎(jì):到,及。

微子:名启(一作"开"),商纣王的庶兄,封于微(今山东微山县)。因见商朝将亡,数谏纣王,王不听,遂出走。周武王灭商时向周乞降,后被封于宋。微子即为周朝诸侯国宋之始祖。他与纣王的家族关系不能说不近。朝歌,古地名,位于河南省北部的淇县。殷商末期纣王在此建行都,改称朝歌。周灭商后,封康叔在朝歌建立卫国,都于此 403 年。汉代置朝歌县,元代置淇州,明代改为淇县。

项伯:项羽之叔父。在楚汉相争之初,他私自将项羽欲击刘邦的消息通过张良透露给刘邦,又在鸿门宴上舞剑抵挡项庄,保护刘邦。后来归附刘邦,被封为列侯,赐姓刘氏。他与项羽的关系不能说不亲。

宗祊:宗庙门内设祭的地方。

宝鼎、神器:均借指帝位、政权。鼎是青铜器的最重要器种之一,自古以来都是最常见和最神秘的礼器,鼎被视为传国重器、国家和权力的象征。神器犹言神物,代表国家政权的实物,如玉玺、宝鼎之类。

葭莩(jiā fú):芦苇里的薄膜。以此比喻非真亲族而是疏远的亲戚。

娄敬:汉初齐人,生卒年不详,汉初齐国卢(今山东省济南市长清县)人。是汉高祖刘邦的重要谋士之一,对于汉初政策的制定及西汉政权的稳定起过很大作用。因功被汉高祖赐姓刘,又被封为关内侯。

芝焚蕙叹:成语。芝、蕙,同为香草名;焚,烧。芝草被焚,蕙草伤叹。比喻因同类遭到不幸而悲伤。语出晋·陆机《叹逝赋》:"信松茂而柏悦,嗟芝焚而蕙叹。"

有逾沉、阏:指实沉、阏伯兄弟二人自相残杀之事。事见《左传·昭公元年》,郑子产说,"昔高兴氏二子阏伯、实沉,兄弟相残,日寻干戈,以相征讨"。

勇及谅:"勇"即杨勇,隋文帝长子。隋初被立为太子,后被废为庶人。文帝死后,隋炀帝矫诏赐杨勇自杀。"谅"即杨谅,隋文帝第五子,以太子勇和兄弟被废而不满。隋文帝死,谅举兵反,失败后被隋炀帝幽禁而死。勇及谅均为隋炀帝的同胞兄弟。

磬(qìng):缢杀,"公族其有死罪,则磬于甸人"。甸人即《周礼·天官》中的甸师。古时都城的郭外称郊,郊外称甸,甸师是古代管理田事的官。按古代制度,凡国君同姓犯罪,都不交付法官而交甸师处理。

(2)晷漏:晷(guǐ),日影。漏,古代滴水计时的仪器。晷漏,喻为时光。

讵(jù):岂,怎。

段达:隋朝武将,姑臧(今甘肃武威)人。大业十二年,隋炀帝临幸江都,留段达和元文都守洛阳。当时瓦岗军首领李密正率兵与隋朝将军王世充在洛阳附近交战,段达于是率兵援助王世充,将李密击败。段达因功封左骁卫将军。不久李密再次进攻,王世充大败。段达临阵脱逃,部下被李密击溃。隋炀帝在江都被宇文化及杀死后,段达和元文都等立在洛阳的越王杨侗为帝。段达被封为陈国公。后段达与王世充联合发动政变,王世充夺取了帝位。段达效命于王世充,王世充任他为司徒。唐朝武德四年,李世民率兵进攻洛阳段达被俘,押到长安后唐高祖将其斩首。

韦津:隋将、民部尚书,隋义宁二年(公元 618 年),在与瓦岗军的洛南战役中,段达看到李密兵马强大,胆怯率兵退回。李密纵兵追赶,隋军当即溃散,韦津死于战中。

江都:地名,今扬州。

荒湎:荒政而沉湎(多指沉迷于酒色)。荒,荒芜,荒政。湎,沉迷。

事切析骸,义均煮弩:事情快到了析骸以爨,煮弩为粮的地步。析骸以爨,指被围日久,粮尽柴绝的困境,剖下尸骸而炊食。《左传·宣公十五年》载曰:"敝邑易子而食,析骸以爨。"煮弩为粮:弩,弓弩。煮弩弓作为粮食吃。形容断粮时的艰难困境。

《后汉书·耿弇传》："凿山为井，煮弩为粮，出于万死无一生之望。"

举烽火于骊山，诸侯莫至：指周幽王烽火戏诸侯而自取灭亡的故事。

浮胶船于汉水，还日未期：据《左传》等书记述，周昭王在十九年的下半年亲率六师攻打楚国。周师浩浩荡荡开到汉水边准备渡江，碰到了异常的天气。汉水边的土人痛恨周人的骚扰暗中进行破坏，征集的渡江船只有的是用胶黏结船板而成的。因乘坐的渡船在汉水中流胶溶板散，昭王和随从贵族祭公等人葬身鱼腹。楚军乘势反击，周人"丧六师于汉水"遭到了全军覆没的惨败。

【事件简介与檄文赏析】

本篇檄文载于《隋书》卷四三《河间王弘传》。作者为魏征。

魏征（580—643年），字玄成，唐初杰出的政治家、思想家、史学家。河北巨鹿下曲阳（今河北晋州市）人，祖籍为四川省广元剑阁人。从小丧失父母，家境贫寒，但喜爱读书，不理家业，曾出家当过道士。隋大业末年，魏征被隋武阳郡（今河北大名东北）丞元宝藏任为书记。元宝藏举郡归降李密后，他又被李密任为元帅府文学参军，专掌文书卷宗。唐高祖武德元年（公元618年），李密失败后，魏征随其入关降唐，但久不见用。次年，魏征自请安抚河北，诏准后，乘驿驰至黎阳（今河南浚县），劝谕李密的黎阳守将徐世勣归降唐朝。不久，窦建德攻占黎阳，魏征被俘。窦建德失败后，魏征又回到长安，被太子李建成引用为东宫僚属。

魏征画像

魏征看到太子与秦王李世民的冲突日益加深，多次劝太子要先发制人，及早动手。玄武门之变以后，李世民由于早就器重他的胆识才能，非但没有怪罪于他，而且还把他任为谏官之职，并经常引入内廷，询问政事得失。魏征是中国历史上有名的诤臣。魏征撰写此檄时，李密领导的瓦岗起义军攻克并占领罗口仓以后，荥阳所属各县纷纷响应归附。唯有隋朝荥阳郡太守杨庆勒兵据守。李密虽曾屡屡挥师进攻，但荥阳终未克服。在较长时间的战争中，荥阳城也逐渐陷入粮食将尽、兵势日衰的困境。在此背景下，李密遂命当时在其帐下的"典书记"魏征草拟了这篇檄文。

杨庆系出皇族杨氏，其父杨弘是隋文帝杨坚的从祖弟弟。杨弘因军功和皇族之故被封为河间王。杨庆得以承袭父爵。当时他正据守荥阳，与李密的瓦岗军相抗。魏征敦促杨庆放弃抵抗、弃暗投明的檄文，正是根据杨庆的身世和当时的大势而撰成的。在这篇晓之以理、威之以势、动之以情的檄文发布不久，传来隋炀帝在江都被杀的消息，走投无路的郇王杨庆终于投降，并再次改姓郭氏。需要说明的是，杨庆是一个见风使舵的人,也是个"墙头草"之辈。他收到李密的劝降信时,就投降了李密,改姓为郭。李密被隋朝的将领王世充击败后,他又回到东都,改姓杨。隋朝的越王杨侗也不责备他,及杨侗称帝,仍拜他为宗正卿。王世充图谋篡位,杨庆首先上书劝他称帝。王世充篡位后改国号为郑,封杨庆为国公,这时杨庆又改姓郭。王世充哥哥的女儿嫁给他,任命他为荥州刺史。王世充战败后杨庆又投降唐朝,被封为宜州刺史,国公,再次改姓杨。

悲愤文采凝笔端：祖君彦为李密檄洛州文

　　自元气肇辟，厥初生人，树之帝王，以为司牧。是以羲、农、轩、顼之后，尧、舜、禹、汤之君，靡不祗畏上玄，爱育黔首，乾乾终日，翼翼小心，驭朽索而同危，履薄冰而是惧。故一物失所，若纳隍而愧之；一夫有罪，遂下车而泣之。谦德軫于责躬，忧劳切于罪己。普天之下，率土之滨，蟠木距于流沙，瀚海穷于丹穴，莫不鼓腹击壤，凿井耕田，治之升平，驱之仁寿。是以爱之如父母，敬之若神明，用能享国多年，祚延长世。未有暴虐临人，克终天位者也。[1]

　　隋氏往因周末，预奉缀衣，狐媚而图圣宝，胠箧以取神器。及缵戎负扆，狼虎其心，始翳明两之晖，终干少阳之位。先皇大渐，侍疾禁中，遂为枭獍，便行鸩毒。祸深于莒仆，衅酷于商臣，天地难容，人神嗟愤！州吁安忍，阏伯日寻，剑阁所以怀凶，晋阳所以兴乱，伺人为馨，淫刑斯逞。夫九族既睦，唐帝阐其钦明；百世本支，文王表其光大。况复隳坏磐石，剪绝维城，唇亡齿寒，宁止虞、虢？欲其长久，其可得乎！其罪一也。[2]

　　禽兽之行，在于聚麀，人伦之体，别于内外。而兰陵公主逼幸告终，谁谓敦首之贤，翻见齐襄之耻。逮于先皇嫔御，并进银环；诸王子女，咸贮金屋。牝鸡鸣于诘旦，雄雉恣其群飞，袒衣戏陈侯之朝，穹庐同冒顿之窟。爵赏之出，女谒遂成，公卿宣淫，无复纲纪。其罪二也。[3]

　　平章百姓，一日万机，未晓求衣，昃晷不食。大禹不贵于尺璧，光武不隔于支体，以是忧勤，深虑幽枉。而荒湎于酒，俾昼作夜，式号且呼，甘嗜声伎，常居窟室，每藉糟丘。朝谒罕见其身，群臣希睹其面，断决自此不行，敷奏于是停拥。中山千日之饮，酩酊无名；襄阳三雅之杯，流连讵比？又广召良家，充选宫掖，潜为九市，亲驾四驴，自比商人，见要逆旅。殷辛之谴为小，汉灵之罪更轻，内外惊心，遐迩失望。其罪三也。[4]

　　上栋下宇，著在《易》爻；茅茨采椽，陈诸史籍。圣人本意，惟避风雨，讵待朱玉之华，宁须绨锦之丽！故璇室崇构，商辛以之灭亡；阿房崛起，二世是以倾覆。而不遵古典，不念前章，广立池台，多营宫观，金铺玉户，青琐丹墀，蔽亏日月，隔阂寒暑。穷生

人之筋力,罄天下之资财,使鬼尚难为之,劳人固其不可。其罪四也。(5)

公田所彻,不过十亩;人力所供,才止三日。是以轻徭薄赋,不夺农时,宁积于人,无藏于府。而科税繁猥,不知纪极;猛火屡烧,漏卮难满。头会箕敛,逆折十年之租;杼轴其空,日损千金之费。父母不保其赤子,夫妻相弃于匡床。万户则城郭空虚,千里则烟火断灭。西蜀王孙之室,翻同原宪之贫;东海糜竺之家,俄成邓通之鬼。其罪五也。(6)

古先哲王,卜征巡狩,唐、虞五载,周则一纪。本欲亲问疾苦,观省风谣,乃复广积薪刍,多备饔饩。年年历览,处处登临,从臣疲弊,供顿辛苦。飘风冻雨,聊窃比于先驱;车辙马迹,遂周行于天下。秦皇之心未已,周穆之意难穷。宴西母而歌云,浮东海而观日。家苦纳秸之勤,人阻来苏之望。且夫天下有道,守在海外,夷不乱华,在德非险。长城之役,战国所为,乃是狙诈之风,非关稽古之法。而追踪秦代,板筑更兴,袭其基墟,延袤万里,尸骸蔽野,血流成河,积怨满于山川,号哭动于天地。其罪六也。(7)

辽水之东,朝鲜之地,《禹贡》以为荒服,周王弃而不臣,示以羁縻,达其声教,苟欲爱人,非求拓土。又强弩末矢,理无穿于鲁缟;冲风余力,讵能动于鸿毛?石田得而无堪,鸡肋啖而何用?而恃众怙力,强兵黩武,惟在并吞,不思长策。夫兵,犹火也;不戢,将自焚,遂令亿兆夷人,只轮莫返。

夫差丧国,实为黄池之盟;苻坚灭身,良由寿春之役。欲捕鸣蝉于前,不知挟弹在后。复矢相顾,鬐而成行,义夫切齿,壮士扼腕。其罪七也。(8)

直言启沃,王臣匪躬,惟木从绳,若金须砺。唐尧建鼓,思闻献替之言;夏禹悬鞀,时听箴规之美。而愎谏违卜,蠹贤嫉能,直士正人,皆由屠害。左仆射、齐国公高颎,上柱国、宋国公贺若弼,或文昌上相,或细柳功臣,暂吐良药之言,翻加属镂之赐。龙逢无罪,便遭夏癸之诛;王子何辜?滥被商辛之戮。遂令君子结舌,贤人缄口。指白日而比盛,射苍天而敢欺,不悟国之将亡,不知死之将至。其罪八也。(9)

设官分职,贵在铨衡;察狱问刑,无闻贩鬻。而钱神起论,铜臭为公,梁冀受黄金之蛇,孟佗荐葡萄之酒。遂使彝伦攸斁,政以贿成,君子在野,小人在位。积薪居上,同汲黯之言;囊钱不如,伤赵壹之赋。其罪九也。(10)

宣尼有言,无信不立,用命赏祖,义岂食言?自昏主嗣位,每岁行幸,南北巡狩,东西征伐。至如浩亹陪跸,东都固守,阌乡野战,雁门解围。自外征夫,不可胜纪。既立功勋,须酬官爵。而志怀翻覆,言行浮诡,危急则勋赏悬授,克定则丝纶不行,异商鞅之颁金,同项王之刓印。芳饵之下,必有悬鱼,惜其重赏,求人死力,走丸逆阪,匹此非难。凡百骁雄,谁不仇怨。至于匹夫蕞尔,宿诺不亏,既在乘舆,二三其德。其罪十也。(11)

有一于此，未或不亡。况四维不张，三空总瘁，无小无大，愚夫愚妇，共识殷亡，咸知夏灭。罄南山之竹，书罪未穷；决东海之波，流恶难尽。是以穷奇灾于上国，獇猰暴于中原。三河纵封豕之贪，四海被长蛇之毒，百姓歼亡，殆无遗类，十分为计，才一而已。苍生凛凛，咸忧杞国之崩；赤子嗷嗷，但愁历阳之陷。且国祚将改，必有常期，六百殷亡之年，三十姬终之世。故谶录云："隋氏三十六年而灭。"此则厌德之象已彰，代终之兆先见。皇天无亲，惟德是辅。况乃搀枪竟天，申繻谓之除旧；岁星入井，甘公以为义兴。兼朱雀门烧，正阳日蚀，狐鸣鬼哭，川竭山崩。并是宗庙为墟之妖，荆棘旅庭之事。夏氏则灾衅非多，殷人则咎征更少。牵牛入汉，方知大乱之期；王良策马，始验兵车之会。(12)

今者顺人将革，先天不违，大誓孟津，陈盟景亳，三千列国，八百诸侯，不谋而同辞，不召而自至。轰轰隐隐，如霆如雷，雕虎啸而谷风生，应龙骧而景云起。我魏公聪明神武，齐圣广渊，总七德而在躬，包九有而挺出。周太保、魏公之孙，上柱国、蒲山公之子。家传盛德，武王承季历之基；地启元勋，世祖嗣元皇之业。笃生白水，日角之相便彰；载诞丹陵，天宝之文斯著。加以姓符图谶，名协歌谣，六合所以归心，三灵所以改卜。文王厄于羑里，赤雀方来；高祖隐于砀山，彤云自起。兵诛不道，《赤伏》至自长安；锋锐难当，黄星出于梁、宋。九五龙飞之始，天人豹变之初，历试诸难，大敌弥勇。上柱国、司徒、东郡公翟让功宣缔构，翼亮经纶，伊尹之佐成汤，萧何之辅高帝。上柱国、总管、齐国公孟让，柱国、历城公孟畅，柱国、绛郡公裴行俨，大将军、左长史邴元真等，并运筹千里，勇冠三军，击剑则截蛟断鳌，弯弧则吟猿落雁。韩、彭、绛、灌，成沛公之基；寇、贾、吴、冯，奉萧王之业。复有蒙轮挟辀之士，拔距投石之夫，骥马追风，吴戈照日。(13)

魏公属当期运，伏兹亿兆。躬擐甲胄，跋涉山川，栉风沐雨，岂辞劳倦，遂起西伯之师，将问南巢之罪。百万成旅，四七为名，呼吸则河、渭绝流，叱咤则嵩、华自拔。以此攻城，何城不陷；以此击阵，何阵不摧！譬犹泻沧海而灌残荧，举昆仑而压小卵。鼓行而进，百道俱前，以四月二十一日届于东都。而昏朝文武、留守段达等，昆吾恶稔，飞廉奸佞，久迷天数，敢拒义兵，驱率丑徒，众有十万，回洛仓北，遂来举斧。于是熊罴角逐，貔虎争先，因其倒戈之心，乘我破竹之势，曾未旋踵，瓦解冰消，坑卒则长平未多，积甲则熊耳为小。达等助桀为虐，婴城自固，梯冲乱舞，徒设九拒之谋；鼓角潜鸣，空凭百楼之险。燕巢卫幕，鱼游宋池，殄灭之期，匪朝伊暮。(14)然兴洛、虎牢，国家储积，我已先据，为日久矣。既得回洛，又取黎阳，天下之仓，尽非隋有。四方起义，足食足兵，无前无敌。裴光禄仁基，雄才上将，受脤专征，遐迩攸凭，安危是托，乃识机知变，迁殷事夏。袁谦擒自蓝水，张须陀获在荥阳，窦庆战没于淮南，郭询授首于河北，隋之亡侯，聊可知也。清河公房彦藻，近乘戎律，略地东南，师之所临，风行电击。

安陆、汝南,随机荡定;淮安、济阳,俄然送款。徐圆朗已平鲁郡,孟海公又破济阳,海内英雄,咸来响应。封民赡取平原之境,郝孝德据黎阳之仓,李士雄虎视于长平,王德仁鹰扬于上党。滑郡公李景、考功郎中房山基发自临渝,刘兴祖起于白朔,崔白驹在颍川起,房献伯以谯郡来,各拥数万之兵,俱期牧野之会。沧溟之右,函谷以东,牛酒献于军前,壶浆盈于道路。诸君等并衣冠世胄,杞梓良才,神鼎灵绎之秋,裂地封侯之始,豹变鹊起,今也其时,鼍鸣鳖应,见机而作,宜各鸠率子弟,共建功名。耿弇之赴光武,萧何之奉高帝,岂止金章紫绶,华盖朱轮,富贵以重当年,忠贞以传奕叶,岂不盛哉!(15)

若隋代官人,同吠尧之犬,尚荷王莽之恩,仍怀蒯聩之禄。审配死于袁氏,不如张郃归曹;范增困于项王,未若陈平从汉。魏公推以赤心,当加好爵,择木而处,令不自疑。脱猛虎犹豫,舟中敌国,凤沙之人共缚其主,彭宠之仆自杀其君,高官上赏,即以相授。如暗于成事,守迷不反,昆山纵火,玉石俱焚,尔等噬脐,悔将何及!黄河带地,明余旦旦之言;皎日丽天,知我勤勤之意。布告海内,咸使闻知。(16)

【简释】

(1)自元气肇辟:古人认为,未有天地之前,只有一团元气。元气分裂,上浮的是天,下沉的为地,居中的是人。肇辟,初变。厥初生人:开始有了人类。树之:为之树立。司牧:管理、统治。

是以羲、农、轩、顼之后:羲,伏羲;农,神农;轩,轩辕,即黄帝;顼,颛顼。都是传说太古时的君主。后,君。他们都是古代传说中的帝王。通常称伏羲、燧人、神农为三皇。五帝通常指黄帝、颛顼、帝喾、唐尧、虞舜。靡:无。祇:恭敬。上玄:上天。黔首:黔庶、庶民,古代对民众的称呼。战国时期已经广泛使用,含义与当时常见的民、庶民同。秦始皇自以为得水德,衣服旄旌节旗皆尚黑。平民以黑巾裹头,故名。乾乾:自强不息的意思。乾,健。《易·乾·九三》:"君子终日乾乾。"翼翼:恭敬的样子。驭朽索:用朽烂的绳索驾驭车马,比喻君主处境的危险。履薄冰:语出《诗·小雅·小旻》:"战战兢兢,如临深渊,如履薄冰。"比喻处处小心警惕。

"故一物失所"句:隍,没有水的壕。下车而泣,汉刘向《说苑·君道》:"禹出见罪人,下车问而泣之。"意为一件事安排不当,好像是自己把它推入水沟而感到惭愧;一个人犯罪,也要下车悲泣,引以自咎。

轸(zhěn):伤痛。躬:亲身。罪己:痛责自己,引为己罪。

"蟠木距于流沙"句:蟠木,指盘曲而难以为器的树木,传说在东海中。距,相隔。流沙,指西部地区的沙漠。瀚海,北方大沙漠。穷,尽。丹穴,多义,指山穴、山名,这里指中国南方。此句指东西南北四境之内。鼓腹:原指人民吃得饱,有余闲游戏。后用为称颂太平盛世之典。《庄子·马蹄》形容上古时民众生活是"含哺而嘻,鼓腹而游"。

击壤是一种游戏。壤，据说是一种木制玩具，形状如鞋，掷地而击，中为胜。《帝王世纪》载尧时有老人击壤而歌。《隋书·儒林传·何妥》："上古之时，未有音乐，鼓腹击壤，乐在期间。""莫不鼓腹击壤"句指百姓安居乐业。仁寿：有德而长寿。

用：因此。享国：指帝王在位的时间。祚：指皇位。祚延：指皇位世代承袭。克终天位：能够始终保全皇位。

（2）"隋氏往因周末"句：指隋文帝杨坚在北周大象二年（公元580年）周宣帝死时，由辅政而篡位自立的事。隋文帝（541—604年）杨坚，汉族，鲜卑姓为普六茹，隋朝开国皇帝，弘农郡华阴（今陕西省华阴县）人。汉太尉杨震十四世孙。其父杨忠跟随北周太祖起义关西，因功赐姓普六茹氏，位至柱国、大司空、隋国公。薨，赠太保，谥曰桓。杨坚承袭父爵。杨坚才干卓越，在他的君主——北周皇帝的军中飞黄腾达。他辅佐这位君主控制了中国北方大部分地区，受到了嘉奖。573年杨坚的女儿嫁给了皇太子。五年后，皇帝驾崩，皇太子患有精神病。继之发生了一场皇位之争。杨坚在这场斗争中力克群臣，终获胜利，于公元581年在他40岁时龙袍加身，面南而坐，成为新皇帝，并于公元589年统一中国。缀衣：《尚书·顾命》载，周成王将死，命召公、毕公相康王，受顾命（临终之命）既毕，"出缀衣于庭"。预奉缀衣即指预受顾命。狐媚：指杨坚长女为周宣帝皇后。联姻关系使得杨家一跃而成为北周皇亲国戚，为后来杨坚顺利夺取北周政权奠定了基础。胠箧：开箱窃物。语出《庄子·胠箧》篇，"巨盗至，则负匮揭箧担囊而趋"，意指大盗把别人的箱子整个背走而取其物。圣宝、神器：均指帝位。

"及缵戎负扆"句：缵戎，语出《诗·大雅·烝民》，"缵戎祖考"，意为发扬光大父祖的事迹。负扆（yǐ），周王朝制，天子朝诸侯时，背后放一张画有斧纹的屏风，叫负扆。这里指即位。这是指斥隋炀帝以阴谋手段攫取帝位。暗：隐蔽。明两：两层阳光，这里指代太子。语出《易·离》的《象辞》，君主是太阳，太子是第二个太阳。干：侵犯，这里有夺取之意。少阳：较弱的太阳，指太子。这句是说隋炀帝杨广夺取其兄杨勇的太子位置之事。上句说隋炀帝百计进谗，中伤原太子杨勇；下句说他终于夺取了太子的地位。

"先皇大渐"句：先皇，指隋文帝杨坚。大渐，谓病势加剧生命临危。《书·顾命》："病大渐，惟几。并日臻，既弥留。"枭，不孝鸟也。獍，传为食父之兽。鸩毒，鸩鸟生活在岭南一带，岭南多蛇，鸩鸟最喜欢毒蛇。鸩鸟羽有毒，可杀人。这句话指杨广毒死他的父亲杨坚。

莒仆：春秋莒国君纪公之子名仆，杀父自立。事见《左传·文公十八年》。衅：罪恶。商臣：楚成王太子，杀成王自立，即楚穆王。事见《左传·文公元年》。

"州吁安忍"句：州吁，卫庄公庶子，庄公死后，杀嫡兄桓公自立，多行不义不得人心,后为卫人所杀。安忍,安于残忍。《左传·隐公四年》:"阻兵无众,安忍无亲,众叛亲离,难以济矣。"成语"众叛亲离"即来自于此。阏伯事见《左传·昭公元年》,郑子产说,"昔高兴氏二子阏伯、实沉,兄弟相残,日寻干戈,以相征讨"。寻:用,从事。剑阁所以怀凶:隋文帝子蜀王杨秀在杨勇被废,杨广为太子后,意甚不平,终于被杨广陷害,贬为庶人,见《隋书·文四子传》。晋阳:今山西太原。晋阳所以兴乱:隋文帝子汉王杨谅为并州总管,不满杨广的行为,文帝死后起兵反广。杨素兵围晋阳,谅请降,废为庶人。事在604年,见《资治通鉴》卷一百八十。甸人:即《周礼·天宫》中的甸师。古时都城的郭外称郊,郊外称甸。甸师,古代管理田事的官。按古代制度,凡国君同姓犯罪,都不交付法官而交甸师处理。淫刑:滥杀。这两句说炀帝滥杀弟兄以逞快意。

"夫九族既睦"句:九族,泛指王室宗族。唐帝,即尧。阐,发扬。钦明,恭敬明知。此句是用《尚书·尧典》中赞美尧的话。百世本支:指子孙昌盛,百代不衰。语出《诗经·大雅·文王》:"文王孙子,本支百世。"本,本宗。支,支族。

"况复翦坏磐石"句:磐石、维城,古人形容宗室护卫国家,如磐石、城墙一般牢固可靠。这里指杨秀、杨谅等。虞、虢,春秋时两个相邻的诸侯国。晋献公用重宝向虞国借道伐虢,宫之奇劝虞公说,虞、虢两国如唇齿相依,唇亡则齿寒。虞公不听。晋军灭虢后果然在还军时顺道袭灭虞国。此句说隋炀帝滥杀宗室自毁屏障。

(3)"禽兽之行"句:聚麀,《礼记·曲礼》:"尔惟禽兽无私,故父子聚麀。"郑玄注:"聚,犹共也。鹿牝曰麀。"这是指炀帝奸占文帝的宣华夫人陈氏、容华夫人蔡氏。

"而兰陵公主"句:兰陵公主是隋炀帝之妹。这里说她因遭隋炀帝凌辱而死。《隋书》载兰陵公主杨氏,字阿五,初嫁仪同王奉孝,再嫁河东柳述。隋炀帝在还是晋王的时候,想把这个妹妹许配给自己看中的他的小舅子萧场,后来炀帝就把自己的妹夫发配到岭南去,同时逼妹妹改嫁。兰陵公主不从,不久就郁郁而终,她的丧事最后草草收场。嫘首,虞舜之妹,古老的传说中讲舜帝同父异母的妹妹嫘首是中国绘画始祖,见《汉书·古今人表》。她被誉为女中之贤,此处借喻兰陵公主。齐襄之耻,春秋时,齐襄公与其妹文姜通奸,见《左传·桓公十八年》。兰陵公主有贤名,故以嫘首相比,而以齐襄公丑行比隋炀帝。

"逮于先皇嫔御"句:《诗经·邶风·静女》毛传说,宫中女子被君王召去侍寝时,要在手上戴一个银环。这里指隋炀帝强使隋文帝妃嫔侍寝。金屋,《汉武故事》载,汉武帝幼时曾说:"若得阿娇(武帝陈皇后),当以金屋贮之。"这里说隋炀帝霸占他的堂姐妹。

"牝鸡鸣于诘旦"句:牝鸡,母鸡,指鸡鸣报晨。诘旦,天明,早晨。《尚书·牧誓》中说:"牝鸡之晨,惟家之索(尽)。"这里借指隋炀帝听信妇言,女宠干预朝政。雄雉:见

《诗经·邶风·雄雉》"雄雉于飞,泄泄其羽"。毛诗序说这首诗是卫人讽刺卫宣公淫乱不问国事的。于飞,往飞,雄雉追逐雌雉。出自《诗经·大雅·卷阿》:"凤凰于飞,翙翙其羽。"指凤和凰相偕而飞,后来用来比喻夫妻和谐相爱。祖(rì)衣:内衣。《左传·宣公九年》载:"陈灵公与孔宁、仪行父通于夏姬,皆衷其祖服戏于朝。"穹庐:匈奴所居毡帐。冒顿(音末独):匈奴最强大时一个首领的名字。窟:指卧处,《汉书·匈奴传》载匈奴风俗:"父死妻其后母,兄弟死皆取其妻妻之。"这里借指隋炀帝君臣宣淫,宫闱秽乱。女谒:指女宠,指通过皇帝宠幸的妇女来干求请托。谒(yè),干求。《韩非子·诡使》:"近习女谒并行,百官主爵迁人,用事者过矣。"

(4)平章百姓:出《尚书·尧典》,伪孔传说:"百姓,百官。平,和。章,明。"意思说天子应使百官平和章明。一日万机:出《尚书·皋陶漠》,"兢兢业业,一日二日万几。"指帝王政务繁忙,每天要处理成千上万的事情。伪孔传:"几,微也。言当戒惧万事之微。"机与"几"同。求衣:《文选·邹阳上书吴王》说,汉文帝"不明求衣"。《尚书·无逸》说,文王"自朝至于日中昃不遑暇食。"昃:日偏西。暑:日影。昃暑:日影西落。

"大禹不贵于尺璧"句:尺璧,径尺的玉璧。《淮南子·原道》:"故圣人不贵尺之璧而重寸之阴。"光武,应为汉明帝。王符《潜夫论·爱日》载:东汉明帝时每逢反支日,官府不接受奏章。明帝知道后,认为这样做剥夺了民众申诉冤屈的权利,下令不避反支。反支,古代按阴阳五行推算出的凶日,依古术数星命之说,以反支日为禁忌之日。幽枉,犹言没有彰明的冤屈。以上两句说明君之所为。

"而荒湎于酒"两句:嗜,爱好。声,指歌。伎,指舞。声伎,亦作"声技""声妓",指歌舞等技艺人。窟室,地室。古代统治阶级往往把窟室作为享乐之所。参见《左传·襄公三十年》《魏志·曹爽传》等。藉,坐或睡在上面。糟丘,酒糟堆成的山丘。相传夏代暴君桀沉湎于酒,酒糟堆成了山。断决,指批阅、处理群臣奏章。敷奏,指群臣上书奏事。停拥,搁置不理。

"中山千日之饮"句:《搜神记》卷十九:"狄希,中山人也。能造千日酒,饮之千日醉。"酩酊,醉得迷迷糊糊的。三雅,刘表为荆州牧,镇襄阳,子弟娇贵,并好饮酒,作酒杯三,大称"伯雅",中称"仲雅",小称"季雅",谓之"三雅",见曹丕《典论·酒诲》。讵比,岂能相比,指刘表作三雅之杯而贪饮,也不能与炀帝的骄奢相比。

"又广召良家,充选宫掖"句:掖,宫人所居之处。九市,传说商纣王宫中设九市,见《太平御览》卷八十三引《帝王世纪》。四驴,《续汉书·五行志》载汉灵帝在宫中西园亲自驾着四头驴子奔驰取乐,又说他让宫女扮作客舍主人,自己扮作商贾,到"客舍"中与"女主人"一起饮酒戏乐。见要,被邀请。逆旅,即舍客。

"殷辛之谴为小"句:与炀帝相比,殷纣王的罪责是小的了,汉灵帝就更轻。谴,罪责。

(5)"上栋下宇"句:《易》,儒家经典之一。爻是《易》中的一部分。这里"《易》爻"就是指易。上栋下宇,见《易·系辞下》:"上古穴居而野处,后世圣人易之以官室,上栋下宇,以待风雨。"茅茨,用草盖的屋顶。采椽,山上采下的木头就用作椽子,不加工。这句是说,古代的圣贤都以勤俭为美德。

"故璇室崇构"句:璇室,用玉装饰的宫室。多指天宫或道院,这里指商纣王所建的琼室。崇构,高大的房屋。商辛,即商纣王;辛是其名。《御览》卷八十三引《帝王世纪》言纣"造璇宫,作琼室瑶台,饰以美玉,七年乃成。其大三里,其高千丈。"阿房,秦始皇营造的宫殿。《史记·始皇本纪》中记载:阿房宫前殿,东西五百步,南北五十丈,殿中可以坐一万人。秦代一步合六尺,三百步为一里,秦尺约0.23米。这样阿房宫的前殿东西宽690米,南北深115米,占地面积8万平方米,容纳万人绰绰有余。秦始皇征70万苦力用了四年时间只建好了坚如磐石的土夯,秦始皇到死都没有建成阿房宫,秦二世为了完成先皇遗愿,又召集苦力打算建完阿房宫,而当时各地已经开始纷纷起义,最终还是没有建成。

"金铺玉户,青琐丹墀"句:铺,铺首,即宫门上兽头衔着的大环。玉户,玉做的门。青琐,在门窗上刻成连环文,涂上青漆。丹墀,用丹漆涂阶。

劳人固其不可:劳人,役使人民。不可,不能胜任。《资治通鉴》卷八十一载"帝(杨广)无日不治宫室"。

(6)"公田所彻"句:彻,取。《孟子·滕文公上》:"周人百亩而彻。"赵岐注:"耕百亩者彻取十亩以为赋。"《礼记·王制》:"用民之力,岁不过三日。"人力,即民力。供,指劳役。

宁积于人,无藏于府:隋文帝开皇十二年(公元592年)诏书说:"宁积于人,无藏府库。"这里用隋炀帝之父的话来彰明其罪恶。

"而科税繁猥"句:课税,赋税,主要指田租。猥,多。纪极,最终的总数。不知纪极,无穷无尽。卮(zhī),古时的一种圆底酒杯。《淮南子·汜论》:"江河不能实(填满)漏卮。"

"头会箕敛"句:头会箕敛,每家按人头计数出谷子,用畚箕来收集。逆折,提前征收。租,指田赋。《隋书·炀帝纪》说:"东西行幸,靡有定居。每以借费不给,逆收数年之赋。"杼,织布的梭子;轴,卷经线的轴。杼轴其空:意为百姓被搜刮干净。语出《诗·小雅·大东》:"小东大东,杼轴其空。纠纠葛屦,可以履霜。"意为:东方的小国大国,机上的织物被抢劫一空,穿着那绳索缠绕的草鞋,怎能踏雪经住霜冻?

匡床:安稳的床,安适的床。一说方正的床。《商君书·画策》:"人主处匡床之上,听丝竹之声,而天下治。"

"西蜀王孙"句:西蜀王孙,指卓王孙。他是西汉时蜀中著名的富豪。翻,同"反",

意指转眼之间。原宪，字子思，孔丘门徒，敝衣冠，居穷巷，见《史记·仲尼弟子列传》。糜竺，三国胸人。祖世业商，僮客万人，资产巨亿，见《三国志·蜀志》。俄，俄顷，俄尔，指时间短暂，迅速。邓通，蜀郡南安人，受汉文帝宠幸，富可敌国，景帝时财产尽被抄没，以致饿死。邓通之鬼，指饿鬼。此四句说富家很快被隋炀帝榨尽财富。

（7）"古先哲王"句：哲王，意指圣王。卜征，据说上古贤君欲出巡狩（到四方视察），必须前五年就开始卜卦，每年一次，五年都得吉兆，方可出巡。《左传·襄公十三年》："先王卜征五年，而岁习其祥，祥习则行，不习则增，修德而改卜。"一纪，十二年。《周礼·秋官·大行人》："十有二岁王巡守。"

薪：柴。刍：马草。饔（yōng）：熟食。饩（xì）：古代祭祀或馈赠用的活牲畜；赠送人的粮食或饲料；赠送食物。

供顿：供给行旅宴饮所需之物。北魏崔光《谏灵太后幸嵩高表》："供顿候迎，公私扰费。"这里指设备、给养等后勤工作。

"飘风冻雨"句：《楚辞·九歌·大司命》："令飘风兮先驱，使冻雨兮洒尘。"飘风，旋风。冻雨，暴雨。此喻炀帝巡幸队伍之害。《左传·昭公十二年》，楚子军对灵王说，"昔周穆王欲肆其心，周行天下，将必有车辙马迹焉。"此接下文"周穆之意难穷"句。

"宴西母而歌云"句：《穆天子传》卷三，写周穆王在西王母处作客，饮于瑶池。西王母为天子谣曰："白云在天，山陵自出。道里悠远，山川间之。将子无死，尚能复来。"浮东海而观日：用秦始皇事。《御览》卷八百八十二引《三齐略记》载秦始皇"作石桥，欲过海观日出处。"秸：庄稼收割后的茎秆。勤：劳苦。阻：被隔绝。《尚书·禹贡》载：距都城三百里内的农民，使上缴禾秸，并服运输之役。苏：昏迷后醒来。此句说，人民断绝了活命的希望。

"长城之役"句：隋炀帝即位，于大业三、四（公元607年、608年）两年各发壮丁百余万、二十余万，修筑长城。狙，窥伺。狙诈，窥探时机，进行欺诈。稽古，援引古人的事迹来证实自己的论点。叙述一些历史事实，有正反两面。基墟，指长城旧墟。袤，长。

（8）"辽水之东"句：荒服，《尚书·禹贡》以帝王都城为中心，分天下为五服，最边远的地方叫荒服。弃而不臣，《史记·宋微子世家》："于是武王乃封箕子于朝鲜而不臣也。"不臣，旧指言行不符合臣子的规矩。羁，马笼头。縻，牛绳。羁縻，维系的意思。声教，声威与教化。苟欲，只想。拓土，开拓疆土。

"又强弩末矢"四句：是说强弓射出的箭到了最后，连极薄的鲁缟（鲁国所出的丝绸）也穿不过，疾劲的风到了最后，连鸿毛也吹不动。语出《汉书·韩安国传》。

石田：多石而不可耕之地。亦喻无用之物。鸡肋：《三国志·魏志·武帝纪》，"夫鸡肋，弃之如可惜，食之无所得。"

怙(hù):仗恃。黩(dú)武:滥用武力,指好战。长策:上策,万全之计,治国安邦的好计策。"夫兵,犹火也"句:语见《左传·隐公四年》,"夫兵,犹火也,弗戢,将自焚也。"戢:收藏武器。夷人:平民。只轮:一个车轮。只轮莫返:犹言全军覆没。

"夫差丧国"句:夫差为春秋时吴国君主。夫差在黄池(今河南封丘)之会上,图霸中原不成,为越王勾践所袭,遂至灭亡。苻坚:十六国时前秦君主。晋太元八年(公元383年)七月,苻坚率大军南下,与东晋谢玄军战于淝水,丧师而归。坚后被姚苌缢死。

"复矢相顾"句:复,开屋招魂。招魂应用死者衣服,今用矢招,言死者之众。髽(zhuā),揭下裹发的黑纱长巾,露出发髻,是古代妇女居丧的服制。成行,言举哀者众。这二句语出《礼记·檀弓》:"邾娄复之以矢,盖自战于升陉始也。鲁妇人之髽而吊也,自败于台鲐始也"。扼腕,用左手捏着右腕,极度悲愤的样子,与切齿义同。

(9)"直言启沃"句:启沃,对帝王进忠告。古文《尚书·说命上》:"启乃心,沃朕心。"匪躬,不是为了自身利益。《易·蹇·六二》:"王臣蹇蹇,匪躬之故。"惟木从绳,伪古文《尚书·说名上》:"(傅)说复于王曰:'惟木从绳则正。'"又:"若金用汝作砺。"绳,木匠取直用的墨线。砺,磨刀石。

"唐尧建鼓"句:建,立。《邓析子·转辞》:"尧置敢谏之鼓。"献替,对君主的意见,有所补充或纠正。替即"去"。鼗(táo),小鼓,旁有耳,持柄摇之,自击发声。箴规,劝诫。美,良言。

"左仆射"句:高颎(541—607年),字昭玄,渤海蓨(今河北景县东)人,隋朝杰出的政治家,著名的军事家、谋臣。文帝建国,曾被信任。然因在灭陈之初阻杨广纳陈后主宠姬张丽华,谏废太子杨勇而立次子杨广等,被文帝削职为民。隋炀帝即位拜太常卿,终因直言被诛。贺若弼(543—607年),河南洛阳人。父为北周名将,能武能文,经高颎举荐,任吴州总管,坐镇广陵(今江苏扬州),为渡江灭陈做好准备。其后又献灭陈十策,受文帝嘉奖,赐以宝刀。后贺若弼进上柱国,封宋国公,后被免官。隋炀帝嗣位尤被疏忌,因与高颎私议朝政得失,为人告发,坐诛。两传并见《隋书》。文昌上相,指高颎。文昌为古星名,其中相星,古人用以象征宰相。细柳功臣,西汉名将,驻军细柳的周亚夫,此指贺若弼。良药之言,指谏净。属镂(音主漏),剑名。《左传·哀公十一年》载,伍子胥谏吴王伐齐,夫差不听,"使赐之属镂以死"。

"龙逄(páng)无罪"句:《竹书纪年》帝癸(桀)三十年:"杀其大夫关龙逄。"夏桀是夏朝最后一个君王,生活奢侈,荒淫无道。他竭尽民力,修筑王宫,又常常强迫人民打仗。作为夏朝的大夫、贤臣关龙逄实在看不下去。他多次向夏桀进谏,要他关心百姓与国家,但夏桀根本听不进去。关龙逄决定以献黄图进谏,黄图,即一种地图。关龙逄想借此说明形势危急,夏桀应多关心朝政。夏桀早就对这个絮絮叨叨、净说难听话的关龙逄厌恶极了，什么也不问便把黄图烧毁，接着喊来兵士把关龙逄囚禁起来，不久就杀了。《史记·殷本纪》："王子比干谏，纣怒曰：吾闻圣人心有七窍。剖比干，观其心。"滥被，横被。

"指白日而比盛"句：《韩诗外传》卷二载夏桀自比于日，云："吾有天下，犹天之有日也。日有亡乎？日亡吾亦亡也！"但百姓咒骂他说："时日曷丧，予及汝皆亡！"意为"你这个太阳还不快点完蛋！我们愿意和你同归于尽！"射苍天，指战国时宋康王偃事。《史记·宋世家》载，偃荒淫好战而拒谏，以皮囊盛血，悬而射之，称为"射天"。后为齐楚魏联兵所杀，国灭。敢欺，竟敢欺天。

（10）铨衡：计量轻重，这里指举贤授能，量才录用。贩鬻：卖官鬻爵。

"而钱神起论"句：晋鲁褒曾著《钱神论》，讽刺世人贪财丧德。铜臭为公，《后汉书·崔骃传》载，汉灵帝卖官，崔烈出钱五百万得司徒，问其子崔钧："吾居三公，于议者何如？"答云："论者嫌其铜臭。"为公，位至三梁。梁冀，汉顺帝后之兄，专权二十余年。《后汉书·种暠传》载，当时永昌太守曾用黄金铸蛇献给梁冀。孟佗，《后汉书·张让传》注引《三辅决录注》："孟佗以葡萄酒一斗遗宦官张让，让即拜佗为梁州刺史。"

彝：常。伦：道理。彝伦：常久可行的道理。攸：所以。斁（dù）：败。政以贿成：意思是政治措施全由贿赂来决定。可见国家的腐败。君子在野，小人在位：语出《毛诗·小雅·隰桑》序："小人在位，君子在野，思见君子，尽心以事之。"

"积薪居上"句：《史记·汲郑列传》载汲黯对汉武帝说："陛下用群臣，如积薪耳，后来者居上。"积薪，堆柴。囊钱，赵壹作《疾邪赋》云："文籍虽满腹，不如一囊钱。"

（11）"宣尼有言"句：宣尼，孔丘。汉平帝元始元年（公元1年），追谥孔丘为褒成宣尼公。无信不立，见《论语·颜渊》："自古皆有死，民无信不立。"用命，能完成天子的命令。赏祖，古天子亲征，将高祖以上神主载车而行，有功者即在神主前行赏，表示非天子一人专断。食言，言而无信。

昏主：指隋炀帝。南北巡狩：南指江都宫，北指晋阳宫、汾阳宫、临榆宫等。东西征伐：指东侵略朝鲜，西攻袭吐谷浑。

"至如浩亹（mén）"句：浩亹，古地名，即今自青海经甘肃入黄河的大通河。跸，帝王出行时开清道路，禁止通行。陪跸，侍从皇帝。隋炀帝大业五年（公元609年）五月，在浩亹河上建桥，分布诸军围吐谷浑。东都固守，指大业九年（公元613年）隋炀帝二次亲征高丽，礼部尚书杨玄感率部反叛，兵逼洛阳。阌（wén）乡野战，指隋炀帝自杨玄感叛变后，从朝鲜撤兵，遭朝鲜军追击，又派宇文述、屈突通等奔回发兵，八月，斩杨玄感于阌乡，阌乡在现在的河南灵宝。雁门解围，指大业十一年（公元615年），隋炀帝被突厥始毕可汗围于雁门之事。

"而志怀翻覆"句：浮诡，虚假。狡诈，指用谎言欺骗。勋赏悬授，悬授预赏，指宣

93

称将要授予立功者的官爵。克定,打了胜仗,事件平息。丝纶,指皇帝诏书。语出《礼记·缁衣》《隋书·炀帝纪》:"战士尽力,必不加赏。"所指即此类事。商鞅之颁金,商鞅定变法之令,为取信于民,派人在都市南门竖一根大木,下令说能将此木徙置北门者赏以重金。众人怪而不信,有一人徙之,果得金。项王之刓(wán)印,《史记·郦生陆贾传》载郦食其为汉说齐王,指出项羽"为人刻印,刓而不能授"。刓印,把印的棱角磨圆,夸张形容舍不得封人官爵。

"走丸逆阪"句:使圆丸从山脚滚到山顶。语出《后汉书·皇甫嵩传》:"若欲辅难佐之朝,雕朽败之木,是犹逆阪走丸,迎风纵棹,岂云易哉!"全句说使圆丸从山脚滚到山顶,都比不给人重赏却要人拼命效力是不可能不容易的。

骁:勇健。骁雄:指兵将。

"至于匹夫蕞(zuì)尔"句:蕞尔,形容小(多形容地区小)。宿诺,早先允诺的话。亏,亏负,违背。乘舆,皇帝的车驾,指代皇帝。二三其德,三心二意,前后言行不一致。

(12)"况四维不张"句:四维,语出《管子·牧民》:"四维不张,国乃灭亡……国有四维,一维绝则倾,二维绝则危,三维绝则覆,四维绝则灭。倾可正也,危可安也,覆可起也,灭不可复错也,何谓四维?一曰礼、二曰义、三曰廉、四曰耻。"三空,见《后汉书·陈蕃传》,指田野空、朝廷空、仓库空。总瘁,全都聚集在一处。

"无小无大"四句:言隋炀帝就如夏桀、殷纣,所有的人都知道他必然灭亡。

罄:尽。决:引。波:指水。流:冲洗。

"是以穷奇灾"句:此四句中,穷奇、獌貐,都是古代神话传说中的吃人怪兽;封豕即封豨,大野猪,长蛇为一种巨蛇,都是古代神话传说中的凶猛害兽,四物均记载于《山海经》。上国,指都城所在的区域。中原,通指黄河中下游地区。三河,汉代河南、河东、河内三郡的总称,即今以河南洛阳为中心的黄河南北一带。上国、中原、三河,都是指国家的中心区域。连"四海"一句,意思说全国各地,凶暴之徒横行不法,残害人民。

"苍生凛凛"句:苍生,老百姓。凛凛,忧惧貌。杞国之崩,《列子·天瑞》载:"杞国有人,忧天地崩坠。"赤子,指中国。嗷嗷,众人不安的呼声。历阳之陷,历阳为古县名,今为安徽和县,境内有历湖,相传是一夕沉陷而成的。以上四句说人民惶惶不可终日。

"且国祚将改"句:国祚,国运,皇位。祚,意思是帝王的宝座。而国祚则引申为王朝维持的时间。常期,定数。"六百"二句:《左传·宣公三年》:"桀有昏德,鼎迁于商,载祀六百。"又说:"成王定鼎于郏鄏,卜世三十,卜年七百:天所命也。"姬,周天子姓。谶(chèn)录:谶是秦汉间巫师、方士编造的预示吉凶的隐语,纬是汉代迷信附会儒家经义的一类书。谶录指谶书的目录。《后汉书·张衡传》："刘向父子领校祕书，阅定九流，亦无谶录。"

厌：不满意。彰：明。《易·坤·文言》："地道无成而代有终也。"这里指隋朝败象已露，气数已尽。

"皇天无亲"句：这两句是《左传·僖公五年》引宫子奇的话"鬼神非人实亲，唯德是依。故《周书》曰：皇天无亲，唯德是辅。"意思说皇天无所偏私，只帮助有德行的人。

"况乃"句：搀枪，彗星的别名。竟天，横贯天空。《左传·昭公十七年》载申须（即申繻）语，认为彗星出现是除旧布新的征兆。岁星，木星。井，井宿。甘公，秦汉间星象家。据《史记·天官书》等书记载，汉初曾有五星从岁星聚于东井的天象，甘公认为东井秦地，是汉王入秦地的象征。

"兼朱雀门烧"句：大业十二年（公元616年）显阳门火灾。这里说的朱雀门或系显阳门之别称。显阳门旧名广阳，是杨广姓名的反写。时人认为国门之崇显，号令之所由出也。时帝不遵法度，骄奢荒怠，信谗害忠。天意若曰，害广阳也。正阳日蚀，正阳指夏历四月。大业十二年五月初一发生日食。鬼哭，据《隋书·五行志》，礼部尚书杨玄感兵败后，其党徒数万人被活埋。至隋末年，活埋处屡可听到鬼哭声。

"并是宗庙为墟之妖"句：宗庙成为废墟，灌木丛生于庭园，指国家毁灭。妖，灾异。

夏氏：指桀。殷人：指纣。灾衅：即灾异。咎征：不好的兆头。

"牵牛入汉"句：牵牛，星名。汉，天汉，银河。《甘石星经》说，牵牛"入汉中井"，则天下人死于劳役。王良策马，《史记·天官书》："汉中四星曰天驷，旁一星曰王良。王良策马，车骑满野。"指的是战乱之象。王良，古之善驭者，又为星名。

（13）"今者顺人将革"句：顺人将革，顺人心，将革命。先天不违，《易·文言》："先天而天弗违。"意思说，行动在天命征兆之前，而与天命相符合。这是宣传起义是顺天应命的正义行动。大誓孟津，史载周武王伐商时，于孟津会师誓众。孟津是黄河的渡口，在今河南孟津县南。陈盟景亳，《尚书·泰誓》："惟十有一年，武王伐殷。一月戊午。师渡孟津。作泰誓三篇。"史载商汤伐夏时，于景亳会集诸侯。《竹书纪年·帝癸》："商会诸侯于景亳。"《左传·昭公四年》："商汤有景亳之命。"陈盟，陈述盟誓之言。景亳，商都三亳之一，在今河南商丘东北。二句喻当时群雄联合反隋。三千列国，商汤会三千诸侯伐夏桀，见《汲冢周书·殷祝解》。八百诸侯，周武王伐商纣，八百诸侯不期而会于孟津，见《史记·周本纪》。汉人所传《泰誓》，叙周武王伐纣，说："八百诸侯，不召自来，不谋同辞。"

"轰轰隐隐"句：《文选·广绝交论》："雕虎啸而清风起。"李善注引《淮南子·天文》："虎啸而谷风至，龙举而景云属。"雕虎，斑斓猛虎。应龙，神话传说中有翼的龙。骧，头高举。景云，即庆云，祥瑞之气。

"我魏公聪明神武"句：魏公，李密自立为魏公。齐，举措合宜。圣，无所不知。广渊，度量宽宏，思虑深远。七德，《左传·宣公十二年》："武有七德"，指禁暴、戢兵、保大、定功、安民、和众和丰财。九有，九州，指中国。包九有而挺出，意为全国最杰出的人。"周太保"句：李密的曾祖李弼，在北周历位司空、太保、柱国大将军，死后封魏国公。祖父李曜，封邢国公。父李宽，自周入隋，位柱国，封蒲山郡公，号为名将。

"家传盛德"句：季历，周武王的祖父。世祖，汉光武帝刘秀，《后汉书·光武纪》说刘秀是"高祖（刘邦）九世孙"。元皇，即汉元帝。这里指李密承继父祖之业而更加光大，就如周武王承继祖父季历，汉光武帝承继汉元帝的基业一样。

"笃生白水"句：笃生，指降生时得天独厚。白水，汉蔡阳乡名，在今湖北枣阳。汉光武帝生于白水，曾用"白水真人"之谣宣传他受天命。日角，东晋袁宏《后汉纪·光武皇帝纪》"以蔡阳白水乡为春陵侯封邑……县界大熟，因名曰秀。为人隆准，日角，大口，美须眉，长七尺三寸"。日角，即额头骨高起。载，语助词。诞，生。丹陵，据说是尧的出生地。天宝之文，《太平御览》引《春秋合诚图》载，尧母庆都生尧之前，有赤龙负图出，图上有人，下有七字"赤帝起诚天下宝"。生尧而貌与图上人一样，故云"天宝之文"。《竹书纪年》亦云："帝尧陶唐氏，母曰庆都……一旦龙负图而至。其文要曰'亦受天佑'……孕十四月而生尧于丹陵。"

"加以姓符图谶"句：图、谶都是记载预言的迷信书。歌谣，据《隋书·五行志》载，当时民间流传着一种隐语写成的歌谣《桃李章》，解释者说，其中隐藏着李密的姓、名、字和他将代隋而兴的意思。六合，天、地和东南西北四方，即指天下。三灵，天、地、人。改卜，另择有德者为君。"文王厄于羑（yǒu）里"句：《史记·周本纪》载，周文王曾被商纣囚禁在羑里（今河南汤阴县北）。《史记·太史公自序》："昔西伯拘羑里演《周易》。"《尚书中侯·我应》："赤雀衔丹书，入酆鄗，止于昌户。"《汉书·高帝纪》："高祖隐于芒、砀山泽间，吕后与人俱求，常得之。高祖怪问之。吕后曰：季所居上常有云气，故从往常得季。"说汉高祖隐于芒、砀时，他所居住的地方，上空常有云气。

"兵诛不道"句：《后汉书·光武纪》："光武先在长安时，同舍生彊华，自关中奉《赤伏符》，曰：'刘秀发兵捕不道，四夷云集龙斗野，四七之际火为主。'光武于是乃即皇帝位。"《三国志·魏书·武帝纪》："初，桓帝时有黄星见于楚、宋之分，辽东殷馗善天文，言：后五十岁，当有真人起于梁、沛之间，其锋不可当。至是凡五十年，而公破绍，天下莫敌矣……其后曹操起于谯，是为魏武帝。"沛，春秋战国属宋，后属楚，故云"出于梁、宋"。

"九五龙飞之始"句：《易·乾·九五》："飞龙在天。"《易·革·九五》："大人虎变。"

又《周易》革卦：君子豹变，小人革面。豹变指像豹子一样迅速改变自我，适应环境。李密先随杨玄感，继投翟让，故云豹变。历试诸难，语出《尚书·舜典》，原是说尧禅让天下给舜时，使他经历了各种考验。此处喻李密。大敌弥勇，越是面对强大的敌手，越是猛勇。这原是《后汉书·光武纪》中诸将赞美汉光武帝的话。

"东郡公翟让"句：翟让，韦城（今河南滑县）人。大业七年（公元611年），翟让与徐世勣（即李勣）、单雄信于瓦岗起义。大业十二年，李密投瓦岗军，李密献策，瓦岗军大败隋军。翟让自觉不如李密，乃推李密为瓦岗军首领，上尊号为"魏公"。密以翟让为上柱国、司徒、东郡公。宣，发扬。缔构，指起义事业。翼亮，辅佐。经纶，治理。后翟让有不服之意。大业十三年，李密杀翟让及其亲信。伊尹，商汤的大臣，助汤灭桀。萧何，助汉高祖立国的元勋，汉高祖称帝后任丞相。此处比喻翟让。

孟让：隋末农民起义军首领。齐郡（今山东省济南市）人。613年（大业九年）起义，曾一度与王薄联合，占有长白山（今山东省邹平县南，位淄博市西北，有别于东北长白山）。因隋将张须陀进逼，遂转战于江淮地区。次年占盱眙（今江苏省盱眙县），部众达十余万人。以都梁山为根据地，后分兵南攻，被隋江都（今江苏省扬州市东北）丞王世充击败，北走归附瓦岗军，任总管，封齐郡公。公元617年（隋炀帝大业十三年）破东都外廓、烧丰都，并与裴仁基攻克回洛仓（今河南省洛阳市北），后因入都城掠夺居民财产，隋军乘机攻击，失败北逃，后不详。

孟畅：生平不详。裴行俨：隋将裴仁基之子，骁勇善战。裴仁基讨伐瓦岗寨，虽累有胜利，但屡遭监军陷害。于是裴仁基父子杀隋监军，率众归瓦岗寨。后李密与王世充决战，裴仁基献计分兵偷袭洛阳，但不被李密所纳。后李密战败，裴氏父子被王世充所俘。王世充以侄女嫁于裴行俨，待其父子甚厚。裴行俨每有征战，所向披靡，号"万人敌"，王世充惮其威名，颇加防范。裴仁基知其意，于是决定先下手为强，密谋行刺王世充。事泄，裴氏父子俱被王世充所杀。邴元真：起自微贱，后降王世充。此二人并见《隋书·李密传》。

运筹：出主意。运筹千里：是说战略谋划精密，能使千里之外的战事胜利。截蛟：《吕氏春秋·知分》载有次非斩杀两条蛟龙的故事："荆有次非者，得宝剑于干遂，还反涉江，至于中流，有两蛟夹绕其船。次非……于是赴江刺蛟，杀之而复上船。"断鳌：《淮南子·览冥》，"于是女娲炼五色石以补苍天；斩鳌足以立四极"。弯弧：开弓。吟猿：《淮南子·说山》载，楚人养由基善射，将射猿，箭未发而猿已拥柱号哭。落雁：《战国策·楚四》载有更羸为魏王在京台下射落飞雁之事，"雁从东方来，更羸以虚发而下之"。

"韩、彭、绛、灌"句：韩信、彭越、绛侯周勃、灌婴，都是辅佐刘邦定天下的人。沛公刘邦起义时，自号沛公。寇、贾、吴、冯，寇恂、贾复、吴汉、冯异，都是辅佐刘秀定天下的人。萧王,刘秀初随更始帝,封萧王。

"复有蒙轮"句:蒙轮,将大车轮蒙上甲作为盾使用。挟辀,力能挟起车辕。二者都是《左传》中的典故,《左传·襄公十年》:"狄虒弥建大车之轮,而蒙之以甲以为橹。左执之,右拔戟,以成一队。"《左传·隐公十一年》:"公孙阏与颍考叔争车,颍考叔挟辀以走。"杜预注:"辀,车辕也。"这里都是用来形容李密手下的将士勇猛无比。拔距,超距,即跳高跳远。拔距投石,是古代练兵之法。骥马,良马,追风,形容跑得快。吴戈,春秋战国时期,吴地所造的戈最有名。照日,形容吴戈的锋利明亮。

(14)"魏公属当期运"句:期运,指天命所归之时。亿兆,指人民。躬擐(xuàn)甲胄,亲自顶盔贯甲。栉风沐雨,意思说,不暇梳头沐浴,大风把头发吹散,就算梳头;淋大雨,就算洗头。语出《庄子·天下》。

"遂起西伯之师"句:西伯,周文王在商为西伯。这里指周武王拥周文王为主以伐纣。南巢,地名,汤放桀于南巢。此处代指桀,而以比喻隋炀帝。四七:汉光武帝时《赤伏符》说:"四七之际火为主",意指从汉高祖到汉光武帝,历二百八十年。一说,刘秀起兵时二十八岁。而胡三省《资治通鉴音注》:"汉光武用二十八将以定天下,后人赞之曰:"授钺四七"。这里指李密名应图谶,以此为号召。河、渭:黄河、渭水。嵩、华:嵩山、华山。此两句形容兵威之盛。

"鼓行而进"句:鼓行,鸣鼓进兵。百道,指所部各路义军。四月二十一日,大业十三年(公元 617 年)四月辛丑。届,至。东都,洛阳。据《资治通鉴》卷一百八十三载,此年四月己亥(十九日),李密复据回洛仓,大修营堑以迫东都。隋将段达等出兵 7 万拒之。辛丑(二十一日),战于仓北,隋兵败走。

"而昏朝文武"句:大业十二年七月,隋炀帝幸江都,命他的孙子越王侗与光禄大夫段达、太府卿元文都、检校民部尚书韦津、右试卫将军皇甫无逸、右司郎卢楚筹总留后事。昆吾,助桀为虐的夏末诸侯,商汤伐桀,先伐昆吾。稔,熟。恶稔,恶贯满盈。飞廉,纣的奸佞之臣。《史记·秦本纪》:"飞廉善走,父子俱以材力事殷纣。"天数,即天命。回洛仓北之战,段达等拥军 7 万,这里说 10 万,是夸大的说法。举斧,古人称螳螂为"有斧虫",这里"举斧"就是螳臂当车的意思。

"于是熊罴角逐"句:罴,似熊而大。角逐,争胜负。貔(pí),猛兽。熊罴、貔虎喻猛士。倒戈之心,周武王伐纣,纣军"前徒倒戈攻于后"。见伪古文《尚书·武成》。《史记·周本纪》:"纣师皆倒兵以战,以开武王。武王驰之,纣兵皆崩,畔纣。"破竹,《晋书·杜预传》:"今兵威已振,譬如破竹,数节之后,皆迎刃而解,无复着手处也。"喻战事进展之顺利。旋踵,足后跟一转间,指时间之短。坑卒:见《史记·廉颇蔺相如列传》,秦赵长平之战,秦军大败赵军,坑赵降卒 45 万。积甲则熊耳:《后汉书·刘盆子传》,刘盆子军向汉光武投降,"积兵甲宜阳城西,与熊耳山齐"。《水经注》则云:"洛水之北有熊耳山，双峦竞举，状同熊耳，此自别山，不与《禹贡》导洛自熊耳同也。昔汉光武破赤眉樊崇，积甲仗与熊耳平，即是山也。"

"达等助桀为虐"句：婴，绕。婴城自固，据城守御，自以为固。《墨子·公输篇》："子墨子解带为城，以牒为械。公输般九设攻城之机变，子墨子九拒之。公输般之攻械尽，子墨子之守圉有余。"梯，云梯。冲，冲车，攻城之具。鼓角潜鸣，即鼓角鸣于地中，指义军掘隧攻城。楼，楼橹，守城的哨楼。《三国志·公孙瓒传》："瓒曰：兵法，百楼不攻。今吾楼橹千重，食尽此谷，足知天下之事矣。"

"燕巢卫幕"句：燕巢卫幕，语出《左传·襄公二十九年》，记卫国孙林父为室公所恶，逃亡晋国，晋人仍将其送回卫国。吴季札经过孙林父幽闭的戚地，听见钟声，把林父比作"燕之巢于幕上"。因为是卫国的事，故称"卫幕"。鱼游宋池，出《吕氏春秋必己》："宋桓司马有宝珠，抵罪出亡，王使人问珠之所在。曰：'投之池中。'于是竭池而求之，无得，鱼死焉。"

(15)"然兴洛、虎牢"二句：兴洛：兴洛仓，在河南巩县。虎牢：虎牢关，在河南汜水。大业十三年（公元617年），李密攻克兴洛仓，并占据虎牢关。回洛：回洛仓，在河南孟县（毗近洛阳）。黎阳，黎阳仓，在汲郡黎阳（今河南浚县）。发表檄文时，尚未得黎阳仓。檄文此语或为虚张声势。

"裴光禄仁基"句：裴仁基，隋光禄大夫。大业十二年（公元616年）冬十月，张须陀讨翟让败死。隋炀帝以裴仁基为河南讨捕大使，代领须陀之众，徙镇虎牢。后裴归降李密。受脤(shèn)，指领兵。脤是古代王侯祭社稷所用的肉。古代出兵，先祭社神，并以脤器（一种形似大蛤蜊的祭器）盛祭肉送给带兵的人。专征，一人统兵，事权不分，叫专征。遐迩，远近。攸，所。凭，依靠。是托，托付于他，即倚仗于他。迁殷事夏，此指裴仁基归降李密。

"袁谦擒自蓝水"句：袁谦：事无考。蓝水：在今湖北钟祥。张须陀：隋将。大业十二年冬十月，炀帝命张须陀为荥阳通守以备瓦岗，被李密等围攻，战死。窦庆：据《隋书·窦荣宝传》窦庆"大业之末，出为南郡太守，为盗贼所害"。郭询：大业十二年为涿郡通守，将兵10万讨高士达义军，被窦建德以诈降之计袭杀。授首：被斩首。

"清河公房彦藻"等句：房彦藻：李密属下大将。清河公或为李密所封，或以其为清河人而称。秉：执。戎律：军纪。秉戎律：谓严格执行军纪。安陆：隋郡，今属湖北。汝南：隋郡，今属河南。随机荡定：及时平定。淮安：隋郡，在今河南泌县。济阳：隋县，在今山东曹县西南。俄然：很快地。送款：投降。

"徐圆朗已平鲁郡"等句：鲁郡：今山东兖州。徐圆朗于大业十三年正月在该地起事，分兵略地，自琅玡以西，北至东平尽有之。孟海公：在大业九年三月起义于洛阳。封民赡：事无考。平原：隋郡，在今山东陵县。郝孝德：在大业九年三月起义于平原。大业十三年九月,李密与郝孝德合兵攻取黎阳仓。此"郝孝德据黎阳之仓"是传闻;大业十三年二月,李密为魏公,改元。时投归李密的义军有长平(郡名,今山西晋城)李士雄。王德仁:在大业十年十一月,拥众数万,起义于林虑,隋时属上党郡(今山西长治)。鹰扬:形容纵横驰骋。滑郡公李景:李景因炀帝退军高丽,殿后有功,进爵滑郡公。后为义军所杀。檄文中此句可能据谣传而言。房山基:事无考。临渝:今辽宁沈阳。刘兴祖,崔白驹:事无考。方献伯:大业十三年四月攻陷汝阴(隋郡,今安徽阜阳),谯郡,在今安徽亳县,两地接近。檄文说"以谯郡来"或由传闻不实。《史记·周本纪》载武王伐纣,"诸侯兵车会者四千乘,陈师牧野"纣都郊外之地。沧溟之右句:沧溟:大海。右:西边。函谷:关名,在今河南灵宝东北。牛酒献于军前:指劳军的百姓络绎不绝。壶浆:壶里盛的饮料。

"诸君等并衣冠世胄"句:诸君:各位,指洛州的隋方官将。衣冠:谓宦中之人。世胄:贵宦的子孙。杞梓:都是优质木材,喻人才。《国语·楚语上》:"晋卿不若楚,其大夫则贤。其大夫皆卿才也,若杞、梓、皮革焉,楚实遗之。"神鼎灵绎之秋:原作"神歇灵绎",语出扬雄《剧秦美新》:"神歇灵绎,海水群飞,二世而亡,何其剧与!"此将隋朝比作将亡之秦。这两句是说:现在既是旧朝将亡之际,又是新朝将兴之时,可以建立功勋,得到裹土封侯之赏的时机。鹊起:鹊在巢将坠坏时赶紧飞起。喻君子顺机而变。鼍鸣鳖应:《后汉书·张衡传》载衡所作《应间》说:"当此之会,乃鼍鸣而鳖应也。"故能同心戮力,勤恤人隐,奄受区夏,遂定帝位,皆谋臣之由也。"下李贤注:"喻君臣相感也。"鸠率:聚集率领。

"耿弇(yǎn)之赴光武"句:耿弇是汉光武刘秀的佐命功臣。《后汉书·耿弇列传》:"弇道闻光武在卢奴,乃驰北上谒,光武留署门下吏。"萧何:汉高祖刘邦的开国元勋。《汉书·萧何曹参传》:"萧何,沛人也。以文毋害为沛主吏掾。高祖为布衣时,数以吏事护高祖。高祖为亭长,常佑之。高祖以吏繇咸阳,吏皆送奉钱三,何独以五。"金章:金印。绶是系印的担绳,紫色是三公的标志。华盖:高盖。朱轮:车轮涂朱漆,贵人的车饰。奕:重。叶:世。

(16)"若隋代官人"等句:《战国策·齐策六》:"跖之狗吠尧,非贵跖而贱尧也,狗固吠非其主也。"邹阳《狱中上梁王书》更有"桀犬吠尧"之语。意为狗只知其主,不分善恶。王莽:班固《汉书·王莽传》:"散舆马衣裘,振施宾客,家无所余。"借指隋文帝。蒯聩:卫灵公太子,谋杀灵公夫人南子不成,出奔宋。灵公死,卫人立蒯聩之子辄为出公。后蒯聩伙同孔悝逐走出公自立为卫庄公。这里借指隋炀帝。

审配:以正直不得志于韩馥,袁绍领冀州,被委以腹心之任,并总幕府。河北平定,袁绍以审配、逢纪统军事,配恃其强盛,力主与曹操决战。官渡战败,审配二子被俘,反因此受谮见疑。袁绍病死,审配等矫诏立袁尚为嗣,导致兄弟相争,被曹操各个击破。曹操围邺,审配死守数月,终城破被擒,拒不投降,慷慨受死。张郃:曹操部下"五子良将"之一,先从韩馥,后投袁绍,在与公孙瓒的交战中多有功劳。官渡之战时,张郃受郭图陷害,率众投降于曹操,得以重用,随曹操平定北方,远征乌桓,平马超,灭张鲁,多有战功而封侯。

"范增困于项王"句:范增为项羽谋士,劝项梁立楚王族后裔为楚怀王,后项羽尊之为亚父。他屡劝项羽杀刘邦,项羽不听。后项羽中刘邦反间计,削其权力,范增愤而离去,途中疽发背而死。陈平为刘邦要臣。足智多谋,锐意进取,屡以奇计辅佐刘邦定天下,汉初被封为曲逆侯。汉文帝时,升为右丞相,后改任左丞相。

"魏公推以赤心"句:《后汉书·光武纪》载刘秀乘轻骑巡行铜马降军阵中,降者互相告语曰:"萧王(刘秀)推赤心置诸人腹中,安得不投死乎?"择木:鸟择木而栖,比喻人臣择主而事。

"脱猛虎犹豫"句:脱:倘若,或许。猛虎犹豫:《史记·淮阴侯列传》"猛虎之犹豫,不若蜂虿之致螫"。舟中敌国:《史记·吴起列传》:"若君不修德,舟中之人尽敌国也。"指内部分化。《淮南子·道应》:"夙沙之民,皆自攻其君而归神农。"高诱注:"伏羲、神农之间,有共工、夙沙,霸天下者也。"彭宠:事见《后汉书·彭宠传》,其先为渔阳太守,光武时因为朱浮峻文所激,举兵攻蓟,自称燕王,未久为家奴所杀。其仆子送首光武,封不义侯。

玉石俱焚:伪古文《尚书·胤证》:"火炎昆冈,玉石俱焚。"形容不分良莠,同归于尽。噬脐:咬肚脐。人咬不到肚脐,比喻后悔无及。《左传·庄公六年》:"楚文王伐申,过邓,邓祁侯曰:吾甥也。止而享之。骓甥、聃甥、养甥请杀楚子。邓侯弗许。三甥曰:亡邓国者,必此人也。若不早图,后君噬脐,其及图之乎!"

"黄河带地"句:出《史记·高祖功臣年表》刘邦对功臣封爵之誓云:"使河如带,泰山若厉。国以永宁,爰及苗裔。"指黄河像衣带一样,绕在大地上。旦旦:恳恻款诚。皎:明。《诗·王风·大车》:"谓余不信,有如皎日。"这里指天地河川为誓,申明立赏以待降者,决非谎言。

【事件简介与檄文赏析】

本文选自《旧唐书》卷五十三《李密传》,是大业十三年四月二十七日由李密的记室祖君彦起草发布的。

祖君彦(?—公元618年),字不详,范阳人。是原北齐仆射祖珽的儿子,虽然容貌短小,言辞涩讷,但学问渊博,记忆力强,且文辞丰富,思路敏捷,因而在士大夫

李密画像

中名气很大。隋朝建立后,特别是隋炀帝即位后,尤为厌恶祖君彦的名声。只是按常规将祖君彦选调为东平郡的书佐并代理宿城县令。隋朝时,州郡皆有书佐,是一个正九品的小官。

祖君彦自负其才,常常郁闷不乐。李密造反,祖君彦自愿归附。李密早知祖君彦的大名,见他来投奔自己,异常高兴,于是将他视为上宾,军中的案卷文书,全都交给他办理。由于李密在瓦岗军的胜利发展中做出了重要贡献,在全军中有了很高威望,也取得了翟让的高度信任,翟让于是推李密为主,号为"魏公"。大业十三年(公元617年)二月十九日,李密在巩县南设坛即位,自称为永平元年,开始建立政权机构。其文书行下,称行军元帅魏公府,置三司、六卫,元帅府置长史以下官属。拜翟让为上柱国、司徒,封东郡公,任命单雄信为左武侯大将军。徐世勣为右武侯大将军,房彦藻为元帅左长史,邴元真为右长史,杨德方为左司马,郑德韬为右司马,祖君彦为记室,其余的人拜官封爵各有等次。祖君彦归附李密虽然只有短短的10天时间左右,但因为他的名声很大,投奔的时机又恰到好处,正是李密需要用人之时,所以在李密的永平政权机构中,祖君彦取得了相当重要的地位,成了李密的高级秘书和永平政权机构领导核心成员之一。

在整个隋朝,由于父亲的原因,祖君彦一直受到歧视和压制,未被信用,投奔李密后,却被视为座上宾,用为左右手。他全身心地投入到自己新的工作中来,为李密起草了不少饱含激情、文采斐然的公文,其中最著名的一篇,便是这篇讨伐隋炀帝的檄文。《全唐文》还收录了祖君彦为李密起草的另外几篇公文,如《为李密与袁子干书》《为李密与李渊书》等,也都写得相当精彩。李密取得大权后,为了进一步联合各路起义军,以及吸引隋朝的文武官员来投奔他,便在进攻隋朝首都洛阳的时候,向各郡县发布了一篇讨伐隋炀帝的檄文,号召各方人士推翻隋朝的统治。

这篇檄文是大业十三年四月二十七日正式发布的,历数了隋炀帝残暴统治、祸国殃民的十大罪状。这确实是一篇大手笔文书。既是一篇充满激情、文采斐然的战斗檄文,也是祖君彦个人长期郁积在胸中悲愤和仇恨的总爆发,可以与唐朝骆宾王起草的《为徐敬业讨武曌檄》相媲美。檄文发布后,各地起义军纷纷归附,李密部队发展到几十万人,占有河南大部分郡县,形势一片大好。正当李密兵锋甚锐,威逼东都的时候,他和翟让之间的矛盾也逐渐激化起来。翟让被害后,部众离心,战斗力大损。大业十四年十月十二日,李密为王世充所败,入关降唐,不久又反唐,被杀。

随着李密的失败,他的秘书祖君彦,也走到了自己的人生终点。李密兵败的当天,带领一万多人逃往洛口,祖君彦却没有跟上,被困在偃师(今河南偃师县东)。当晚,王世充的部队入城,祖君彦与裴仁基等人一同被俘。王世充见到祖君彦,便问他:"汝为贼骂国足未?"祖君彦回答说:"跖客可使刺由,但愧不至耳!"王世充是个心胸狭窄之人，对于祖君彦的回答，心中自然恼火，于是叫人把他打昏在地，丢在树下，任其死去。但王世充此时已有取隋而代之的想法，而祖君彦又是难得的人才，如果能够留他为己所用，也是他所巴不得的。想到这点，王世充又后悔起来，于是急忙派医生许惠照去把他救活。王世充的郎将王拔柱当时在场，说："玩弄笔杆的小子死有余辜。"于是一脚踩在祖君彦的心窝上，把他踩死了。祖君彦死后，还被戮尸示众。

从公元617年2月投奔李密，到次年10月死于偃师，祖君彦做李密的秘书总共只有一年零八个月的时间。他的主要工作是为李密写公文。在这么短的时间里，能留下数篇公文名篇，他的工作显然非常称职，自然非常难得。如果说李密在摧毁暴隋、扫除虐政方面起到了重大的历史作用，那么，作为他的秘书，祖君彦也是功不可没的。《为李密檄洛州文》确实是一篇以农民起义军的名义，声讨反动统治者的极为难得的、完美的好文章。

柔中有刚拉诱压：房彦藻为李密檄窦建德文

公逸气纵横，鹰扬河朔，引兰山之骁骑，驱易水之壮士。[1]跨蹑燕齐，牢笼赵魏，好通戎狄，声振华夏。昔隗嚣之居陇上，非不险也；项籍之据彭城，非不强也。[2]然而援无所恃，躬违历数，遂使楚徒歔欷于垓下，秦泥不封于函谷。[3]故托身得地，窦融保西河之功；协契非人，刘表丧汉南之业。[4]魏公英雄电逝，类晨风之拂北林；率土星奔，甚涓流之赴东海。[5]今隋主拘囚于世充，身制于朱粲，白旗之首已悬，乌江之船未舣。[6]去月二十日，总管兵马，会同黎阳，莫不投盖蒙轮，贾勇求敌，远怀归义，分讨不庭。[7]公能观火鹿台，枉道垂报，或以冀方犹梗，愿协力齐盟。南临则黄河可清，北指则幽云自卷。[8]公之远度宏规，高勋茂绩，必将俯盼伊吕，吞并韩彭，自余碌碌，复何足数。[9]绛灌尚警，干戈未戢，想军旅之事，各有司存，指踪之劳，无疲于明镜也。[10]内怀悃款，形于翰墨，情之所寄，言不能适。

【简释】

（1）"公逸气纵横"句：公：这是对窦建德的尊称。窦建德（573—621年），隋贝州漳南（今山东武城漳南镇）人。世代务农，曾任里长，尚豪侠，为乡里敬重。时隋炀帝募兵征高丽，建德在军中任职。目睹兵民困苦，义愤不平，遂抗拒东征，并助同县人孙安祖率数百人入漳南东境高鸡泊，举兵抗隋。及后窦建德一家被隋军杀害，窦建德乃率部众200人投清河人高士达的起事军队。大业十二年（公元616年），隋遣杨义臣击破张金称、高士达。窦建德召集散亡复起，于次年正月称长乐王于河间郡乐寿县（今河北献县）。又大败隋将薛世雄，攻克河间。大业十四年（公元618年）定都乐寿，国号大夏。河北起事军队皆来归附。次年，宇文化及引军西归，至山东聊城被窦建德击败，窦建德除杀宇文化及一伙外，又将俘获的大批隋皇室、宫人、官员、士兵等放散，录用其中有才学者。裴矩被任命为右仆射，定朝仪、制律令、兴文教。八月，窦建德迁都洺州（今河北永年县东南），至武德二年（公元619年），大夏政权已拥有黄河以北大部分地区，南与洛阳的王世充抗衡，西与关中的唐李渊鼎立对峙。武德四年（公元621年）三月，唐军进攻王世充，窦建德率军十余万援世充，与唐李世民军相遇于虎牢（今河南荥阳汜水镇）一带。五月，夏军溃败，窦建德被俘，裴矩以洺州降唐。七月，窦建德在长安被杀。逸气：逸，超绝。逸气，意为不凡的气势、气度。鹰扬：如鹰之奋扬。比喻威武或大展雄才。河朔：古代泛指黄河以北的地区。《书·泰誓中》："唯戊午，王次于河朔。"《三国志·魏志·袁绍传》："（袁绍）振一郡之卒，撮冀州之众，威震河朔，名重天下。"兰山：当指贺兰山，主峰在宁夏贺兰县境内，山丘多青草，遥望如骏马。易水：源于河北易县的河名。由于战国时期，燕太子丹等曾在易水送壮士荆轲前往秦国刺杀秦王，并击筑放歌，悲壮苍凉。故有易水多壮士之誉。

（2）"昔隗嚣之居陇上"句：隗嚣：东汉初年天水成纪（今甘肃秦安）人，字季孟。新莽末，被当地豪强拥立，据有天水、武都、金城（均属今甘肃）等郡，自称西州上将军。他曾倚恃地处远险的客观优势，不时与东汉发生冲突，又屡屡为汉军所败，最后忧愤而死。其子隗纯势穷降汉。事见本书《移檄告郡国》一文。项籍（前232—前202年），字羽，通常被称作项羽，中国古代著名将领及政治人物，下相（今江苏省宿迁市宿城区）人。秦末时被楚怀王熊心封为鲁公，在公元前207年的决定性战役巨鹿之战中统率楚军大破秦军。秦亡后项羽率军入关中，并"分天下，立诸侯为侯王"。项羽则自立为西楚霸王，领有九郡之地，以彭城（今江苏徐州）为都。在当时众诸侯王中，项羽势力最强。后在楚汉战争中为汉高祖刘邦所败，在乌江（今安徽和县）自刎而死。项羽的勇武古今无双（古人对其有"羽之神勇，千古无二"的评价），他是中华数千年历史上最为勇猛的将领，"霸王"一词，专指项羽。

（3）"然而援无所恃"句：躬违：违背。历数：古代认为帝王相继的次第，与天象运行的次序相应，故称帝王继承的次第为"历数"。垓下：汉高帝五年（公元前202年）十二月，在楚汉战争中，楚汉两军在垓下（今安徽灵璧东南沱河北岸）进行的一场战略决战，项羽失败，后自刎于乌江。

（4）"故托身得地"句：窦融（前16—62年）：东汉初扶风平陵（今陕西咸阳西北）人，字周公。世代为河西官吏。新莽末，为波水将军。后来投降刘玄，担任张掖属国都尉。刘玄失败后，他联合酒泉、敦煌等五郡，割据河西。后又归附刘秀，并协助他攻灭隗嚣，被封为安丰侯，任大司空。刘表（142—208年）：东汉末山阳高平（今山东鱼台东北）人，字景升。东汉远支皇亲。初平元年（公元190年）任荆州刺史，取得部分豪强大族的支持，据有今湖南、湖北等地。后为荆州牧，对东汉末年的军阀斗争，采取观望态度。所据地区破坏较少，中原百姓前往避难者甚众。赤壁之战前，刘表病死。鲁肃在谈及当时荆州形势时说："今刘表新亡，二子不协，军中诸将，各有彼此。"不久，刘表之子刘琮就投降了曹操。

（5）"魏公英雄"句：魏公：即李密，他取得瓦岗军的领导权以后，自称"魏公"。

（6）"今隋主拘囚于世充"句：隋主指隋炀帝之孙杨侗。杨侗（？—619年）是隋炀帝之孙，封越王，留守东都洛阳，隋炀帝遇弑后，被东都群臣奉立为帝，年号"皇泰"，王世充扫除政敌,总揆百官,独揽了朝政,不到一年被权臣王世充逼退,退位后一个月被杀害,年龄不会超过17岁。"隋主拘囚于世充"即指此。朱粲(?—621年),安徽亳州谯城人。隋农民起义的首领。朱粲原为隋朝县佐史。后聚众十余万人,从安徽转战到湖北、陕西、四川,618年,在鄂西拥众20万,自称楚帝,建元昌达。公元619年,降唐封为楚王,后又依附王世充。621年,被李世民所擒,杀于洛阳。白旗之首已悬:周武王伐商纣王,商败,纣自焚而死。周武王"遂斩纣头,悬之于大白旗"。舣,意为船靠在岸边。据《史记·项羽本纪》载:项羽遭垓下惨败后,乌江亭长"舣船待"(将船靠在岸边),并欲渡羽过乌江,另谋发展。项羽以"我何面目见江东父老"为由谢绝亭长的美意,自刎而死。此以项羽乌江之败比喻王世充控制的东都亦危在旦夕,并以此暗喻李密之势的强大。

(7)"去年二十日"句:会同黎阳,公元619年,李密会同中原的不少武装力量,在黎阳一带会战,并击败杀死隋炀帝后率军北上的宇文化及。"会同黎阳"即指此事。不庭:原指背叛后不再到王庭尽礼的行为。此则引申为不肯归附者。

(8)"公能观火鹿台"句:鹿台是商纣王所建之宫苑建筑,在淇县城西十五里太行山东麓,殷纣王所建:"大三里,高千尺。"是殷纣积财处。史书记载:"赋税以实鹿台之钱。"台七年而就,工程之大不言而喻。周武王伐纣,商纣王发兵拒之于牧野,发生大战。纣兵战败,商纣王逃至鹿台,"蒙衣其珠玉,自燔于火而死"。此句希望窦建德能与之协力同盟。

(9)"公之远度宏规"句:伊吕,伊指伊尹,商初大臣,助汤灭夏。汤死后,又辅佐卜丙、仲五二王。仲王死后,太甲即位。太甲不理国政,破坏商汤法制,被伊尹放逐。三年后太甲悔过,又被他接回复位。吕指吕尚,姜姓,吕氏,名望,一说字子牙。佐周武王灭商有功,封于齐,是齐国之始祖。有太公之称,俗称姜子牙。韩彭:韩指韩信(?—前196年),淮阴(今江苏清江西南)人。初属项羽,后归刘邦,被任为大将,在刘邦打败项羽的斗争中立有大功。汉初,曾被封为楚王,后又改封为淮阴侯。彭,指彭越(?—前196年),昌邑(今山东金乡西北)人。楚汉战争时,将兵3万余众归属刘邦,也立有大功,曾被封为梁王。韩、彭二人后来均被西汉朝廷借故除掉。

(10)"绛灌尚警"句:绛,指汉初大臣周勃(?—前169年),沛(今属江苏)人。从刘邦起义,汉初被封绛侯。后来他与陈平定计,铲除吕氏势力,迎立汉文帝,任右丞相。灌,指灌婴(?—前176年),从刘邦起义,后从韩信击破齐军,并攻杀项羽。汉初受封为颍阴侯。参与平定吕氏的斗争后任太尉,不久为丞相。

【事件简介与檄文赏析】

本文选自《文苑英华》卷六四六,是在唐初统一战争过程中,作为瓦岗军首领李密的文案人员房彦藻提笔拟就的。

房彦藻事李密，为右长史，后从密归唐（一说房彦藻死于李密事唐之前）。隋末农民起义军汇成三支强大的反隋主力：一支是河南的瓦岗军，一支是河北的窦建德军，一支是江淮地区的杜伏威军。其中最大的便是瓦岗军。瓦岗军连战连捷，所向披靡，为进一步埋葬隋王朝，急需建立政权。李密称魏公，改大业十三年（公元617 年）为永平元年，设元帅魏公府，置三司六卫，拜翟让为上柱国、司徒、东郡公。单雄信、徐世勣、房彦藻、邴

窦建德画像

元真、祖君彦等各有所封。史书载："道路来降者，不绝如流，众至数十万。"义军节节胜利，逼近洛阳，洛阳留守越王杨侗恐慌万状，急向江都求教。大业十三年七月，隋炀帝遣江都通守王世充统兵 5 万进剿，义军奋勇反击。两军相持百日，在黑石关、石子河、回洛仓等地打了六十余仗，屡败官兵，王世充逃至别处，无面见杨侗。

是年九月，李密派徐世勣率兵 5000，会同河北、山东各路义军攻打黎阳仓（今河南浚县西南童山脚下），歼灭守敌，开仓放粮。饥民得救，欢腾雀跃，世勣旬间得兵 20 万。隋朝各地官兵相继倒戈归附，隋王朝处在风雨飘摇之中。就在瓦岗军势将灭隋的关键时刻，内部发生了分裂，从此瓦岗军走向了下坡路。大业十四年（公元 618 年）三月，司马德勘、宇文化及在江都缢杀隋炀帝后，率兵 10 万，欲争中原。洛阳留守杨侗闻隋炀帝被杀，在洛阳称帝，号皇泰主。他怕宇文化及北归西侵，便招降李密，封李密为太尉、尚书、行军元帅等职，令其讨伐宇文化及。宇文化及据滑州，攻黎阳。黎阳守将徐世勣，初战不利，退保仓城。李密率众往救，在童山与宇文化及决战，此次战斗非常激烈，双方死伤都很惨重，李密中箭落马，幸得秦琼相救，方得脱险。再经世勣力战，击败宇文化及，宇文化及退保魏县，亦自称帝，后被窦建德杀于聊城。童山大战结束，李密回洛请功，途闻王世充政变，不敢回城，暂驻金墉。王世充乘李密大战后疲惫之机，向李密突然发动进攻。魏征谏，此时应"深沟高垒，待敌粮尽，追而击之，可得全胜"，被认为"老生常谈"，不予理睬，结果第一天战斗便遭失利，大将裴行俨、孙长岳、程咬金都受重伤。九月两军决战，世充伏兵北邙，李密麻痹轻敌，结果被伏兵四处掩杀，瓦岗军全线崩溃。李密率残兵 2 万西投李渊。不久又叛唐被杀。公元 618 年，隋炀帝在江都被杀后，作为当时中原最强大的李密的瓦岗军，在击溃宇文化及的军事力量后，将打击矛头指向了王世充控制的东都洛阳。

为了集中力量对付王世充，李密在与关中李渊集团拉关系的同时，还准备与控制河北、山东地区的窦建德建立联系，以解除后顾之忧。正是出于这种政治目的，李密给窦建德发出了这封不同寻常的书信。由于它面对的不是即将兴师问罪的敌人，

目的也不是立即吃掉对方,房彦藻在这篇极短书信中,还是极有分寸的。柔中有刚,含而不露,通过三个层面的叙述和分析,较为成功地将"拉""诱""压"等手段糅合到一起,去实现其政治目的。是一篇很有特色的文书。较好地反映了李密当时的心态和希望。而窦建德与朱粲、孟海公、徐圆朗等各路义军首领一起派使者让李密称帝,但李密认为时机尚未成熟,没有同意。但李密却没放松对各路义军的拉拢。二月,李密便派房彦藻、郑颋等东出黎阳,分道招慰州县。窦建德知道这是李密想兼并各路义军,但鉴于实力尚弱,便借口北部罗艺南侵为由拒绝了李密。为了不让李密生疑,窦建德亲自写了回信,对房彦藻还卑辞厚礼相待。窦建德宽厚重节,倒是一直没有和李密发生过战争。

虚张声势空文纸：孔德绍为窦建德檄秦王文

夏王敬问唐秦王[1]：彼朝发迹太原，奄有关内；郑氏光启伊洛，崇建宗社。予则创基燕赵，包举山东。郑国何辜，兴师致讨?[2]深怀固存，不惮濡足[3]。方今千乘雷动，万骑云屯。投石拔距，蒙轮击剑。[4]绕三燕之义勇，驱六齐之雄杰。制勍敌如拾遗，殄高壃若摧垮。[5]郑都鞠旅，誓众雪仇。我师跃马砺戈，克荡氛烬（暣）[6]。彼则外无救援，内绝军粮，将听楚歌之声，方见崤陵之哭。[7]若能反郑国之侵地，守秦川之旧邦。更修前好，不乘求请。

【简释】

（1）夏王：即窦建德。秦王：即后来的唐太宗李世民（599—649年），是唐朝第二位皇帝，他名字的意思是"济世安民"。汉族，陇西成纪人，祖籍赵郡隆庆，政治家、军事家、书法家、诗人。即位为帝后，积极听取群臣的意见，努力学习文治天下，成功转型为中国历史上最出名的政治家与明君之一。唐太宗开创了历史上的"贞观之治"，经过主动消灭各地割据势力、虚心纳谏、在国内厉行节约、使百姓休养生息，终于使得社会出现了国泰民安的局面。为后来全盛的开元盛世奠定了重要的基础，将中国传统农业社会推向鼎盛时期。

（2）"彼朝发迹太原"等句：彼朝，即指唐朝。唐朝的开国皇帝李渊，隋朝末年曾任太原留守。在隋朝统治土崩瓦解的形势下，李渊父子乘机在太原起兵反隋，并攻取隋都长安，最终建立起李唐王朝。奄有：奄，覆盖，包括。奄有，占有，领有。郑氏：即王世充。隋新丰（今陕西临潼东北）人，字行满。本姓支，祖籍西域。隋炀帝时任江都郡丞，后升任江都通守。公元618年，隋炀帝被杀，已在江都的王世充拥立杨侗为帝。次年又废掉杨侗，自称皇帝，国号"郑"。他当时控制着以洛阳为中心的部分地盘。

（3）惮：怕。濡足：玷污了脚。指被玷污。《楚辞·九章·思美人》："因芙蓉而为媒兮，惮褰裳而濡足。"王逸注："又恐汗泥，被垢浊也。"

（4）"投石拔距，蒙轮击剑"句：蒙轮：将大车轮蒙上甲作为盾使用。投石拔距：是古代练兵之法。二者都是《左传》中的典故，《左传·襄公十年》："狄虒弥建大车之轮，而蒙之以甲以为橹。左执之,右拔戟,以成一队。"《左传·隐公十一年》:"公孙阏与颍考叔争车,颍考叔挟辀以走。"杜预注:"辀,车辕也。"这里都是用来形容将士勇猛无比。拔距:超距,即跳高跳远。

(5)勍(qíng)敌:劲敌,强敌。殄高墉:殄,灭绝、断绝。此引申为摧毁、击破。高墉,高大而坚固之城墙。

(6)克荡氛烬(旤):扫除灾祸。氛烬(旤):古代迷信说法是预示灾祸的凶气。

(7)楚歌:意为四面楚歌。据《史记·项羽本纪》载:"项王军壁垓下,兵少食尽,汉军及诸侯军围之数重,夜间汉军四面皆楚歌。项王乃大惊,曰:"汉皆以得楚乎?是何楚人之多也!"后来比喻孤立无援、四面受敌的险境。崤陵之哭:典出《左传》僖公三十二年。崤陵,即崤山,据说此地有二陵。一为夏后皋之墓,一为周文王避雨的地方。据载:秦国欲越过晋国向东进攻郑国,秦国的老臣蹇叔极力谏阻而秦穆公不听。在秦军出征时,蹇叔之子也参加了攻郑的军队,蹇叔流着泪为儿子送行,并说:"晋国一定会在崤陵设备……你们必死在那个地方,我只能准备着为你们收尸了。"此文比喻秦王之军有来无回、必败无疑。

【事件简介与檄文赏析】

本文选自《文苑英华》卷六四六《檄二》。它是武德三年(公元620年)由孔德绍起草的。孔德绍,会稽人,孔子三十四代孙。有清才。事窦建德,初为景城丞,后为内史侍郎,典书檄。窦建德败,太宗诛之。窦建德(573—621年8月3日),贝州漳南(今河北故城东北)人,隋末唐初河北起义军前期领袖。窦建德家世代务农,年轻时就"重然许,喜侠节",很为乡里

李世民画像

所敬重。隋大业七年(公元611年)举兵抗隋,势力渐盛。窦建德倾身接物,能与兵士同甘共苦,所以士兵也愿为其效死力。隋郡县的许多官员都主动归附,很快发展到10余万人。

大业十三年(公元617年)正月,窦建德在河间郡乐寿(今河北献县)筑坛,自立为长乐王,力量进一步壮大。七月,窦建德定都乐寿,此前最强大的瓦岗义军已经失败,李密也降于唐朝。窦建德自称夏王,国号夏,建立政权后,便开始对河北其他义军进行兼并战争,势力得到迅速发展。窦建德每次攻克城池后,所缴获的资财全部分给将士,自己一无所取。窦建德的生活也非常俭朴。公元619年,窦建德得胜还洺州,筑万春宫,迁都于此。唐高祖李渊为统一天下,于武德三年七月命秦王李世民率军东征王世充。并遣使与窦建德言和,争取其中立。十二月,王世充派其侄王琬、长

孙安世等向窦建德求援,窦建德决定联郑抗唐,待机灭郑,尔后再与唐争夺天下。窦建德不但待人宽厚,还善于纳谏,但他生性多疑,爱信谗言,以致难辨是非。唐武德四年(公元621年)二月,攻克周桥(今山东曹县东北),俘孟海公,将其手下3万义军收编,窦建德实力得到大增。三月攻下管州,又连克荥阳、阳翟等县,水陆并进,进屯虎牢。并致书秦王李世民,要求唐军退至潼关,把侵占之地还于王世充。

这篇檄文就是写给李世民的。他企图以一纸空文让李世民放弃用战争换来的地盘是无济于事的。其所提的理由不足以服人,其所渲染的兵威也于事无补。窦建德迫于虎牢之险,被阻于虎牢东月余不得西进,几次小战又都失利。窦建德军更陷于不利境地,军心涣散,将士思归。窦建德欲乘唐军草料将尽,牧马河北之机袭击虎牢。结果李世民将计就计,于五月初一率兵一部过河,从南面逼进广武,窦建德军迅速崩溃。窦建德被俘。窦建德在作战指导上远逊于李世民。他劳师远征,却未能尽全力先攻占虎牢;同时未能正确判明唐军的作战意图,这就使自己无法制定正确的作战部署,而处处陷于被动;作战中又未能虚心采纳部下绕过虎牢、乘虚迂回北上威胁关中的合理建议,一味坚攻硬拼,不知灵活应变,这就使自己错过了避免失败的唯一良机;此外他未能沉着应付唐军的突袭,一遇变故即惊慌失措,事起仓促即意志崩溃,结果其兵败如山倒、束手就擒。

当然,窦建德军上下未经历过真正的硬仗,将骄兵惰、士卒思乡等这些也是导致窦建德彻底失败的重要因素。七月十一日(公元621年8月2日),窦建德于长安遇害,时年49岁。窦建德虽因缺乏政治远见等原因犯了一些严重错误,但他仍不失为一位杰出的农民领袖。所以窦建德的英名,仍然长期存留在河北人民的心中。河北大名县有"窦王庙",父老群祭,历久不衰。

千古名篇败军将：骆宾王代李敬业传檄天下文

伪临朝武氏者，人非温顺，地实寒微。昔充太宗下陈，曾以更衣入侍。洎乎晚节，秽乱春宫。潜隐先帝之私，阴图后房之嬖。[1]入宫见嫉，蛾眉不肯让人；掩袖工谗，狐媚偏能惑主。践元后于翚翟，陷吾君于聚麀。加以虺蜴为心，豺狼成性。近狎邪僻，残害忠良；杀姊屠兄，弑君鸩母。人神之所共嫉，天地之所不容。犹复包藏祸心，窥窃神器。君之爱子，幽之于别宫；贼之宗盟，委之以重任。[2]呜呼！霍子孟之不作，朱虚侯之已亡。燕啄皇孙，知汉祚之将尽；龙漦帝后，识夏庭之遽衰。[3]

敬业皇唐旧臣，公侯冢子。奉先帝之成业，荷本朝之厚恩。宋微子之兴悲，良有以也；袁君山之流涕，岂徒然哉！是用气愤风云，志安社稷。因天下之失望，顺宇内之推心，爰举义旗，以清妖孽。南连百越，北尽三河，铁骑成群，玉轴相接。海陵红粟，仓储之积靡穷；江浦黄旗，匡复之功何远。班声动而北风起，剑气冲而南斗平。喑呜则山岳崩颓，叱咤则风云变色。以此制敌，何敌不摧！以此图功，何功不克！[4]

公等或居汉地，或协周亲，或膺重寄于话言，或受顾命于宣室。言犹在耳，忠岂忘心！一抔之土未干，六尺之孤何托？倘能转祸为福，送往事居，共立勤王之勋，无废大君之命，凡诸爵赏，同指山河。若其眷恋穷城，徘徊歧路，坐昧先几之兆，必贻后至之诛[5]。请看今日之域中，竟是谁家之天下！

【简释】

（1）"伪临朝武氏者"四句：武氏，武则天（624—705 年），汉族。中国历史上唯一一个正统的女皇帝，也是继位年龄最大的皇帝（67 岁即位），又是寿命最长的皇帝之一（终年 82 岁）。唐高宗时为皇后（655—683 年）、唐中宗和唐睿宗时为皇太后（683—690 年），后自立为武周皇帝（690—705 年），改国号为"周"，定都洛阳，并号其为"神都"。史称"武周"，公元 705 年退位。武则天也是一位女诗人和政治家，为唐开国功臣武士彟次女，祖籍山西文水，在四川利州（今广元）度过她的童年和少年时期。本名不详，14 岁入后宫为才人（正五品），唐太宗赐名媚，人称"武媚娘"。唐太宗死后，武则天入感业寺为尼。唐高宗即位，复召入宫封为昭仪，进昭仪（二品），与王皇后、萧淑妃多次周旋于后宫，年仅 26 岁。永徽六年（公元 655 年）唐高宗立武氏为皇后,上元元年(公元674年),与唐高宗并称"二圣"。弘道元年(公元683年)唐高宗去世,唐中宗李显即位,武氏为皇太后,临朝称制后改名曌。嗣圣元年(公元684年),废唐中宗为庐陵王,立唐睿宗李旦,继续临朝称制。当朝期间,贬逐老臣,任用酷吏。唐初的元老重臣如长孙无忌、褚遂良、于志宁、裴炎等人,少数被贬逐,多数遭诛杀。举行殿试,创武举、自举、试官等制,经济上采取薄赋敛、息干戈、省力役等主张,因此在其执政的半个世纪中,社会经济呈现政绩辉煌,国威大振。神龙元年(公元705年)正月,张柬之、桓彦范、崔玄、敬晖等人联合右羽林大将军李多祚发动政变,逼武则天退位,迎唐中宗复位。同年十一月去世,谥大圣则天皇帝。后世通常称武氏为"武则天"。

伪临朝:伪:僭窃;临朝:指垂帘听政。寒微:卑贱。

下陈:古人宾主相馈赠礼物、陈列在堂下,称为"下陈",因而,古代统治者充实于府库、内宫的财物、妾婢,亦称"下陈"。这里指武则天曾充当过唐太宗的才人。

更衣:换衣。古人在宴会中常以此作为离席休息或如厕的托言。《汉书》记载:歌女卫子夫乘汉武帝更衣时入侍而得宠幸。这里借以说明武则天以不光彩的手段得到唐太宗的宠幸,武后曾为唐太宗才人。才人:掌燕寝更衣之女官。泊:到了。晚节:指武氏晚年。春宫:东宫,指太子。潜隐先帝之私:先帝:指太宗李世民;私:指武氏曾充太宗才人。此句指唐太宗驾崩后,为隐瞒见幸于唐太宗之事,武后削发为尼,以便再入宫事唐高宗。嬖:卑贱而得宠。

(2)"入宫见嫉,蛾眉不肯让人"等句:蛾眉:蛾同"娥",美好相貌。

掩袖工谗:以袖掩面,善于以计害人。事出战国时期楚怀王姬妾,郑国人,原名郑姬。魏国赠送给怀王一位姿色盖世的美人。郑姬害怕魏美人夺了她的宠,乘隙对她说:"你的五官大王样样都喜欢,除了你的鼻子。以后大王召见你,一定用袖子捂住鼻子。"魏美人信以为真。怀王见魏美人总是用衣袖遮住鼻子,就问郑姬这是为啥?郑姬说:"她嫌大王身上有狐臭、口臭。"怀王大怒,下令割掉魏美人的鼻子。檄文暗示武则天像郑姬一样阴险狠毒。

工谗:善于进谗言。翚翟:翚、翟皆为五彩花纹的雉鸡。皇后之车服,用以为饰。此指武后升登皇后位。

聚麀(yōu):多匹牡鹿共有一匹牝鹿。麀,母鹿,聚麀本指兽类父子共一牝的行为。语出《礼记·曲礼上》:"夫惟禽兽无礼,故父子聚麀。"这句意为武则天原是唐太宗的姬妾,现在当上唐高宗的皇后,使唐高宗乱伦。

虺蜴(huǐ yì):毒物。虺是毒蛇,蜴指蜥蜴,比喻害人者。近狎邪僻:亲近邪恶小人,指李义府、许敬宗等人。

残害忠良:武则天在立皇后的斗争中,迫害老臣长孙无忌、褚遂良、于志宁、上官仪等人。

杀姊屠兄:武后姊早寡,封韩国夫人,有女,貌美,封魏国夫人。出入禁中,得帝宠,韩国夫人寻卒,魏国夫人为后所毒杀;又后有异母兄二人,因对后薄礼,皆遭外放而卒。

弑君鸩母:君:指唐高宗。鸩:毒鸟,以其羽毛沥酒,饮之立死。母:指国母,指王皇后。其实史书中并无武后谋杀唐高宗的记载。

爱子:指唐中宗。

宗盟:指武后亲族及同党。

(3)"霍子孟之不作"句:霍子孟,霍光。朱虚侯:刘章。均西汉功臣,霍光辅立幼主,刘章诛灭吕氏。霍光是西汉著名将领霍去病的同父异母之弟,字子孟,约生于汉武帝元光年间,卒于汉宣帝地节二年(公元前68年)。河东平阳(今山西临汾市)人。他跟随汉武帝近30年,是汉武帝时期的重要谋臣。汉武帝死后,他受命为汉昭帝的辅政大臣,执掌汉室最高权力近20年,为汉室的安定和中兴建立了功勋,成为西汉历史发展中的重要政治人物。麒麟阁十一功臣第一。刘章是汉高祖子齐惠王肥的次子,早年入卫京师长安,被吕太后封为朱虚侯。汉高祖死后,吕后专政,重用吕氏,危及刘氏天下,吕后死,刘章与丞相陈平、太尉周勃等合谋,诛灭吕氏,拥立汉文帝,稳定了西汉王朝。

燕啄皇孙句:《汉书·五行志》记载:汉成帝时有童谣说"燕飞来,啄皇孙"。后赵飞燕入宫为皇后,因无子而妒杀了许多皇子,汉成帝因此无后嗣。不久,王莽篡政,西汉灭亡。这里借汉朝故事,指斥武则天先后废杀太子李忠、李弘、李贤,致使唐室倾危。祚,指皇位,国统。

龙漦(chí)帝后句:漦,由龙口中流出的唾液,即龙的精气。传说夏朝衰落,有双龙降临宫廷。夏帝将龙涎藏于木盒。相传周厉王后宫的一名童妾,遭龙漦而受孕,生下褒姒,后幽王因褒姒而亡国。此句指由龙涎变生的帝后,可明白夏朝的国运即将衰败。

(4)敬业皇唐旧臣段:敬业,即李敬业(别名徐敬业),中国唐代反抗武则天专政的军事首领。唐初名将后代。祖籍曹州离狐(今山东鄄城西南)。徐敬业袭爵英国公,历官太仆少卿、眉州刺史。弘道元年(公元683年),唐中宗即位。次年,武后以太后临朝称制,不久即废唐中宗,立豫王旦(即睿宗),武太后掌握全部权力。这一年,徐敬业因事被贬为柳州司马,赴任时途经扬州,便和同被贬官南方的唐之奇、骆宾王等,一起策划起兵反对武则天。徐敬业自称扬州司马,组织囚犯、工匠、役丁数百人,占领扬州。在短时期内聚集了十几万兵马,他还找了个相貌像李贤的人,说李贤没死,他是奉李贤之命发兵征讨武后的,以扶助中宗复位为号召。徐敬业起兵后,武则天命左玉钤卫大将军李孝逸统兵镇压。徐敬业起兵时虽然声势浩大，但响应者不多，当时徐敬业的谋士有北上进攻洛阳和南下先取常州（今属江苏）、润州（今江苏镇江）两种主张，徐敬业南进攻取了润州。那时，李孝逸大军已逼近扬州。徐敬业重又还兵迎战。这样分散了兵力。虽然开始打了不少胜仗，但士兵越打越少，而武则天又不断派来援军，寡不敌众，最后兵败。他想带领妻子投奔高丽，行至海陵县（今江苏泰州市南）被部将杀死献功。

冢子：长子。

袁君山：东汉末年的袁安，痛愤外戚专权。

百越：古江浙闽越之地，因为越族所居，故曰百越。

三河：河东、河内、河南三郡，借指政治中心。

铁骑：指强悍的骑兵。玉轴：指战车。海陵红粟：海陵，今之江苏省泰县，汉代曾在此置粮仓。

红粟：言粟米多至变红腐烂。江浦黄旗：江边的义旗。

班声：马嘶鸣声。喑呜、叱咤：厉声怒喝。

（5）公等或居汉地段：地协周亲，指身份地位都是皇家的宗室或姻亲。周亲：同姓宗亲。

顾命：君主临终的遗命。

宣室：皇帝斋戒之处。

一抔（póu）之土：一捧土，这里借指皇帝的陵墓。语出《史记·张释之传》："假令愚民取长陵（汉高祖陵）一抔土，陛下将何法以加之乎？"

未干：指高宗葬未久。

六尺之孤：指继承皇位的新君唐中宗。

送往事居：往指已故的高宗，居指被废的唐中宗。指追念先帝，迎侍今上复皇帝之位。王室有难，起兵靖乱，即称勤王。

同指山河：古代分封功臣，必指山河以为誓。

先几：事在发生之初尚未明显。

后至之诛：夏禹会诸侯于涂山，防风氏以后至而被诛。

【事件简介与檄文赏析】

本文选自《旧唐书》卷六十七《李敬业传》，是骆宾王代李敬业撰写的一篇声讨武则天的檄文。

骆宾王（约619—684年），唐代诗人。字观光，义乌（今中国浙江义乌）人。唐朝初期的诗人，与王勃、杨炯、卢照邻合称"初唐四杰"。又与富嘉谟并称"富骆"。其父官青州博昌县令，死于任所。他7岁能诗，有"神童"之称。据说《咏鹅》诗就是此时所

武则天画像

作:"鹅,鹅,鹅,曲项向天歌,白毛浮绿水,红掌拨清波。"父死后,他流寓博山,后移居兖州瑕丘县,在贫困落拓的生活中度过了早年岁月。

唐高宗永徽(650—655年)年间,为道王李元庆府属,道王叫他陈述才能,他耻于自炫,辞不奉命。后拜奉礼郎,为东台详正学士。因事被谪,从军西域,久戍边疆。后入蜀,居姚州道大总管李义军幕,平定蛮族叛乱,文檄多出其手。骆曾久戍边城,写有不少边塞诗。在蜀时,与卢照邻往还唱酬。仪凤三年(公元678年),调任武功主簿、长安主簿,又由长安主簿入朝为侍御史,武则天当政,骆宾王多次上书讽刺,得罪入狱。骆

宾王在狱中咏蝉,有云:"露重飞难进,风多响易沉。无人信高洁,谁为表余心?"以抒悲愤。次年,遇赦得释。

遇赦出狱后,骆宾王就在易水之滨,追慕荆轲、燕太子丹的豪侠气概,准备有朝一日为李唐王朝贡献自己。调露二年(公元680年),出任临海县丞,世称骆临海。弃官游广陵,作诗明志:"宝剑思存楚,金椎许报韩。"弘道元年(公元683年),唐高宗卒,唐中宗即位。次年,改元嗣圣,武后以太后临朝称制,不久即废唐中宗,立豫王旦(即睿宗),武太后掌握全部权力。这一年,敬业因事被贬为柳州司马,赴任时途经扬州,便和同被贬官南方的唐之奇、骆宾王、杜求仁、敬业弟敬猷以及前盩厔(今陕西周至)尉魏思温、奉使到扬州的监察御史薛璋等,一起策划起兵反对武则天。当时扬州没有都督,由长史管理州务。这年九月,他们使人诬告长史陈敬之谋反,薛璋以御史奉使的身份将他捕杀,徐敬业自称扬州司马,组织囚犯、工匠、役丁数百人,占领扬州。随即招集民众,以扶助中宗复位为号召。骆宾王为徐府属,被任为艺文令,掌管文书机要。他起草了这篇著名的《讨武氏檄》,慷慨激昂,气吞山河。

据说檄文传到武则天手中,武则天并不发怒而是带着欣赏的兴致来读这篇文章。读到"一抔之土未干,六尺之孤何托"时问:"谁为之?"或以骆宾王对,她怫然作色,说:"如此人才不用,这是宰相的过失。"读完之后又反复赞叹,说:"骆宾王的文章固然了不起,但徐敬业的武功却未必匹配得上。"后来果然如此,徐敬业兵败身亡。而骆宾王在政治和文学上的才能,连敌对方面目空一世的武则天,也为之折服。武则天很想将骆宾王罗为己用。作为中国历史上唯一的一个女皇帝,能取得那样大

的成功，不能说与她那博大的胸怀、恢弘的气度没有关系。敬业起兵后，武则天剥夺了他的赐姓，命左玉钤卫大将军李孝逸统兵镇压。当时敬业的谋士有北上进攻洛阳和南下先取常州（今属江苏）、润州（今江苏镇江）两种主张，敬业采纳了南进的策略，渡江攻取了润州。那时，李孝逸大军已逼近扬州。敬业重又还兵，在高邮（今江苏高邮北）迎战。十一月，大败，逃奔润州，想渡海投高丽，为唐兵追及，敬业弟兄被部下所杀，同党大都被捕杀，骆宾王下落不明。

《资治通鉴》说他与李同时被杀，《朝野金载》说是投江而死，《新唐书》本传说他"亡命不知所之"，而孟棨《本事诗》则说："当敬业之败，与宾王俱逃，捕之不获。将帅虑失大魁，得不测罪。时死者数万人，因求戮类二人者，函首以献。后虽知不死，不敢捕送。故敬业得为衡山僧，年九十余乃卒。宾王亦落发，遍游名山。至灵隐，以周岁卒。"唐中宗复位后，诏求骆文，得数百篇。后人收集之骆宾王诗文集颇多，以清陈熙晋之《骆临海集笔注》最为完备。

文韬武略扶晚唐：郑畋传檄天下文

凤翔陇右节度使、检校尚书左仆射、同中书门下平章事、充京西诸道行营都统、上柱国、荥阳郡开国公、食邑二千户郑畋，移檄告诸藩镇、郡县、侯伯、牧守、将吏曰：

夫屯亨有数，否泰相沿，如日月之蔽亏，似阴阳之愆伏。是以汉朝方盛，则莽、卓肆其奸凶；夏道未衰，而羿、浞骋其残酷。不无僭越，寻亦诛夷。(1)即知妖孽之生，古今难免。代有忠贞之士，力为匡复之谋。我国家应五运以承乾，蹑三王之垂统，绵区饮化，匝宇归仁。十八帝之鸿猷，铭于神鼎；三百年之睿泽，播在人谣。加以政尚宽弘，刑无枉滥，翼翼勤行于王道，孜孜务恤于生灵。足可传宝祚于无穷，御瑶图于不朽。(2)

近岁螟蝗作害，旱暵延灾，因令无赖之徒，起乱常之暴，虽加讨伐，犹肆猖狂。草贼黄巢，奴仆下才，豺狼丑类。寒耕热耨，不励于田畴；偷食靡衣，务偷生于剽夺。结连凶党，驱迫平人，始扰害于里间，遂侵凌于郡邑。属于藩臣不武，戎士贪婪，徒加讨逐之名，竟作迁延之役。致令滋蔓，累有邀求。(3)圣上爱育情深，含弘道广，指万方而罪己，用百姓以为心。假以节旄，委之藩镇，冀其悛革，免困疲羸。而殊无犬马之诚，但姿虫蛇之毒。剽掠我城镇，覆没我京都，凌辱我衣冠，屠残我士庶。视人命有同于草芥，谓大宝易取于弈棋。而乃窃据官闱，伪称名号，烂羊头而拜爵，续狗尾以命官，燕巢幕以夸安，鱼在鼎而犹戏。殊不知五侯拗怒，期分项羽之尸；四冢既成，待葬蚩尤之骨。犹复广侵田宅，滥渎货财，比溪壑以难盈，类乌鸢而纵攫。茫茫赤县，仅同夷貊之乡，惴惴黔黎，若在狴牢之内。固已人神共怒，行路伤心。(4)

畋谬领藩垣，荣兼将相，每枕戈而待旦，常泣血以忘餐，誓与义士忠臣，共翦狐鸣狗盗。近承诏命，会合诸军。皇帝亲御六师，即离三蜀，霜戈万队，铁马千群，雕虎啸以风生，应龙骧而云起。(5)淮南高相公，会关东诸道百万师，计以夏初，会于关内。畋与泾原节度使程宗楚、秦州节度使仇公遇等，已驱组练，大集关畿，争麾陇右之蛇矛，待扫关中之蚁聚。而吐蕃、党项以久被皇化，深愤国雠，愿以沙漠之军，共献荡平之捷。(6)此际华戎合势，藩镇连衡，旌旗焕烂于云霞，剑戟晶莹于霜雪。莫不持绳待试，贾勇争先，思垂竹帛之功，誓雪朝廷之耻。矧兹残孽，不足殄除。况诸道世受国恩,身縻好爵,告贮匡邦之略,咸倾致主之诚。自函、洛构氛,銮舆避狄,莫不指铜驼而眦裂,望玉垒以魂销。闻此勤王,固宣投袂。(7)更希愤激,速殄寇雠。永图社稷之勋,以报君亲之德,迎銮反正,岂不休哉。

【简释】

(1)"夫屯亨有数"等句:屯亨,屯,艰难困顿;亨,通达顺利。否泰:否,穷,不通。泰,通。如否极泰来。愆伏:天气寒暖失调谓之愆伏。

莽、卓:指西汉末年篡汉建新的外戚王莽(前45—23年)和东汉末年废少帝、专断朝政的残暴封建军阀董卓。事见前两檄文。

羿、浞:即后羿,寒浞。夏启死后,他的儿子太康即位。太康是个十分昏庸的君主。黄河下游的夷族有个部落首领名叫后羿,野心勃勃,他夺了夏朝的王位,为夏王朝第六任君王。他仗着射箭的本领,也作威作福起来。他和太康一样,四出打猎,把国家政事交给他的亲信寒浞。寒浞瞒着后羿,收买人心。有一次,后羿打猎回来,寒浞派人把他杀了。寒浞杀了后羿,夺了王位,怕夏族再跟他争夺,一定要杀死被后羿撵走的相。后来,相的儿子少康长大后,反攻寒浞,终于把王位夺了回来。夏朝从太康到少康,中间经过大约一百年的混战,才恢复过来。历史上称作"少康中兴"。

(2)"代有忠贞之士"等句:匡复,谓挽救将亡之国,使之转危为安。

五运:五行学说术语。即土运、金运、水运、木运、火运的合称。土、金、水、木、火在地为五行;五行之气运化在天,故称。古人认为自然气候的转变是由于阴阳五运轮转运动、往来不息、周而复始的结果。《素问·天元纪大论》:"论言五运相袭而皆治之,终期之日,周而复始。"

三王:指夏、商、周三代之君。

垂统:把基业留传下去。多指皇位的承袭。《孟子·梁惠王下》:"君子创业垂统,为可继也。"

十八帝之鸿猷:指唐兴以来18位帝王的伟业治道。

三百年之睿泽:618年李渊建唐,至此已近三百年。

睿泽:意为圣明的恩泽、德泽。人谣:人们的歌谣。瑶图:意为江山社稷。

(3)"近岁螟蝗作害,旱暵(hàn)延灾"等句:螟蝗作害,旱暵延灾,指唐朝末年出现的严重蝗灾和旱情。尤其是咸通十四年(公元873年),关东地区大旱,西起虢州,东到海边的广大地区,麦才半收,秋后几乎绝产,饥荒席卷中原地区。暵,干枯,干旱。

黄巢(?—公元884年):唐末农民起义领袖。曹州冤句(今山东菏泽)人。私盐贩出身,进士不第。乾符二年(公元875年),在冤句与子侄黄揆和黄恩邺等八人作乱,响应王仙芝。王仙芝战死后,被推为领袖,称"冲天大将军",年号王霸(877—880

年)。乾符六年(公元879年),黄巢兵团血洗泉州,劫杀富商万人,此后劫掠沿海,挥兵入广东,攻占新兴城市潮州;乾符七年向朝廷讨封广州节度使不成,大怒攻克广州,控制岭南。广明元年(公元880年)渡过淮河,年底攻下东都洛阳,广明元年十一月,进入长安,即位于含元殿,建立了大齐政权,年号金统。中和二年(公元882年),四川的唐僖宗反攻,大将朱温叛变降唐,沙陀族李克用又率援军助唐,率兵一万余人南下,黄巢于中和三年四月撤出长安,攻逼蔡州(今河南汝南),守将秦宗权战败投降,六月围攻陈州(今河南淮阳),遭遇顽强抵抗,后转战山东。中和四年三月,朱温大败黄巢于王满渡(今河南中牟北),黄巢的手下李谠、葛从周等投降朱温,残部向东北逃亡,又遇李克用于封丘,时遭大雨,黄巢集散兵近千人奔兖州,是年六月十七日,黄巢在狼虎谷(今山东莱芜)为部下所杀。黄巢死后,其从子黄皓率残部流窜,号"浪荡军"。昭宗天復初年进攻湖南时,为湘阴土豪邓进思所伏杀。

(4)"圣上爱育情深"等句:圣上,指唐僖宗李儇(862—888年),唐僖宗是唐懿宗的第五子,本名李俨,生于咸通三年(公元862年)五月八日。唐懿宗病重弥留之际,他在宦官的支持下被立为皇太子,改名李儇,并于唐懿宗死后柩前即位。时在咸通十四年(公元873年)七月二十日,唐僖宗12岁。在位时间:公元873—888年;唐僖宗统治时期,政治腐败,剥削沉重,农民起义此起彼伏,唐王朝的统治处于风雨飘摇之中。曾用年号:乾符、广明、中和、光启、文德;谥号:惠圣恭定孝皇帝;庙号:僖宗;安葬地:靖陵。

假以节旄,委之藩镇:指黄巢攻占广州后,唐僖宗妄想用招安的手段瓦解起义军,于是,以皇帝的名义委任黄巢为"率府率"一职,但黄巢置之不理,拒绝接受。

节旄:符节上装饰的牦牛尾,是古代使者或大员所持的一种凭证信物。大宝:指帝位。

"五侯拗怒"句:在楚汉之争中,据传刘邦以"千金"和"邑万户"的代价购项羽之头。项羽至乌江,乌江亭长舣船而待,劝项羽急渡,然后称王于江东,待时再起。项羽此时已无斗志,把失败归于天意,感到无颜见江东父老,于是将战马送给乌江亭长,手持短兵,独自搏杀汉兵数百人,最后自刎而死。项羽死后,王翳取了他的头,汉军为了争夺项羽的遗体,自相残杀,死数十人,最后杨喜、王翳、吕马童等五个汉将分了项羽的遗体,都被封侯,号称"五侯"。刘邦以鲁公礼合葬项羽于谷城。

"四冢既成"句:蚩尤和炎帝、黄帝同时,炎、黄是华夏集团的两个分支,起自陕西西部黄土高原,后来开始向外迁徙。炎帝一支沿黄河南岸向东发展,到达豫北、豫东北一带;黄帝一支自黄河北岸沿中条山、太行山到达北京一带,甚至远达燕山以北。先是到达豫北一带的炎帝族和东夷集团的蚩尤族发生冲突、争斗,炎帝族战败,求救于黄帝,黄帝与蚩尤大战于涿鹿之野,杀了蚩尤并肢解,后其尸骨被分开埋葬。《皇览·冢墓记》有记载。蚩尤被杀,还被分尸别葬,似乎反映出黄帝的残暴不仁。但其实看出黄帝对死后的蚩尤仍有畏惧心理。因为传言蚩尤是蛇的化身,呼风唤雨,法力极大,黄帝惧怕其复活,即便分尸数段,仍要别葬,就是怕他再靠自身的法力把尸体接起来。

狴牢:狴,即狴犴,传说中的野兽名,其形似虎,有威力,所以旧时牢狱之门绘以其形。

(5)"皇帝亲御六师"句:六师:六军,指全部军队。《诗经·瞻彼洛矣》有"靺韐有奭,以作六师"。

三蜀:地名。汉初分蜀为郡置广汉郡,汉武帝又分置犍为郡,合称三郡。黄巢起义军进入长安之前,唐僖宗在宦官田令孜的护卫下,仓皇南逃至蜀地。义军没有乘胜追击并消灭这支残余势力,使之得以死灰复燃。

骧:马首昂举为骧。

(6)"淮南高相公"等句:高骈(821—887年)在唐代是一位知名度极高的武将。唐僖宗乾符六年(公元879年),朝廷任其为淮南(今江苏扬州)节度副大使知节度使,仍充都统、盐铁使,以镇压王仙芝、黄巢起义军和主管江淮财赋。在当时诸将中,只有高骈一部屡战屡胜,唐廷便升任高骈为诸道行营都统(大本营司令长官)。广明元年(公元880年),黄巢起义军自广州北趋江淮,高骈坐守扬州,保存实力。起义军入西京长安时,朝廷再三征高骈"赴难",高骈逗留不行。光启三年(公元887年),部将毕师铎奉命出屯高邮,联合诸将,返攻扬州。城陷,高骈被囚,不久被杀。

程宗楚:唐僖宗中和元年三年,皇帝任郑畋为京城四面诸都统,让泾源节度使程宗楚做副手,召集将士守卫京城,立下大功,这年四月,黄巢起义军攻打长安,宗楚身先士卒,夜入长安,与唐弘夫夜战黄巢于长安,二人苦战终因寡不敌众死难,几乎全军覆灭,随后黄巢便攻进了长安。

组练:"组甲被练"的简称。是古代军士所穿的两种衣甲,引申为精壮的军队。

蚁聚:聚集犹如蚁群,形容集结者之众。

吐蕃、党项:唐代周边的少数民族,应唐朝廷之邀,曾参加过镇压黄巢起义军的活动。

(7)"思垂竹帛之功"等句:竹帛之功,竹帛指竹简和绢,古时用来写字,借指典籍。指名垂史册的功绩。《汉书·苏武传》:"今足下还归,扬名于匈奴,功显于汉室,虽古竹帛所载,丹青所画,何以过子卿!"

矧(shěn):况;况且。

铜驼:铜铸的骆驼,古代置于宫门外。《邺中记》:"二铜驼如马形,长一丈,高一丈,足如牛,尾长二尺,脊如马鞍,在中阳门外,夹道相向。"借指京城,宫廷。

投袂:挥动袖子。形容精神振作,立即行动起来的神态。《左传·宣公十四年》:"楚子闻之,投袂而起。"

黄巢塑像

【事件简介与檄文赏析】

本篇檄文见于《旧唐书》卷一八七《郑畋传》,当出于郑畋之手。

郑畋(约824—882年),字台文。唐朝荥阳(今属河南)人。会昌进士,历任中书舍人、兵部侍郎、同平章事等职。黄巢起义军占领长安时,郑畋任凤翔陇右节度使。他曾于斜谷迎谒仓皇逃离长安的唐僖宗,并得到唐僖宗的信任,被授予"便宜从事"的权力。他在凤翔战败黄巢部将商让后,又被派充京西诸道行营都统。为纠合散居京畿一带的唐军,并号召诸镇将校包围已经占领长安的黄巢起义军,郑畋发布了这篇檄文。

咸通五年(公元864年)入朝,累迁为中书舍人。十年,以作诏称旨为同僚推服,迁户部侍郎。十一年,充翰林学士承旨,迁中书舍人。后因事被贬为梧州刺史。僖宗即位,郑畋先后内徙郴、绛二州,复入为右散骑常侍。乾符元年(公元874年),以兵部侍郎同中书门下平章事。五年,因反对招抚黄巢事与另一宰相卢携忿争,俱罢相。广明元年(公元880年)郑畋任凤翔(今属陕西)节度使。同年冬,黄巢攻入长安,僖宗出奔蜀。郑畋招集畿内散兵,顽抗义军。

中和元年(公元881年),郑畋为京城四面诸军行营都统,败巢军于龙尾陂(今陕西岐山东),遂与京西北诸镇约盟,三月十六日传檄天下,为围攻大齐,郑畋与藩镇先后两次结盟,有程宗楚、仇公遇、李孝昌、拓跋思恭参加。四方藩镇合兵围攻长安,为阻遏黄巢义军在关中的发展,竭尽气力。四月一日,唐邠州(今陕西彬县)将朱玖杀死黄巢所任邠宁节度使王玫,引军进逼长安。唐军云集畿辅。四月五日,黄巢率军东出,空长安城以诱官军。唐军入城大掠,入府库第舍,抢金帛妇女。黄巢伏兵灞上,侦知官军无备,十日引兵还袭,大战长安,斩唐京西行营副都统、泾原节度使程宗楚和朔方节度使唐弘夫,伤邠州将朱玖,唐士卒死者十之八九。围长安的各道兵皆退,大齐军势复振,杀城中助唐军作乱者数万人。部众上黄巢尊号曰承天广运启圣睿文宣武皇帝。

不久,部将李昌言发动兵变,逐郑畋,自为留后。郑畋被罢为太子少傅,分司东都洛阳。二年,召郑畋至成都(今属四川),复以司空、门下侍郎、同中书门下平章事,主持军务。三年,黄巢起义军退出长安,僖宗将还京。当权宦官田令孜及其兄剑南西川节度使(今四川成都)陈敬瑄与郑畋不协,李昌言又因逐郑畋自代故,也不愿郑畋继续执政,三人合力排郑畋去位,郑畋赴其子彭州(今四川彭县)刺史任所。不久病逝。

据《全唐诗录》记载,郑畋美风仪,神采如玉,文学优深,尤长于赋。今存诗十六首,多七言绝句。清代汪彦雯评郑畋:"黄巢以下第书生而搅翻世界,郑畋以簉仕书生而整顿残唐,均是英雄伎俩,固不得以成败论也。"

宦官却是一将才:杨复光露布献捷文

顷者妖兴雾市,盗啸丛祠,而岳牧藩侯,备盗不谨。谓大同之运,常可容奸;谓无事之秋,纵其长恶。贼首黄巢,因得充盈窟穴,蔓延崔蒲,驱我蒸黎,徇其凶逆。展鉏钁以成锋刃,杀耕牛以恣燔炮,魑魅昼行,虺蜴夜噬。自南海失守,湖外丧师,养虎灾深,驯枭逆大,物无不害,恶靡不为,豺狼贻朝市之忧,疮磐及腹心之痛。遂至毒流万姓,盗污两京。衣冠衔涂炭之悲,郡邑起丘墟之叹。万方共怒,十道齐攻,伏九庙之威灵,殄积年之凶丑。[1]

河中节度使王重荣[2]神资壮烈,天付机谋,誓立功名,志安家国。至于屯田待敌,率士当冲,收百姓十万余家,降贼党三万余众。法当持重,功遂晚成,久稽原野之刑,未快雷霆之怒。自收同、华,逼近京师,夕烽高照于国门,游骑俯临于灞岸。既知四隅断绝,百计奔冲,如穷鸟触笼,似飞蛾赴烛。

雁门节度使李克用[3]神传将略,天付忠贞,机谋与武艺皆优,臣节共本心相称。杀贼无非手刃,入阵率以身先,可谓雄才,得名飞将。自统本军南下,与臣同力前驱,虽在寝餐,不忘寇孽。

今月八日,遣衙队前锋杨守宗、河中骑将白志迁、横野军使满存、蹑云都将丁行存、朝邑镇将康师贞、忠武黄头军使庞从等三十都,随李克用自光泰门先入京师,力摧凶寇。又遣河中将刘让、王环、冀君武、孙珙,忠武将乔从遇,郑滑将韩从威,荆南将申屠悰,沧州将贾滔,易定将张仲庆,寿州将张行方,天德将顾彦朗,左神策弩手甄君楚、公孙佐,横冲军使杨守亮,蹑云都将高周彝,忠顺都将胡真,绛州监军毛宣伯、聂弘裕等七十都继进。贼尚为坚阵,来抗官军。雁门李克用率励骁雄,整齐金革,叫噪而声将动瓦,喑呜而气欲吞沙,宽列戈矛,密张罗网。于是麾军背击,分骑横冲,日明而剑跃飞轮,风急而旗开走电。使贼如浪,便可塞流;使贼如山,亦须折角。踩践则横尸入地,腾凌则积血成尘,不烦即墨之牛,若驾昆阳之象。杨守宗等齐驱直入,合势夹攻,从卯至申,群凶大溃。自望春宫前麾杀,至升阳殿下攻围,戈不滥挥,矢无虚发。其贼一时奔走,南入商山,徒延漏刃之生,伫作饮头之器。[4]

自收平京阙,二面皆立大功,若破敌摧凶,李克用实居其首。其余将佐,同效驱驰。兼臣所部领万余人，数岁栉风沐雨。既兹平荡，并录以闻。

【简释】

（1）"顷者妖兴雾市"段：雾市指人多的地方。据《后汉书·张楷传》，张楷，字公超，通《严氏春秋》《古文尚书》，隐居弘农山中。其性好道术，能作五里雾。学者随之，所居成市。后人即以"雾市"喻从学弟子会集之所。

丛祠：建于荒野丛林中的神祠。秦末，陈胜曾令吴广潜至丛祠中，以"篝火狐鸣"的方式发动起义。"妖""盗"：对农民起义的蔑称，此指黄巢起义军。岳牧：传说为尧舜时四岳十二牧的省称。语本《书·周官》："曰唐虞稽古，建官惟百，内有百揆四岳，外有州牧侯伯。"《史记·伯夷列传》："尧将逊位，让于虞舜，舜禹之间，岳牧咸荐，乃试之于位，典职数十年。"后用"岳牧"泛称封疆大吏。

蔓延萑蒲：萑蒲又称作"萑苻"。本是两种芦类植物。《左传·昭公二十年》："泽之萑蒲，舟鲛守之。"因盗贼常聚集于萑蒲所生之地，故亦用以指盗贼草寇及其出没之处。

蒸黎：百姓，黎民。唐杜甫《石龛》诗："奈何渔阳骑，飒飒惊蒸黎。"鉏鹤：锄草的农具。鉏同"锄"，"持鉏去草"。燔炮：此指烧饭烹饪，意为起义军不顾农业生产，宰杀耕牛为食。

自南海失守：南海指广州。王霸二年（公元 879 年），黄巢率义军攻克广州。

湖外丧师：指黄巢义军北伐中，一举攻克湖南重镇潭州，歼灭唐军十万，唐将李系丧师逃跑之役。

道：唐朝为巩固统治，在地方设置"道"，相当于我们今天的省。

九庙：指帝王的宗庙。古时帝王立庙祭祀祖先，有太祖庙及三昭庙、三穆庙，共七庙。王莽增为祖庙五、亲庙四，共九庙。后历朝皆沿此制。

（2）王重荣（？—887 年），唐末将领。籍贯、字号均不详。唐僖宗（李儇）广明初为河中（今山西省永济市）马部都虞侯。黄巢攻入长安，他从河中节度使李都投降。后以黄巢屡派使征调河中物资及士兵，他迫使李都叛巢，李都无奈乃出走，他遂为河中留后。旋任河中节度使，他数败于黄巢军，乃与宦官杨复光联合，召河东（与河中，同为山西省永济县）李克用引兵南下，迫使黄巢军撤出长安。以功升太尉，同中书门下平章事。后宦官田令孜欲夺其盐池之利，他抗命不允，遂引李克用之兵进攻关中，致使僖宗再次出逃。邠宁节度使朱玫立李煴为帝，后朱玫被杀。李煴逃往河中。他杀李煴，拥僖宗复回长安，僖宗光启三年（公元 887 年）他为部下所杀。

（3）李克用（856—908 年），唐沙陀部人，本姓朱邪（又作朱耶），其父受唐懿宗赐姓李，因此克用亦以"李"为姓。李克用骁勇善骑射，年 15 岁即从军，后来被唐朝廷任命为沙陀副兵马使。唐僖宗中和元年（公元 881 年），命李克用率沙陀军南下助战,以镇压占领两都、自称大齐皇帝的黄巢。中和三年(公元883年),屡败齐军,黄巢退出长安,由于李克用在长安收复战中功劳最大,因此被任命为河东节度使。其时黄巢兵势仍强,宣武节度使朱温等各镇皆无法抵挡,遂请河东军来援。中和四年(公元884年),李克用再自河东南下大败齐军,最终使得黄巢在狼虎谷自杀。光启元年(公元885年),李克用指责盘踞关中的朱玫、李昌符结交朱温欲灭己,因此进军关中击败二人,唐僖宗逃往凤翔,河东军入长安,纵火大掠。后李克用率军勤王,夺回昭宗,被封为晋王。天复元年、二年(公元901年、902年),朱温两次率军围攻太原,李克用几乎被消灭,只能自保河东,不敢与朱温军争锋,以致朱全忠得以挟天子以令诸侯,唐室如风中残烛。天祐四年(公元907年),朱温终于篡唐称帝,建立后梁。李克用仍用唐天祐年号,以复兴唐朝为名与后梁展开另一个阶段的争斗。次年(公元908年),李克用去世,子李存勖继立。后来,李存勖灭后梁、建后唐,李克用被追谥为武皇帝,庙号太祖。

(4)今月八日:今月八日即中和三年(公元883年)四月八日。

都:唐朝末年藩镇亲军的称号。

即墨之牛:指战国后期齐将田单摆火牛阵击败燕军的战术。燕昭王时,燕将乐毅攻破齐国,田单坚守即墨(今山东平度东南)。公元前279年,燕惠王即位,改用骑劫为将。田单派人向燕军诈降,使燕军麻痹;又用千余头牛,尾上缚苇灌油,夜间以火点燃,使之猛冲燕阵,并以5000名勇士随后冲杀,结果大败燕军,杀死骑劫。田单乘胜陆续收复失去的70余城。

昆阳之象:指昆阳之战中,王莽为壮军威将虎豹犀象等猛兽驱之战场一事。公元23年,绿林军进迫宛城(今河南南阳),并不断取得胜利。王莽派王寻、王邑等率军42万反扑,并"驱诸猛兽虎豹犀象之属,以助威武",包围了昆阳(今河南叶县北),用楼车和地道攻城。王凤等率起义军八九千人奋战坚守,刘秀等突围救援。最后起义军内外夹击,大破敌军,歼灭了王莽主力。

饮头之器:意为欲将义军头颅作为饮酒之器物。

【事件简介与檄文赏析】

本文选自《旧唐书》卷十九下《僖宗纪》,是宦官杨复光上奏僖宗和布告天下的文稿。

杨复光(843—884年),唐末宦官。闽(今福建省)人。本姓乔,是内常侍杨玄价的养子,故改姓杨,权宦魏国公杨复恭的堂兄弟,其家世代权宦。杨复光虽为宦官,却精通一些武功,又善于谋划布阵,因而在地方任监军,颇能赢得一部分人的好感。而且每次征讨作战,

唐僖宗李儇画像

杨复光必定参加，而且还充当着指挥官的角色，这让他的军事才能得到了一定的发挥。唐末农民起义爆发后，他历任唐将曾元裕、宋威、王铎诸军监军。曾诱王仙芝大将尚君长降唐，尚君长在求降途中，被唐将宋威所击杀。

乾符五年（公元878年）二月王仙芝牺牲后，尚让率余部北上，在亳州（今安徽亳县）与黄巢会合。会合后的农民军挥师北上，遭到了一系列挫折，被迫南下。十二月攻下福州，之后起义军在湖南、湖北、河南一带与唐军展开了激烈战斗。广明元年（公元880年）十一月，起义军攻下洛田，十二月挥师潼关，守边关的唐军不堪一击，潼关被起义军占领。唐僖宗闻听边关失守，带领嫔妃、亲王逃到成都。十二月八日，起义军攻下长安，中旬，黄巢当上皇帝，国号大齐。黄巢虽然在长安建立了政权，但统治基础并不巩固，唐王朝在长安四周云集了大批军队对农民军形成了包围之势。由于农民军没有乘胜追击敌人，这就给唐王朝以喘息机会，调集重兵围攻起义军。唐僖宗逃往成都时，诏荆南节度使郑绍业随驾入川，杨复光借机推荐段彦谟为荆南节度使。为了便于指挥各部大军，唐僖宗中和元年（公元881年）二月，枢密使杨复光被授予京西南面行营都监。

不久，黄巢令大将朱温攻打邓州，杨复光兵败，逃到许州，准备投靠忠武军节度使周岌。周岌曾是杨复光的部下，广明元年（公元880年）十一月才任忠武军节度使，十二月农民军攻下长安后，周岌就投降了黄巢。但周岌并非一心投降黄巢。杨复光也看出了周岌三心二意的用意，派他的养子杨守亮率兵把农民军的使者杀死于旅馆，周岌便公开叛变起义军。周岌复归唐朝后，可当时已投降农民军的秦宗权占据蔡州城，拒不服从周岌的命令。杨复光于是带领忠武军3000精兵进驻蔡州，劝秦宗权与他们一起举兵镇压农民军。秦宗权听从了杨复光的劝告，派大将王淑领兵3000跟随杨复光进攻邓州城的农民军。当行至邓州城时，王淑不愿再前进了，杨复光下令杀死了他，把他的3000精兵合并过来，这样加上忠武军的军队共8000人分成八都，派牙将鹿宴弘、晋晖、王建、韩建、张造、李师泰、庞从等八人分别统领一都，杨复光任天下兵马都监，总领各路军队。之后杨复光派八都将士进攻邓州，驻守邓州的农民军在朱温的率领下，奋勇抵抗，无奈力量悬殊，最后遭到失败，被迫撤出邓州，向长安败退。杨复光乘胜向北挺进。时王重荣为东西招讨使，杨复光率兵与他会合，向长安进发，镇压农民起义。黄巢令大将朱温攻同州，同州刺史米诚兵败逃跑，朱温占据同州，自任同州刺史。杨复光又拿出他的劝降老招，派奸细潜入同州城，先以高官重金收买了朱温的部将胡真、谢瞳，胡、谢又极力劝朱温投降。这年八月，朱温公开叛变起义军，举城向杨复光投降，唐朝政府授朱温同州节度使，不久又授朱温为右金吾大将军，河中行营招讨使，并赐名为朱全忠。朱温的投敌，使形势发生了重大变化，农民军面对的形势更加险恶。尽管如此，农民起义军仍有强大的力量，这使唐朝政府颇感头疼。招讨使王重荣向杨复光征求计策。

杨复光面对王重荣的疑难，也颇感难办，最后他想到了英勇善战的沙陀将领李克用，提出以朝廷的名义通知与李克用有间隙的郑从谠，让他不要阻止李克用。然后再向李克用下诏，让其带领他的沙陀兵入关平乱。王重荣听了后也觉得此计很好。杨复光勾引沙陀兵入关，使唐军士气大振。中和三年初，李克用领4万大军到达同州，会同唐将王处厚、王重荣、杨复光等，在梁田陂与农民军激战，结果农民军战败，伤亡数万人，农民军被迫向华州撤退。公元883年4月，李克用等率军攻入长安，黄巢在不利的情况下带领15万起义队伍撤出长安，经蓝田向河南退却。沙陀兵和唐军进入京师后大肆烧杀抢掠，给长安居民带来深重灾难。

为吹捧攻占长安的所谓战果，进而向唐朝中央政府邀功请赏，时任唐廷天下兵马都监、唐僖宗的宦官杨复光(843—884年)草拟了这篇文稿，一方面上奏唐僖宗，一方面布告天下。杨复光奏捷文书报到朝廷以后，唐僖宗大喜过望，其他朝臣也都称赞不已。唐王朝还按杨复光的奏报进行了奖赏。王重荣"以功检校太尉、同平章事"，登上了宰相之位，还被进爵为"琅琊郡王"。李克用也因功取得了河东节度使之职。其他参战节镇、将领等也都得到朝廷的不同奖赏。中和三年六月，杨复光突然得病，死在河中，他一手提拔起来的大小军官，闻听此讯，痛哭流涕，唐僖宗赠观军容使，谥号忠肃。

杨复光有军事才能，有谋略，临危不惧，爱护士卒，亦不以权谋私利，在军中威信很高。在镇压农民起义的过程中，他是立下了汗马功劳。对于腐朽的唐王朝，他也是忠心耿耿，鞠躬尽瘁，他是唐王朝一大功臣，又是一个屠杀农民军的刽子手。

精忠报国从者众：
胡闳休代岳制使飞移河南郡县讨刘豫檄

契勘⁽¹⁾：

刘豫窃居汴都，僭称伪号，旧蒙任使，累忝台臣，是宜图报国家，执节效死；乃敢背弃君父，无天而行。以祖宗涵养之恩，翻为仇怨；率华夏礼义之俗，甘事腥膻。紫色余分，拟乱正统，想其面目，何以临人？方且妄图襄汉之行，欲窥川蜀之路，专犯不疑，自速诛夷。我圣朝厄运已销，中兴在即，天时既顺，人意皆谐。所在皆贾勇之夫，思共快不平之怨。今王师已尽压淮泗，东过海沂，驰骑交驰，羽檄叠至。⁽²⁾

故我得兼收南阳智谋之士，提大河忠孝之人，仗义而行，乘时而动。金洋之兵出其西，荆湖之师继其后。虽同心一德，足以吞彼围之枭群；然三令五申，岂忍残吾宋之赤子。尔应陷没州县官吏兵民等，无非本意，谅皆胁从，屈于贼威，归逃无路。我今奉辞伐罪，拯溺苏枯，惟务辑安，秋毫无犯。倘能开门纳款，肉袒迎降，或愿倒戈以前驱，或列壶浆而在道，自应悉仍旧贯，不改职业，尽除戎索，咸用汉条。如或执迷不悟，甘为叛人，嗾桀犬以吠尧，晋猎师而哭虎，谨当躬行天罚，迅扫凶顽，祸并宗亲，辱及父祖，挂今日之逆党，遗千载之恶名。顺逆二途，早宜择处。兵戈既遥，虽悔何追，谨连黄榜在前，各令知悉。⁽³⁾

【简释】

(1) 契勘：宋元公文书用语，犹言查，按查。

(2) 刘豫窃居汴都段：刘豫（1073—1143年），字彦游，景州阜城（今属河北）人。南宋叛臣，金傀儡政权伪齐皇帝。北宋时历任殿中侍御使、河北提刑等职。金兵南下时弃官潜逃。建炎二年（公元1128年）杀宋将降金。四年九月，被金人立为"大齐"皇帝，建都大名（今属河北），后迁汴京（今河南开封）。南与南宋相邻。宋室朝廷对刘豫恨之入骨，也曾发兵北伐，讨伐这个叛臣。绍兴三年正月，宋襄阳镇抚使李横组织了对伪齐的进攻，攻下颍昌府，并扩大战果，直指汴京。刘豫别无出路，把攻宋作为自己的主业，在绍兴四年九月、绍兴六年十月，组织了两次大规模的南侵行动，这些行动得到了金朝军队的支持和配合，与金军组成了联军，与南宋军队作战。后来，南宋军队由岳飞、韩世忠、刘光世、张浚等众多抗金将领指挥,在黄河两岸击溃了伪齐军和金朝的联军。特别是岳飞收复襄阳六郡、韩世忠指挥的大仪镇之战、杨沂中指挥的藕塘之战的胜利,彻底粉碎了伪齐和金朝联军的三路进攻,使伪齐军队受到重创。绍兴七年刘豫被废黜,迁居临潢(今内蒙古巴林左旗附近)。绍兴十三年(公元1143年)得病而死。

忝(tiǎn):辱,有愧于。

腥膻:腥,生肉;膻,羊膻气。因金朝是由少数民族女真所建,常以游牧为主,故此以腥膻蔑称之。

紫:蓝色和红色混合而成的颜色。古人认为紫色不是正色。指刘豫之伪齐非正统之朝廷。

贾:卖;勇:勇气和力量。本谓自己勇力有余,后多用作鼓足勇气之意。

驲(rì)骑:驲:古代驿站专用的车,后亦指驿马。

(3)故我得兼收南阳智谋之士段:圉(yǔ),即囹圄,牢狱。此指伪齐统治如牢狱。

苏枯:使枯萎的草木复活。比喻使困顿、灾难中的人得到拯救。

戎索:戎,指少数民族,此指金。索,法;戎索,意为金朝的统治管理办法。

汉条:与"戎索"相对,指中原地区历代王朝的统治管理办法。

嗾(sǒu):教唆,指使。

桀犬以吠尧:桀:夏朝的最后的一个皇帝。尧:古代圣君,指好人。桀的犬向尧狂吠。比喻奴才一心为主子效劳。语出《战国策·齐策》:"跖之狗吠尧,非贵跖而贱尧也,狗固吠非其他也。"

詈(lì)猎师而哭虎:詈,骂。詈猎师而哭虎:责骂打死猛虎的猎手而为猛虎的死痛哭。喻颠倒是非,责善怜恶。

【事件简介与檄文赏析】

本文选自程敏政《新安文献志》卷四十,岳飞进驻鄂州之前,朝廷要他向伪齐地区散发声讨刘豫和对伪齐军民招降的檄文,绍兴六年(1136年)二月,岳飞命主管机宜文字的胡闳休草拟了这篇檄文。

胡闳休,字良,开封人,北宋宣和初年为太学生。入太学,时方讳兵,闳休著《兵书》二

岳飞画像

卷。靖康初,创知兵科,胡闳休应试,中优等,补承信郎。金兵围攻汴京,胡闳休分地而守。宋徽宗、宋钦宗被金人俘虏,范琼散勤王师,闳休认为:"勤王师可进不可退。"檄令随军而无靖康年号,胡闳休得之泣下,怀檄而走,从辛道宗勤王。宋室南渡,以忠义进两官。湖湘盗起,或曰招之便,或曰讨之便,闳休作《致寇》《御寇》二篇,言天地之气,先春后秋,招之不伏则讨之,主招讨并用。胡闳休经李纲、李叔夜推荐投靠岳飞,岳飞辟胡闳休为主管机宜文字。以平杨幺、诛钟子仪功,进成忠郎。

从绍兴六年(公元 1136 年)正月起主战派宰相张浚到前线视师,三月,宋廷任命岳飞为荆湖北路、京西南路宣抚副使,并且移镇为武胜、定国军节度使,自鄂州出发到襄阳府然后北伐。在岳飞进驻鄂州之前,朝廷要他向伪齐地区散发声讨刘豫和对伪齐军民招降的檄文,以动摇伪齐的士气民心,为以后发动的北伐作必要的舆论准备。绍兴六年(公元 1136 年)二月,岳飞遂命主管机宜文字的胡闳休草拟了这篇《代岳制使飞移河南郡县讨刘豫檄》。这虽说是一篇声讨檄文,但它的主要目的不在于讨伐刘豫,而是对伪齐军民招降纳叛,分化敌人,达到不战而屈人之兵的目的。所以檄文没有细列而是概举刘豫罪愆,而后把主要的笔墨放在对伪齐军民的劝降上。这次战役,岳家军攻占了伊阳、洛阳、商州和虢州,继而围攻陈、蔡地区。李纲在接到岳飞的捷报后写信说:"屡承移文,垂示捷音,十余年来所未曾有,良用欣快。"但此时在陕西附近的山区作战,后勤供应线过长造成粮草不足。岳飞只得班师,留王贵等戍守。但商州的全境和虢州的部分地区从此为南宋所控制。岳飞虽然在这次北伐中壮志未酬,但第二年伪齐皇帝刘豫就为金人所废。绍兴十一年岁末,岳飞被"莫须有"冤案致死,胡闳休佯称有疾,退出禁军,隐匿乡间,发愤著书《勤王忠义集》,回忆写下了岳飞的戎马生涯,将其军事行动,提升为理论著作,传于后世。

岳飞(1103—1142 年),字鹏举,著名军事家、民族英雄、抗金名将,南宋中兴四将(岳飞、韩世忠、张浚、刘光世)之一。汉族。河北西路相州汤阴县永和乡孝悌里(今河南省安阳市汤阴县菜园镇程岗村)人。靖康二年(公元 1127 年)四月,金灭北宋,掳宋徽宗赵佶、钦宗赵桓及皇家宗室北归。五月,康王赵构(即宋高宗)于南京继位,史称南宋。初期,宋高宗主张收复失地,起用了大批主战将领,其中就有岳飞。岳飞坚决反对议和,主张抗战到底。岳飞作战有勇有谋,数败金兵,声威大振。岳家军中缺粮,将士们宁愿挨饿,也绝不扰民。

绍兴九年(公元 1139 年),岳飞在鄂州(今湖北武昌)听说宋金和议将达成,立即上书表示反对,申言"金人不可信,和好不可恃",并直接抨击了相国秦桧出谋划策、用心不良的投降活动,使"秦桧衔之(抱恨)"。绍兴十年(公元 1140 年)五月,金国撕毁绍兴和议,金兀术等分四道来攻。由于没有防备,宋军节节败退,城池相继失陷。随后宋高宗命韩世忠、张浚、岳飞等出师迎击。很快,在东、西两线均取得对金大胜,失地相继收回。这年七月,岳飞亲率一支轻骑驻守河南郾城,和金兀术一万五千精骑发生激战。岳飞亲率将士,向敌阵突击,大破金军"铁浮图"和"拐子马"。岳家军将士具有"守死无去"的战斗作风,敌人以排山倒海的大力,也不能把岳家军阵容摇动。郾城大捷后,岳飞乘胜向朱仙镇进军(离金军大本营汴京仅四十五里),金兀术集合了10万大军抵挡,又被岳飞打得落花流水。金兀术连夜准备从开封撤逃。南宋抗金斗争有了根本的转机。

就在抗金战争取得辉煌胜利的时刻,朝廷连下十二道金牌(红漆金字木牌),急令岳飞"措置班师"。岳飞愤慨地说:"十年之功,废于一旦!"岳飞一回到临安,立即陷入秦桧、张俊等人布置的罗网。绍兴十一年农历除夕夜,高宗下令赐岳飞死于临安大理寺内,时年39岁。

不事渲染服天下：朱元璋⁽¹⁾奉天讨元北伐檄文

自古帝王临御天下，皆中国居内以制夷狄，夷狄居外以奉中国，未闻以夷狄居中国而制天下也。自宋祚倾移，元以北夷入主中国，四海以内，罔不臣服，此岂人力，实乃天授。彼时君明臣良，足以纲维天下，然达人志士，尚有冠履倒置之叹。自是以后，元之臣子，不遵祖训，废坏纲常，有如大德废长立幼，泰定以臣弑君，天历以弟鸠兄，至于弟收兄妻，子烝父妾，上下相习，恬不为怪，其于父子君臣夫妇长幼之伦，渎乱甚矣。夫人君者斯民之宗主，朝廷者天下之根本，礼仪者御世之大防，其所为如彼，岂可为训于天下后世哉！⁽²⁾

及其后嗣沉荒，失君臣之道，又加以宰相专权，宪台抱怨，有司毒虐，于是人心离叛，天下兵起，使我中国之民，死者肝脑涂地，生者骨肉不相保，虽因人事所致，实乃天厌其德而弃之之时也。古云：胡虏无百年之运。验之今日，信乎不谬。⁽³⁾

当此之时，天运循环，中原气盛，亿兆之中，当降生圣人，驱除胡虏，恢复中华，立纲陈纪，救济斯民。今一纪于兹，未闻有治世安民者，徒使尔等战战兢兢，处于朝秦暮楚之地，诚可矜悯。⁽⁴⁾

方今河洛、关陕虽有数雄，忘中国祖宗之姓，反就胡虏禽兽之名，以为美称，假元号以济私，恃有众以要君，凭陵跋扈，遥制朝权，此河洛之徒也；或众少力微，阻兵据险，贿诱名爵，志在养力，以俟衅隙，此关陕之人也。二者其始皆以捕妖人为名，乃得兵权。及妖人已灭，兵权已得，志骄气盈，无复尊主庇民之意，互相吞噬，反为生民之巨害，皆非华夏之主也。⁽⁵⁾

予本淮右布衣，因天下大乱，为众所推，率师渡江，居金陵形势之地，得长江天堑之险，今十有三年。西抵巴蜀，东连沧海，南控闽越，湖、湘、汉、沔，两淮、徐、邳，皆入版图，奄及南方，尽为我有。民稍安，食稍足，兵稍精，控弦执矢，目视我中原之民，久无所主，深用疚心。⁽⁶⁾

予恭承天命，罔敢自安，方欲遣兵北逐胡虏，拯生民于涂炭，复汉官之威仪。虑民人未知，反为我仇，挈家北走，陷溺犹深，故先谕告：兵至，民人勿避。予号令严肃，无秋毫之犯，归我者永安于中华，背我者自窜于塞外。盖我中国之民，天必命我中国之人以安之,夷狄何得而治哉!予恐中土久污膻腥,生民扰扰,故率群雄奋力廓清,志在逐胡虏,除暴乱,使民皆得其所,雪中国之耻,尔民等其体之。如蒙古、色目,虽非华夏族类,然同生天地之间,有能知礼义,愿为臣民者,与中夏之人抚养无异。故兹告谕,想宜知悉。[7]

【简释】

(1)朱元璋(1328—1398年),明王朝的开国皇帝。原名重八,后取名兴宗。汉族,濠州(今安徽凤阳县东)钟离太平乡人。朱元璋自幼贫寒,父母兄长均死于饥饿,孤苦无依,入皇觉寺为僧,兼任清洁工、仓库保管员、添油工。25岁时参加郭子兴领导的红巾军反抗蒙元暴政,率兵出征,有攻必克,郭子兴死后统率郭部,任小明王韩林儿为左副元帅。元至正十六年(公元1356年)攻克集庆(今南京),至正十六年(公元1356年)诸将奉朱元璋为吴国公,接着以战功连续升迁,至正二十四年(公元1364年)即吴王位,建百官,初步建立江南政权以后,先后消灭了占领湖广、江西等地的陈友谅、占据江浙一带的张士诚和浙东的方国珍,为北上灭元创造了有利条件。至正二十七年(公元1367年)四月,吴王朱元璋命中书右丞相徐达为征虏大将军、平章常遇春为副将军,率军25万,北进中原。北伐中发布了这篇告北方官民的文告,提出"驱逐胡虏,恢复中华,立纲陈纪,救济斯民"的纲领,以此来感召北方人民起来反元。朱元璋顺应时代潮流,凭借其雄才大略、远见卓识对北伐又做出了精心部署,提出先取山东,撤除元朝的屏障;进兵河南,切断它的羽翼,夺取潼关,占据它的门槛;然后进兵大都,这时元朝势孤援绝,不战而取之;再派兵西进,山西、陕北、关中、甘肃可以席卷而下。北伐大军按计而行。徐达率兵先取山东,再西进,攻下汴梁,然后挥师潼关。朱元璋到汴梁坐镇指挥。明洪武元年(公元1368年),于南京称帝,国号大明,年号洪武。洪武元年(公元1368年)七月,各路大军沿运河直达天津,二十七日进占通州。元顺帝妥欢帖睦尔率后妃、太子和大臣,开建德门逃出大都,经居庸关逃奔上都。八月二日,明军进入大都,元朝至此灭亡,蒙古在中国的统治结束,明朝取得了在长城以内地区的统治权。朱元璋统治时期被称为"洪武之治"。死后葬于明孝陵。

(2)"自古帝王临御天下"段:中国,在历史上因华夏族、汉族居于四夷之中,故称华夏族、汉族地区为中国。

罔:无,没有。

有如大德句:大德,元成宗年号,始于1297年,止于1307年。废长立幼,指成宗死后,其侄海山即帝位一事。其实是元成宗与其独子在两个月内相继病逝,未及安排皇位承继事宜,引起元朝政局的动荡,并非废长立幼。

泰定以臣弑君:指泰定帝参与谋杀英宗的南坡之变。元英宗即位后,决意改革朝政，推行新政。以御史大夫铁失为首的余党很震恐，于是密谋政变。至治三年（公元 1343 年）八月五日，元英宗自上都南返大都，途经南坡店驻营。当日夜晚，铁失等十六人发动政变，杀死元英宗，随后迎立晋王也孙铁木儿（泰定帝）即位。史称此事件为"南坡之变"。

天历以弟鸩兄句：天历，元文宗孛儿只斤·图帖睦尔（1304—1332 年）年号，始于 1328 年，止于 1330 年。以弟鸩兄，指元文宗参与毒死其兄元明宗的活动。天历二年（公元 1329 年），元武宗长子和世㻋在和林北即帝位，是为元明宗。当元明宗南行至上都附近的旺忽察都（在今河北张北县北）时，名义上已逊位的图帖睦尔与燕铁木儿前往迎接，伺机毒死元明宗。于是图帖睦尔复于八月即位于上都。次年，改元天历，史称天历之变。

（3）"及其后嗣沉荒"段：宪台，官署名，汉称御史所居官署为宪台。唐龙朔二年（公元 662 年），改御史台为宪台，咸亨元年（公元 670 年）冬复旧称，后亦用为地方官吏对知府以上长官的尊称。

（4）今一纪于兹：纪，古代记年代的方式，一纪指十二年。一世纪指一百年。

矜悯：亦作"矜愍""矜闵"，怜悯之意。

（5）方今河洛、关陕虽有数雄句：河洛之徒，指扩廓帖木儿（？—1375 年）。本姓王，小字保保。沈丘（今安徽临泉西北）人。其父亲是中原人，母亲是元将察罕帖木儿的姐姐，后为舅舅察罕帖木儿收为养子，从察罕帖木儿组织地主武装，镇压红巾军，元惠宗妥懽帖睦尔赐名扩廓帖木儿。察罕帖木儿被田丰、王士诚杀，扩廓帖木儿袭父职，拜太尉、中书平章政事、知枢密院事，即领兵破益都，杀田丰、王士诚，元封其为河南王，总天下兵，代皇太子出征，驻河南。明朝洪武元年（公元 1368 年）秋，明兵北伐，兵逼大都，元惠宗北逃，扩廓收集残部屯兵甘肃，骚扰西北。朱元璋命李思齐到漠北招降扩廓，扩廓不从。洪武八年，卒于哈剌那海之衙庭。

关陕之人：指横行关陕地区的李思齐（1323—1374 年）等人。李思齐，元末将领。字世贤，罗山（今属河南）人。至正十二年（公元 1352 年）与察罕帖木儿组织地主武装，镇压红巾军，曾转战河南、陕西等地。后驻兵凤翔，官至陕西等地行中书省平章政事。他拥兵陕西，割据一方，忙于与诸将自相争战。明洪武二年（公元 1369 年）势穷降明。

（6）予本淮右布衣：我本来是淮河西边的一个穷苦之人。

奄：覆盖；包括。

疚心：因愧疚而内心不安；负疚的心情。

（7）"予恭承天命"段：挈，提，如提纲挈领。引申为提携，带领。

膻腥：膻，羊肉特有的腥味。指少数民族入主中原后带来了膻腥异味。

色目：各色名目之人即外国人，是元朝时中国西部民族的统称，也是元朝人的四种位阶之一，一切非蒙古、汉人、南人的都算是色目人。包括粟特人、吐蕃人等。《元史·选举志一》："蒙古、色目人作一榜；汉人、南人作一榜。"元朝重用色目人，入居中原的色目人，多高官厚禄，巨商大贾。色目人有 31 种：葛逻禄、钦察、唐兀（党项）、阿速（奥塞梯）、秃八（图瓦）等。

朱元璋画像

【事件简介与檄文赏析】

本文选自《明太祖实录》卷二十一，《鸿猷录》五《北伐中原》，是宋濂代朱元璋撰写的北伐檄文。

宋濂（1310—1381 年），明朝开国元勋，明初散文家，字景濂，号潜溪，别号：玄真子、玄真道士、玄真遁叟。潜溪（今浙江义乌）人，汉族。自幼好学，早年师从散文大家吴莱、柳贯、黄溍等人，少负文名，元至正九年被荐为翰林编修，他以奉养父母为由，辞不应召，隐居山中，修道著书。元至正二十年（公元 1360 年），与刘基、章溢、叶琛同受朱元璋礼聘，尊为"五经师"。至正二十五年（公元 1365 年）他为朱元璋北伐撰写了这篇檄文。

檄文深刻地揭示了当时的社会矛盾，反映了劳动阶级的心声，同时檄文没有对 25 万北伐大军所造成的巨大声势做过多的渲染，它仅用"食稍足，兵稍精"六个字轻轻带过，但这并没有削弱檄文征服人心的力量，在当时具有明显号召力和战斗力。朱元璋称帝后，任命他为文学顾问、江南儒学提举，授太子经。洪武二年（公元 1369 年）奉旨修《元史》，累官至翰林院学士承旨、知制诰。洪武十年（公元 1377 年），以年老辞官还乡。后因其长孙宋慎牵连胡惟庸党案，全家流放茂州（现在四川省茂汶羌族自治县），途中病死于夔州（现在重庆奉节县）。正德时追谥文宪。宋濂推崇宗经，认为只有孔子之文"才称之为文"，"六籍之外当以孟子为宗，韩子次之，欧阳子又次之"（《文原》），对于违背"温柔敦厚"传统的文章一律采取否定态度。他擅长散文创作，尤以传记文成就突出。宋濂亲自经历了元末动荡不安的社会现实，故他的文章具有较强的现实意义，往往在生动的描述中包含着寓意深刻的哲理，具有较强的思想性，明太祖朱元璋推其为"开国文臣之首"。对于宋濂来说，非常可悲的是朱元璋根本不承认他是"大儒"，而是带有侮辱性地称之为"文人"（见《明史·桂彦良传》）。因为在朱元璋的政治体制中，已不能够允许有"大儒"——社会的思想指导者存在,皇帝本人就是思想指导者。宋濂最后其实是死于无辜,也反映出明初政治的严酷。

朱元璋的北伐战争,是元至正二十七年(公元 1367 年)十月至明洪武二年(公元 1369 年)十二月间,明军与元军在中原和西北广大区域内进行的战略决战。明太祖朱元璋对于北上作战的战略部署和进军路线,作了审慎的筹划。他首先征求诸将的意见。平章常遇春提出长驱直入,直捣元朝大都(今北京)的主张。朱元璋不同意这个轻敌冒进的方案,他提出稳扎稳打,渐次推进的北伐战略:“先取山东,撤其屏蔽;旋师河南,断其羽翼;拔潼关而守之,据其户槛,天下形势,入我掌握,然后进兵元都,则彼势孤援绝,不战可克。既克其都,鼓行而西,云中、九原以及关陇可席卷而下。”

朱元璋根据这一战略构想,将整个战略行动分为三个阶段加以实施。第一阶段,首先攻取山东,继而转攻河南,占据潼关;第二阶段,攻取河北及元朝大都,消灭元朝;第三阶段,主力由大都南下攻取山西,略定陕甘,完成北方之统一。北伐战争基本上是按照这一战略实施的。元至正二十七年十月二十一日,命丞相徐达为征虏大将军,平章常遇春为副将军,率军 25 万人由淮入河,北伐中原。为减少北伐阻力,争取人民拥护,出兵之前,朱元璋特别告诫将士,师到之处,切勿杀掠。并向北方人民发布檄文,提出“驱逐胡虏,恢复中华”的口号,对汉族各阶层人民产生了一定的号召力,所以北伐比较顺利。为了保障北伐,令留守江淮之部队加强戒备,以防元军袭击。明军所向披靡,在很短的时间里,基本上完成了北伐第一阶段的战略任务。五月,朱元璋亲抵汴梁,听取前线将领的军事情况汇报,并讨论了下一阶段的战略步骤。根据当时元廷已陷入孤立无援的军事形势,徐达提出由临清(今属山东)直捣大都的主张,朱元璋表示同意。

闰七月初一日,明军主力自中滦(今河南封丘西南)渡黄河,沿御河(今卫河),经临清、长芦(今河北景县)、通州(今北京通县),向北挺进。一路势如破竹,锐不可当,直逼大都城下。元顺帝见大势已去,遂于二十八日夜三鼓携太子、后妃出建德门,由居庸关逃往上都开平(今内蒙古多伦西北)。八月二日,徐达率军进占大都,从根本上结束了元朝的统治。朱元璋得到徐达大军攻下大都的消息以后,不失时机地命其转入下一个战略阶段。明军于洪武二年(公元 1369 年)正月攻克大同,进而平定山西。徐达平定山西以后,迅即转攻陕甘,基本上消灭了这一地区元军之势力。至此,朱元璋北伐灭元之战宣告结束,基本上实现了战前拟订的战略计划。朱元璋北伐灭元之战,是一个战略决策和战争经过基本吻合的典型战例,显示了朱元璋卓越的用兵才能和驾驭战争的能力。朱元璋审时度势,知己知彼,料敌先机,用兵如神,是此战获胜的重要因素。

正统哀兵拢人心：朱棣靖难檄文

　　我皇考太祖高皇帝绥靖四方，一统天下，并建诸子，藩屏国家，积累深固，悠久无疆。⁽¹⁾皇考太祖高皇帝未省何疾，不令诸子知之，至于升遐，又不令诸子奔丧。闰五月初十日亥时崩，寅时即敛，七日即葬，逾月始诏诸王知之。又拆毁宫殿，掘地五尺，悉更祖法，以恶所为，欲屠灭亲王，以危社稷，诸王实无罪，横遭其难，未及期年，芟夷五王。⁽²⁾我遣人奏事，执以楚，侮极五刑⁽³⁾，锻炼系狱，任用恶少，调天下军官四集见杀。予畏诛戮，欲救祸图存，不得不起兵御难，誓执奸雄，以报我皇考之仇。夫幼冲行乱无厌，淫虐无度，慢渎鬼神，矫诬傲狠，越礼不经，肆行罔极，靡有修底，上天震怒，用致其罚，灾谴屡至，无所省畏。惟尔有众，克恭予命，以绥定大难，载清朝廷，永固基图。我皇考圣灵在天，监视于兹，以惟尔有众是佑。尔惟不一乃心，堕慢乃志，亦自底于厥咎，隔于孥戮⁽⁴⁾。窃闻之，仁者不以安危易节，义者不以祸福易心，勇者不以死亡易志。尔有众明听予言，则无后难。若彼有悛心⁽⁵⁾，悔祸是图，予有无穷之休，尔亦同有其庆矣。告予有众，其体予至怀。

【简释】

　　（1）"我皇考太祖"句：考原指父亲，后多指已死的父亲。此处指明太祖朱元璋。朱元璋建立明朝以后，为保证大明国祚绵长，亲自设计、制定了多项重要政策，并以宝训的形式固定下来，要求后代子孙严格遵守，大臣有敢轻议者严惩不贷。分封宗藩就是其中一项重要政策。朱元璋先后于洪武三年（公元1370年）、洪武十一年（公元1378年）、洪武二十四年（公元1391年）三次共封25人（二十四子和一个重孙）为藩王，分镇全国各地。朱元璋认为"天下之大，必建藩屏，上卫国家，下安生民。今诸子既长，宜各有爵封，分镇诸国"。藩王的权势很重，拥有自己的军队，少则三千，多则数万。特别是北方边防线的几名"塞王"，拥有指挥军队的权力，如宁王朱权"带甲八万，革车六千"，连朵颜三卫都要听他调遣。太祖朱元璋本意是要以藩王来确保朱家江山，却没有想到虽然为继任者去掉了骄兵悍将这根尖刺，却留下了拥兵自重、尾大不掉的宗藩这另一根尖刺。当时的有识之士，已经清醒地认识到宗藩为"三忧"之一（另两忧为边防和河患），多次上疏太祖。朱元璋不允许有人改变这项政策，甚至加以杀戮。然而在他刚刚辞世不久，他亲立的皇太孙就因此而丢掉了皇位。

（2）"皇考太祖高皇帝未省何疾"句：朱元璋是在洪武三十一年闰五月初十（1398 年 6 月 24 日）病卒，终年 71 岁。史称他还提前颁下了遗诏：待驾崩之后，太孙朱允炆嗣位，诸王各自镇守属地，一律不准回京。下葬是他死后的第七天。朱棣十分恼火，"燕王入临，将至淮安"，以为父亲奔丧为名，要找朱允炆讨说法被拒。燕王移檄指此为罪。总之朱元璋死后"七日而葬"，这明显不符合古代帝王葬制，葬得太快了。传说，朱元璋下葬当天，十三城门同时出棺。史载他被葬在南京城外紫金山南麓的孝陵，有人对此说有怀疑。

悉更祖法，以恶所为：建文帝对局势有着深刻的认识，继位伊始就着手改革，改变了太祖朱元璋的一些弊政，史称"建文新政"。主要的有：宽刑省狱，建文帝即位仅一个多月，下诏全国行宽政、平反冤狱；减轻赋税：建文元年（公元 1399 年）正月，建文帝令减轻江浙地区的田赋。锐意削藩。

未及期年，芟（shān）夷五王：朱允炆一继位就和大臣们一起商量削藩的问题，燕王最强不能从那儿下手，先削周王，他与燕王是同母兄弟，然后削齐王、代王、岷王、湘王，不到一年之间五个王死的死、废的废，然后跟燕王摊牌。芟，割草，引申为去除。

（3）执以楚，侮极五刑。执：抓住。楚：古代的刑杖。五刑是五种刑罚的统称，可分为奴隶制五刑和封建制五刑。奴隶制五刑是指墨、劓（音易）、刖（音月）、宫、大辟。封建制五刑指笞、杖、徒、流、死。奴隶制五刑在汉文帝之前通行，封建制五刑在隋唐之后通行。两种五刑制只是对古代刑罚的一种概括，不能完全包括古代的刑罚制度。此处指齐泰将燕使邓庸下狱审讯，具得燕王将举兵反状。

（4）自底于厥咎，隔于孥戮：自底于：自然归结到；厥咎：追查罪责；隔：断绝；孥戮：诛及子孙。《书·甘誓》："予则孥戮汝。"这是对大臣的警告和威吓。

（5）悛心：悔过之心。

【事件简介与檄文赏析】

中国明代初年，燕王朱棣（即明成祖）以"靖难"为名而发动了争夺皇位的战争，史称"靖难之役"。始发于建文元年（公元 1399 年），四年后

明成祖朱棣画像

朱棣攻陷南京,建文帝朱允炆失踪,朱棣即位,是为明成祖。这是朱棣起兵之初所发的檄文。

朱棣(1360—1424年)是明朝第三代皇帝。明太祖朱元璋第四子,生于应天。洪武三年(1370年),朱棣受封燕王,十三年就藩北平(今北京),多次受命参与北方军事活动,两次率师北征,加强了他在北方军队中的影响。朱元璋晚年,太子朱标、秦王朱樉、晋王朱棡先后死去,朱棣不仅在军事实力上,而且在家族尊序上都成为诸王之首。

朱元璋去世后,继位的建文帝朱允炆实行削藩,朱棣遂于建文元年(1399年)七月发动靖难之役,四年六月攻入南京,夺取了皇位。次年改元永乐(1403—1424年),杀方孝孺等人。他统治期间社会安定、国家富强,由于成祖年号为"永乐",后世称这一时期为"永乐盛世"。

永乐十九年(公元1421年),明成祖迁都北京,以南京为留都。极力肃整内政,巩固边防,政绩颇著。即位后五次北征蒙古,追击蒙古残部,缓解其对明朝的威胁;疏通大运河;迁都并营建北京,作为历史上第一个定都北京的汉人皇帝,奠定了北京此后500余年的首都地位;组织学者编撰长达3.7亿字的百科全书《永乐大典》;设立奴儿干都司,以招抚为主要手段管辖东北少数民族。更令他闻名世界的是郑和下西洋,前后七次,最远到达非洲东海岸,沟通了中国同东南亚和印度河沿岸国家。明成祖可谓功绩累累的一代雄主。永乐二十二年(公元1424年)朱棣死于北征回师途中的榆木川(今内蒙古乌珠穆沁),葬于长陵,庙号太宗,明世宗朱厚熜(嘉靖)时改成祖,简称文皇帝。

靖难之役起因于明太祖朱元璋在位期间,曾两次分封诸子为藩王。藩王各拥重兵,其中尤以秦、晋、燕、宁诸王势力最强。洪武二十五年(公元1392年)太子朱标病故,继立为皇太孙的朱允炆(1378—?年)对诸王势大难制深感忧虑。燕王朱棣与周王朱橚及齐、代诸王均拥兵自重,多行不法,朝廷孤危。1399年朱允炆即位后,即与齐泰、黄子澄等密议削藩。以燕王势大难图,故削藩自燕王同母弟周王始,周、代、岷、湘、齐诸王先后削夺,湘王自焚,余皆废为庶人。朱允炆令张昺为北平布政使,谢贵、张信掌北平都指挥使司,加强防燕措施。建文元年六月,齐泰将燕使邓庸下狱审讯,具得燕王将举兵反状,乃发兵逮燕府官属,并密敕张信逮捕燕王。张信为燕王旧部,此时遂降燕,朱棣随即为备。七月,朱棣以计擒杀张昺、谢贵,并命燕府护卫指挥张玉、朱能率兵乘夜攻夺北平九门,遂据北平。后以尊祖训,诛"奸臣"齐泰、黄子澄,为国"靖难"为名,誓师出征,这就是"靖难之役"。

战事之初,因北方诸将多燕王旧部,降燕从战者甚多。燕军先后下通州、蓟州、怀柔等城,宋忠等人战死。八月,朱允炆以明太祖旧将耿炳文为大将军,率师30万伐燕,屡战失利。建文三年年底,有内臣自京师告密,朱棣知南京空虚可图,决计改变战略,于四年正月率师南下。四月,连破何福、平安师,五月克泗州、扬州。朱允炆败局已定,遣庆成郡主至燕师,乞割地求和,燕王不许。四年六月,江防都督陈瑄以舟师降燕,燕师渡江,下镇江,直逼南京。谷王朱橞与李景隆开金川门降燕,南京城陷,宫中火起,朱允炆不知所终。朱棣下南京后,自即皇帝位,下令大索齐泰、黄子澄等建文朝臣 50 余人,榜其名曰奸臣,大行屠杀,并实行族诛之法,族人无少长皆斩,妻女发教坊司,姻党悉戍边。朱棣还令尽复建文中所改的一切成法和官制,以表明其起兵目的在于恢复祖训。朱棣夺取皇位后,改革中央行政机构,建立厂卫,继又迁都北京,使中央集权得到进一步加强。

针锋相对驳诬蔑:李自成剿兵安民檄

为剿兵安民事:

明朝昏主不仁,宠宦官,重科第,贪税敛,重刑罚,不能救民水火。日罄师旅,掳掠民财,奸人妻女,吸髓剥肤。[1]

本营十世务农良善,急兴仁义之师,拯民涂炭。[2]

今定承天、德安,亲临黄州。遣牌知会士民,勿得惊惶,各安生理。各营有擅杀良民者,全队皆斩。尔民有抱胜长鸣,迎我王师,立加重用。其余勿得戎服,玉石难分。此檄。[3]

【简释】

(1)明朝昏主不仁:明朝昏主,指明朝的历代皇帝,此时的皇帝是明思宗朱由检(1611—1644年),年号崇祯。1628—1644年在位。明光宗第五子。因其兄明熹宗天启皇帝朱由校无子,临终遗诏,以其五弟朱由检即皇位。朱由检在17岁即位后,面对着危机四伏的政治局面,殷切地寻求治国良方,勤于政务,事必躬亲。与前两朝相比较,朝政有了明显改观。无奈积重难返,时天下饥馑,疫疾大起,各地民变不断爆发,北方皇太极又不断骚扰入侵,加上明思宗求治心切,生性多疑,刚愎自用,因此在朝政中屡铸大错:前期铲除专权宦官,后期又重用宦官,不信任众臣;中后金反间计,自毁长城,冤杀袁崇焕。崇祯十七年(公元1644年),李自成攻入北京,崇祯帝逼周后自杀,手刃袁妃、乐安公主、昭仁公主,后在景山歪脖树上自缢身亡。时年35岁。身边仅有司礼监太监王承恩陪同。吊死前于蓝色袍服上大书"朕凉德藐躬,上干天咎,然皆诸臣误朕。朕死无面目见祖宗,自去冠冕,以发覆面。任贼分裂,勿伤百姓一人"。明思宗卒后,南明谥庙号思宗,葬北京昌平思陵。

宠宦官:在明代,伴随封建专制主义的恶性发展,宦官擅权乱政的现象日趋严重。尤其到了明朝末年的熹宗时期,宦官魏忠贤被任为司礼秉笔太监,后来又兼掌东厂。他勾结明熹宗乳母客氏,专断国政,政治日益腐败。天启五年(1625年)兴大狱,杀东林党人杨涟等。魏忠贤还在皇宫内组织成一支一万多人的宦官武装,加强了特务统治。他自称九千岁,竭力培植私党,其手下有"五虎""五彪""十狗"等帮凶和爪牙,从内阁六部到四方督抚都有他的私党。当时,宦官的气焰达到登峰造极的程度。崇祯帝即位后,虽然处治了魏忠贤,但宦官的势力与影响依然非常强大。明王朝宠信宦官的结果是迅速激化了各种社会矛盾。

(2)本营:系李自成自称。

涂炭:陷入泥沼,坠入炭火。比喻极其艰难困苦的境地。《书·仲虺(音:挥)之诰》:"有夏昏德,民涂炭。"

(3)"今定承天、德安"段:承天、德安、黄州,地名,均在今湖北境,是明朝时湖北所辖的八个府中的三个府,其他五府是武昌、汉阳、荆州、襄阳、郧阳。

戎服:军服。

【事件简介与檄文赏析】

本篇檄文选自彭孙贻的《平寇志》,以李自成名义发表。

李自成画像

李自成(1606—1645年),明末农民起义领袖,原名鸿基,世居陕西米脂李继迁寨,曾为银川驿卒。崇祯二年(公元1629年)起义,后为闯王高迎祥部下的闯将,勇猛有识略。八年荥阳大会时,提出分兵定向、四路攻战的方案,受到各部首领的赞同,声望日高。次年高迎祥牺牲后,他继称闯王。十一年在潼关战败,仅率刘宗敏等十余人,隐伏商雒丛山中(在今豫陕边区),次年出山再起。十三年又在巴西鱼腹山被困,以50骑突围,进入河南。其时中原灾荒严重,阶级矛盾极度尖锐。李岩提出"均田免赋"等口号,获得广大人民的欢迎,散布"迎闯王,不纳粮"的歌谣。部队发展到百万之众,成为农民战争中的主力军。

崇祯十六年(公元1643年)在襄阳称新顺王。同年,在河南汝州(今临汝)歼灭明陕西总督孙传庭的主力,旋乘胜进占西安。次年正月,建立大顺政权,年号永昌。不久攻克北京,推翻明王朝。由于起义军领袖犯了胜利时骄傲的错误,迫害吴三桂的家属,逼反吴三桂,满清贵族入关,联合进攻农民军。他迎战失利,退出北京,率军在河南、陕西抗击。永昌二年(公元1645年)在湖北通山九宫山考察地形时神秘消失,李自成余部降清后,又反叛满清,继续抗清斗争。

本檄文发布于崇祯十六年春天。崇祯九年,闯王高迎祥被俘杀后,李自成被推为闯王。领众"以走致敌",取声东击西,避实击虚的战法,屡败明军。崇祯十四年正月二十日(公元1641年1月)攻克洛阳,杀万历皇帝的儿子福王朱常洵,自称"奉天倡义文武大元帅"。1643年1月李自成在襄阳称"新顺王"。接着挥军攻克承天,又将兵锋指向明军盘踞的黄州。为进一步揭露明王朝的反动统治,宣传起义军的宗旨,安抚境内的百姓,李自成于此时发布了这篇《剿兵安民檄》。

檄文在揭露明朝统治罪恶和批驳其对起义军污蔑的基础上,针锋相对地提出了"剿兵安民"的主张和口号,这一口号一经提出,立即得到备受明军蹂躏的人民群众的热烈支持。明末官僚堵胤锡,在崇祯十六年给朝廷上的《救时二十议疏》中,反映了当时群众的这种心态。他说:"猾贼创为'剿兵安民'之说为愚黔首,所到之处翕然从之。"这年4月李自成杀叛将袁时中,10月攻破潼关,杀死督师孙传庭,占领陕西全省。1644年1月李自成在西安称帝,以李继迁为太祖,建国号"大顺"。

崇祯十七年(公元1644年)一月李自成东征北京,突破宁武关,杀守关总兵周遇吉,攻克太原、大同、宣府等地,又连下居庸关、昌平,三月十七日半夜,守城太监曹化淳率先打开外城西侧的广甯门,农民军由此进入今北京复兴门南郊一带。三月十八日,李自成派在昌平投降的太监杜勋入城与崇祯秘密谈判破裂。三月十九日清晨,兵部尚书张缙彦主动打开正阳门,迎刘宗敏军,崇祯皇帝在景山自缢,李自成下令予以"礼葬"。大顺军进城之初京城秩序尚好,店铺营业如常。但从二十七日起,大顺军开始拷掠明官,四处抄家,城中恐怖气氛逐渐凝重,人心惶惶,李自成手下士卒抢掠,臣将骄奢。四月十三日,李自成亲率10万大军奔赴山海关征讨吴三桂,吴三桂乃降于清朝摄政王多尔衮,两军联手击溃李自成,主将刘宗敏受伤,急令撤退。二十六日李自成逃到京城,仅3万余人,二十九日李自成在北京称帝,怒杀吴三桂家属大小34口,次日逃往西安,由山西、河南两路撤退。

指靠富翁成笑柄：朱由检钦赐(李建泰)督辅手敕

朕仰承天命,继祖宏图,自戊辰至今甲申十有七年,未能修德尊贤,化行海宇,以致兵灾连岁,民罹水火,皆朕之罪。[1]至流寇,本我赤子,窃弄兵戈,流毒直省。朝廷不得已用兵剿除,本为安民。

今卿代朕亲征,鼓联忠勇,表扬节义,奖励廉能,选拔雄杰。其骄怯逗玩之将,贪酷倡逃之吏,妖言惑众之人,缺误军粮之辈,情真罪当,即以尚方从事。行间一切调度赏罚,俱不中制。[2]卿宜临事而惧,好谋而成,剿则真剿,歼渠宥胁[3],一人勿得妄杀;抚则真抚,投戈散遣,万民从此安生。以卿忠猷壮略,品望凤隆,办此裕如,特兹简任,告庙授节,正阳亲饯。[4]愿卿荡荡妖氛,旋师奏凯,侯封进爵,鼎彝铭功。有功内外文武各官从优叙赉。朕仍亲迎庆赏,共享太平。[5]

预将代朕亲征安民靖乱至意遍行示谕,咸使闻知。特谕。

【简释】

(1)"朕仰承天命"句:朱由检于1622年被册封为信王。明熹宗于公元1627年(戊辰年)8月病故后,由于没有子嗣,他受遗命于同月丁巳日继承皇位。第二年改年号为"崇祯",公元1644年为崇祯17年,农历甲申年。

罹(lí):忧患,苦难。

(2)尚方从事:由于李建泰是代帝亲征,故朱由检在敕书里授予了莫大的权力,他有尚方宝剑可以决定一切事情。

俱不中制:谓都不从中干预。

(3)歼渠宥(yòu)胁:渠,大,首领;宥,宽容,饶恕,原谅。歼渠宥胁意为严惩首领,宽恕胁从。

(4)"以卿忠猷壮略"句:忠猷,忠诚谋划。裕如,形容从容自如。

正阳亲饯:正阳门(今前门)亲自饯行。

(5)"愿卿荡荡妖氛"句:荡,同早。鼎彝,古代祭器,上面多刻着表彰有功人物的文字。

赉(lài):赐予,给予。

145

【事件简介与檄文赏析】

本文选自蒋德璟《悫书》卷十一。出自明朝皇帝朱由检亲笔。

朱由检（1611—1644 年），汉族，生于立春日，父明光宗朱常洛，母刘氏，是明熹宗朱由校的弟弟。崇祯皇帝为明光宗第五子。天启二年（公元 1622 年）受封为信王，天启七年（1627 年）即位（1627—1644 年在位），改元崇祯。他是明朝最后一任皇帝。17 岁的崇祯帝继承帝位。他即位后便诛杀了大宦官魏忠贤，为东林党人平反。此时明朝统治阶级内部党争激烈；连年天灾，赤地千里，颗粒无收，导致了明末农民起义的爆发；外部后金（清朝）兴

明崇祯帝画像

起，不断掠夺中原。崇祯皇帝竭尽全力，节俭勤勉，兢兢业业，付出全部的精力，是明朝少有的勤政皇帝之一。然而他专横独断，刚愎自用，杀害抗清英雄袁崇焕，致使朝廷内部人人自危，最终众叛亲离；又横征暴敛，向人民征收"辽饷""剿饷""练饷"等苛捐杂税。诸如此类种种原因，终于导致了明朝的灭亡。公元 1644 年 3 月，李自成率农民军攻入北京，崇祯皇帝在紫禁城后的煤山（今景山）上吊自杀。崇祯皇帝死后被南明政权尊为"思宗"，后改"毅宗"。清朝则上庙号为"怀宗"，谥号"庄烈帝"。大顺军在西安建国改元和渡河东征的消息传到北京，朱由检吓得坐立不安。自从孙传庭兵败身死之后，朱由检迫切希望找到一个能够担任督师的人替他收拾残局，挡住起义军的进攻。经过一番盘算，他内心选定了大学士李建泰。一天，他在临朝时叹息说："朕非亡国之君，事事皆亡国之象。祖宗栉风沐雨之天下，一朝失之，何面目见于地下。朕愿督师，亲决一战，身死沙场无所恨，但死不瞑目耳。"说罢痛哭流涕。大学士们听皇帝说要御驾亲征，一个个心领神会，从首辅陈演起都挨次报名请求代替，但朱由检都不答应，轮到李建泰报名时，他才欣然同意。李建泰为人贪生怕死，既无驭将之才，也无应变之策，他被选中出马督师，只是因为他是山西的大富翁。朱由检在兵饷俱缺的情况下看中了他的万贯家财，指靠他"破家以纾国难"。正月二十六日，朱由检在正阳门（即今北京前门）城楼上大摆宴席，为李建泰饯行。朱由检用金杯斟酒连赐三杯，拿出自己亲笔撰写的《钦赐督辅手敕》郑重地交给了李建泰。李建泰受到这样隆厚的礼遇，也为之感泣，誓以死报。席散，崇祯皇帝在正阳门上目送李建泰出京。

一出北京，李建泰就立即感到了政治气候的急剧变化。他这位堂堂代帝亲征的

大学士，在畿辅之内竟落到了举目无亲的境地。"李至一县，县人漫视不为礼。李从者饥，求食。县人曰：'汝官为大明乎？为大顺乎？'诡对曰：'大顺'。乃为设食甚丰，饱餐而去。"河北定兴县距离北京不过二百里，李建泰领着禁旅途经该县时，居然吃了闭门羹。"建泰攻破之，笞其长吏。"南到邯郸时便传来了大顺军左营刘芳亮部正沿着黄河北岸向东进军的消息，李建泰立即原形毕露，"心怖，北向鼠窜，兵遂溃。所过之处恣意劫杀。"途经广宗县时，他要求入城躲避，知县李弘基严词拒绝，带领县民登城设守。李建泰大怒，下令攻城。城破后乡绅王佐当面质问他："阁部受命南征逆闯，赐尚方剑、斗牛服，推毂目送，圣眷至渥。今贼从西南来正宜迎敌一战，灭此朝食，上报国恩。奈何望风披靡，避贼北遁，陷城焚劫耶？"李建泰恼羞成怒，下令把王佐处斩。李军把"官帑民舍抢劫一空"之后继续北窜，一路上士卒不断逃走，只剩下数百名亲军拥簇着饷银，跟随李建泰溜进了保定。不久即在此向刘芳亮部大顺军投降。风光一时的大学士代帝亲征的闹剧，遂告结束。

民族英雄举义旗:张煌言北伐檄文

　　昔五胡乱夏,仅一再传而灭。今东虏应谶,适二八秋之期。诚哉天道好还,况也人心思汉。慨自李贼倡叛,神京陆沉。建酋本我属夷,屡生反侧,遂乘多难,窃踞中原。[1]衣冠变为犬羊,江山沦于戎狄。凡有血气,未有不痛心切齿于奴酋者也。本藩奉天倡义,伐罪吊民,卧薪尝胆,法古用兵。生聚教训,已逾十年。正朔难偏,仅存一线。兹者亲统大师,首取金陵,出生民于水火,复汉官之威仪。尔伪署文武将吏,皆系大明赤子,谁非中国绅衿。时穷势屈,委质虏廷,察其本怀,宁无隐忍?天经地义,华夷之辨甚明;木本水源,忠孝之良自在。至如辽人,受我朝三百年之豢养,遭逆虏三十载之摧残。祖父既受其刑毒,母妻甚被其宣淫。尔二三孤儿,尚为旗下之奴;百千弱女,竟作胡中之妇。报仇雪耻,岂待异时;归正反邪,端在今日。则张良报韩,先挥博浪之椎;朱序归晋,遂成淮淝之捷。[2]或先机革面,或临敌改图。以全省全部来归者,不吝分茅裂土;以一邑一镇来归者,定与度地纪勋。或率兵而至,则论其众寡而照数授职;或洁身而来,则就其职掌而量材超擢。若蒙古、女真,世受国家抚赏之恩,原非一类,共在天地覆载之内,亦有同仇,无怀二心,视之一体。不但休屠归汉,名高日月;且如回纥扶唐,烈光叶护矣。[3]本藩仁义素著,赏罚久明。先机者有不次之赏,后至者有不测之诛。一身祸福,介在毫芒;千古勋名,争之顷刻。师不再举,时不再来,布告迩遐,咸使闻知。敬哉特谕。

【简释】

　　(1)"建酋本我属夷"句:建州三卫是明代在东北地区建州女真聚居地设置的三个地方军事行政机构的合称,包括建州卫、建州左卫、建州右卫。委任各部首领,俾仍旧俗,各统其属。清太祖努尔哈赤原属建州左卫,在其起兵前一年即万历十八年,还曾至京师朝贡。公元1616年(明万历四十四年、后金天命元年),清太祖努尔哈赤建国称汗,国号大金,史称"后金"。公元1636年(明崇祯九年、清崇德元年),清太宗皇太极称帝,改国号为"大清"。公元1644年(明崇祯十七年、清顺治元年),李自成的大顺军攻占北京,明朝灭亡;驻守山海关的明将吴三桂降清,清摄政王多尔衮指挥清军入关,打败大顺农民军;同年清顺治帝迁都北京,从此清朝取代明朝成为全国的统治者。

（2）"则张良报韩"句：张良（？—前186年）是西汉初年的重要谋臣，字子房。先世为战国时韩国人。祖父开地、父平，曾五世相韩。秦灭韩时，张良尚有家僮三百人。他倾全部家财寻求刺客，企图暗杀秦始皇，为韩报仇。后乘始皇东游之机，与客在博浪沙（今河南原阳东南）用铁锥狙击秦始皇未遂。于是变更姓名，亡匿下邳（今江苏睢宁西北），曾从圯上老人学《太公兵法》。秦二世元年（公元前209年）七月陈胜、吴广起义后，张良聚众响应。不久归属刘邦，此后成为刘邦的重要谋士。他协助刘邦制定作战方略，并在政治上、策略上提出许多重要建议。这些建议对刘邦夺取楚汉战争的胜利和建立西汉王朝起了重要作用。刘邦即帝位后，封张良为留侯。惠帝六年病卒，谥号文成侯。

朱序归晋：朱序（？—393年），字次伦。义阳（今河南信阳南）人。历任鹰扬将军、江夏相、征虏将军。宁康初年以南中郎将、梁州刺史镇守襄阳。他在襄阳时的一个重大事件是抵抗前秦的进犯。公元378年，前秦大将苻丕等受前秦国王苻坚之命，率大军围攻襄阳，朱序率东晋军民守城。序母韩氏登城巡视，认为西北角薄弱，有可能被敌攻破。于是率侍婢及城中妇女筑城20多丈。苻丕果然率军攻城西北角，城溃。但因有韩氏新筑的城墙，苻丕军攻之不下，只得退兵。襄阳人由此而称此城墙为"夫人城"。后来，由于朱序守城时间太长，意志懈怠，守备不严，加上部将李伯护与苻丕勾结，作为内应，襄阳遂陷。朱序逃至宜阳被苻坚查获，坚不问罪，并任为尚书。在"淝水之战"中，苻坚令朱序前去招降谢石。朱序到晋营后，不但没有劝降，反而向谢石提供了秦军的情况。谢石起初认为秦军兵强大，打算坚守不战，待敌疲惫再伺机反攻。听了朱序的话后，认为很有道理，便改变了作战方针，决定转守为攻，主动出击。晋兵渡河时秦军主动后撤，但秦兵士气低落，结果一后撤就失去控制，阵势大乱。谢玄率领8000多骑兵，趁势抢渡淝水，向秦军猛攻。朱序则在秦军阵后大叫："秦兵败矣！秦兵败矣！"秦兵信以为真，于是转身竞相奔逃。苻融眼见大势不妙，急忙骑马前去阻止，以图稳住阵脚，不料战马被乱兵冲倒，被晋军追兵杀死。失去主将的秦兵越发混乱，彻底崩溃。前锋的溃败，引起后续部队的惊恐，也随之溃逃，形成连锁反应，结果全军溃逃，向北败退，晋军大败前秦军获得胜利。淝水之战后，朱序归晋，被任为龙骧将军、豫州刺史，镇守襄阳、洛阳等地。现襄阳有"夫人城"遗迹。

（3）"休屠归汉"句：西汉元狩二年（公元前121年），汉骠骑将军霍去病率数万骑越焉支山（今甘肃山丹县境内）、居延泽（今内蒙古额济纳旗北），斩获匈奴数万，并缴获了休屠王祭天的金人。匈奴昆邪王、休屠王部大败，伊稚斜大单于要将二人召至单于王庭治以死罪。二王走投无路决定降汉。但当汉朝派霍去病迎接他们时，休屠王又想反悔。于是，昆邪王杀了休屠王，吞并了休屠王的兵众，休屠王的妻儿随之归汉。从此,作为"匈奴右部"的一部分,驻陇西地区的休屠王部随着休屠王的被杀而退出了历史舞台。

回纥扶唐:在周边诸多民族中,回纥同唐朝的关系算是最好的。安史叛乱突然爆发,唐政权同安史骑兵对垒,结果屡屡失败。唐朝需要骑兵对付叛军,于是派人赴回纥修好征兵。唐肃宗至德二载(公元757年)九月,怀仁可汗派其太子叶护率领大将帝德等兵马4000余众赴关中,随同元帅广平王(后来的唐代宗)、副元帅郭子仪率领的唐军和西域兵,一共15万,在长安西面同10万叛军作战。回纥骑兵的参战,改变了敌我力量的对比,是安史之乱得以平定的重要原因。

【事件简介与檄文赏析】

本文选自《张苍水集》,是明末清初民族英雄张煌言在和郑成功会合后为北伐发布的檄文。

张煌言(1620—1664年),汉族,南明将领、诗人,民族英雄。字玄著,号苍水,明朝时浙江鄞县(现宁波市)人,生于明万历四十八年(公元1620年),清康熙三年(公元1664年)九月遇害殉国。明朝灭亡,抗清复明的责任便落到了地方势力和有民族气节的知识分子身上。1648年,张煌言逐渐成为浙东人民抗清的一面旗帜,后主动与郑成功交好,两位抗清战士结下深厚友谊。1653年,张煌言随张名振又一次攻入崇明,一度扬威镇江金山。1658年,永历帝封郑成功为延平

张煌言故居雕像

郡王、招讨大将军,张煌言为东阁大学士兼兵部尚书,负责浙江军事。两位抗清英雄联手上演了一场在抗清斗争中足以彪炳千秋的壮烈史剧。

1659年5月,郑成功率水陆大军17万人,在舟山会合了张煌言所部6000人,自崇明口入长江,开始了向清军的进攻。在这场战役中,张煌言表现了他卓越的军事、政治才能。张煌言部西上,仪征、六合的清军如惊弓之鸟,而广大人民则热烈拥戴张煌言的大军。但郑成功不懂兵贵神速的道理,他没有从陆上由镇江出发迅速赶到南京与张煌言的前锋会合攻打南京,而是依旧坐船慢慢西上。三天后(即七月初四),郑成功大军才到达南京城下。张煌言收复芜湖,派往各地的军队进展十分顺利,旬月之间,连克皖南的太平、宁国、池州、徽州、无为、和州及苏南的高淳、溧阳、

溧水等城池,共计四府、三州、二十四县,部下水陆大军发展到数万人,湘赣鲁豫亦为之震动,忠勇之士纷纷输款欲投效力,这是张煌言抗清事业的辉煌顶点。

不幸,此时郑成功的大军却在南京城下战败,使郑成功、张煌言共同创造的大好抗清局面功败垂成,而责任主要在郑成功的军事才能欠缺上。郑成功军败一撤,张煌言孤军悬于芜湖一带,使得清军能够集中力量回过头来对付他,他天明撤退时遭敌围攻,全军覆没。郑成功听说张煌言脱险,遂派兵接他到海岛安置,张煌言失散的一部分部卒又陆续来归建。1660年春,他率部转入临门,常活动于灵江、桃渚等地。1661年3月,张煌言率兵进入闽北的沙埕,打算与郑成功再度会师。可是郑成功只想取台湾作为他的根据地,发兵收复台湾。

闽浙方面的义军势力盼望郑成功大军复出,不料第二年郑成功一死,东南沿海的抗清斗争实际上走到了尽头,张煌言势单力孤,无力再向清廷发动主动进攻。清廷浙江招抚使王尔乐和总督赵廷臣连书招降他,他回书严词拒绝。1664年(康熙三年)6月,他作出了一个艰难的、也是伟大的决定:解散义军,让他们赴各地暂避,而自己则带数人躲入荒脊的花罴岛隐居,以等待时机。清廷通过收买叛徒的手段偷袭海岛,于1664年7月捕获了张煌言,农历九月初七这天,张煌言被押到了刑场。临刑时,刽子手依惯例让他跪下,张煌言严词拒绝。他昂首挺立,壮烈就义于刀下。张煌言不仅有着很高的军事才能,而且时时刻刻都把人民放在心头,所以人民对他也是拥护爱戴备至,他的义旗所至,就是人民希望寄托之所在。因此当他和郑成功会师北伐的时刻,虽然兵不满万,船不满百,却能连下四府三州二十四县,一时大江南北,风云涵洞,几乎动摇了清廷整个统治基础。人民望见他的将士衣冠,莫不感动流涕。

谕民诏书实檄文：
康熙帝敕谕云、贵地方文武官员军民人等诏

逆贼吴三桂穷蹙来归，我世祖章皇帝念其输款投诚，授之军旅、赐封王爵，盟勒山河；其所属将弁，崇阶世职，恩赉有加；开闻滇南，倾心倚任。迨及朕躬，特隆异数，晋爵亲王；重寄干城，实托心膂，殊恩优礼，振古所无。(1)

讵意三桂性类奇穷，中怀疑诈；宠极生骄，潜图不轨。本年七月内自请搬移，朕以三桂出于诚心，且念其年齿迈，师徒远戍已久，遂允奏请，令其休息；仍饬所司安插周至，务俾得所。议特遣大臣前往宣谕朕怀。(2)

朕之待三桂，可为隆情至德，蔑以加矣。今览川湖总督蔡毓荣等奏疏，称三桂径行反叛。背累朝豢养之恩，逞一旦鸱张之势，横施凶逆，涂炭生灵，理法难容，神人共愤。今削官爵，特遣宁南靖寇大将军多罗顺承郡王勒尔锦统领禁旅，前往扑灭；兵威所至，克期荡平。(3)

但念地方官民人等身在贼境，或心存忠义，不能自拔；或被贼驱迫，怀疑畏罪。大兵一到，玉石莫分；心深为不忍！爰颁敕旨，通行晓谕。尔等各宜安分自保，无听诱胁；即或误从贼党，但能悔罪归诚，悉赦已往，不复究治。至尔等父兄子弟亲族人等见在直省出仕居住者，已有谕旨，俱令各安职业，并不株连；尔等毋怀疑虑。其有能擒斩三桂头献军前者，即以其爵爵之；有能诛缚其下渠魁及以兵马城池归命自效者，论功从优叙录；朕不失言。汝等皆朕赤子，忠孝天性，人孰无之！从逆从顺，吉凶判然；各审宜度，勿贻后悔。

【简释】

(1)"逆贼吴三桂穷蹙来归"段：吴三桂（1612—1678年），字长伯。汉族，明末清初辽东人，武举出身，明天启末年曾带二十余名家丁救其父于四万满洲人之中，孝勇之举遍闻天下。史载吴三桂部"胆勇倍奋，士气益鼓"，是明末最后一支有战斗力的铁骑部队。崇祯十七年（公元1644年）三月初，李自成逼近北京，吴三桂奉旨入援京师。北京失陷，吴三桂撤兵退保山海关。吴三桂因其妾陈圆圆被李自成部将掠去，其父也被拘押"拷掠甚酷"大怒，遂上疏清睿亲王多尔衮，请清兵入关灭贼。李自成

亲率大军奔赴山海关攻讨吴三桂。山海关之战，吴军初败，吴三桂求清兵入关。吴三桂与清军在一片石战役中联合大败李自成，受清封平西王。不久，吴三桂又为清军先锋，追击李自成，并平灭陕西等地的余部，灭四川军阀张献忠。清顺治十四年（公元1657年），会同清军多尼等进攻南明云、贵等地区。顺治十六年，清廷命他镇守云南，引兵入缅，迫缅王交出南明永历帝。康熙元年（公元1662年），吴三桂杀南明永历帝于昆明。同年，清廷晋封吴三桂为平西亲王，兼辖贵州省，永镇云贵。与镇守福建的靖南王耿精忠、镇守广东的平南王尚可喜子尚之信相呼应，成为拥兵自重的三藩。顺治十七年，朝廷以赋税不足，令吴三桂裁减兵员。吴三桂将绿营及投诚兵从6万人减至2.4万人，汰弱存强，留下的全是精锐之师。清廷于康熙十二年（公元1673年）下令撤藩。吴三桂闻讯后叛清。自称周王、总统天下水陆大元帅、兴明讨虏大将军，发布檄文，联合平南王世子尚之信、靖南王耿精忠及广西将军孙延龄、陕西提督王辅臣等以反清复明为号召起兵反清，挥军入桂、川、湘、闽、粤诸省，战乱波及赣、陕、甘等省，史称"三藩之乱"。清政府调重兵全力镇压叛乱，逐渐扭转了战局，康熙十七年（公元1678年），吴三桂在湖南衡州称帝，国号大周，建元昭武。其本人也开始蓄发，改穿明朝衣冠。同年秋在长沙病死。其孙吴世璠继位，退居云南。康熙二十年（1681年）昆明被围，吴世璠自杀，余众出降。吴三桂的子孙后代被彻底杀光。

世祖章皇帝：即顺治帝爱新觉罗·福临，1643—1661年在位。

输款：犹投诚。

将弁：将，将领、高级军官。弁，古时的一种官帽，后泛指帽子，渐而代指武官，将弁即各级武官总称。

开阃（kǔn）：阃，门槛，门限；特指城郭的门槛；统兵在外的将军。开阃，有阃外之意，即指阃外负有军事专责的人。

迨（dài）及朕躬：到了我这里。朕躬：即指康熙帝。

干城：盾牌和城墙，比喻捍卫国家的将士。

心膂（lǚ）：心与脊骨，喻主要的辅佐人员，亦以喻亲信得力之人，喻重要的部门或职任。

（2）讵意三桂性类奇穷：讵（jù）意，讵，岂，怎。讵意，怎料。

奇穷：传说中古代"四凶"之一。主要记载于《山海经》中，被描述为外貌像老虎又像牛，长有一双翅膀和刺猬的毛发。现多见于各种游戏形象，亦被用来比喻背信弃义的人。

本年七月内：康熙十二年（公元1673年）三月，平南王尚可喜因年老多病，疏请归辽东，以其子尚之信承袭爵位继续坐镇广东。康熙帝同意他告老，但不允许其子袭爵，命令其尽撤藩兵回籍。这触动了吴、耿二藩，他们也奏请撤藩，试探清廷的态度。当时朝中大臣畏惧吴三桂的武力,多数人反对撤藩,只有少数人主张撤藩。康熙帝认为,藩镇久握重兵,势成尾大,现在撤也反,不撤也反,不如先发制之。于是将计就计,同意吴三桂和耿精忠所请,毅然下令撤藩。"自请搬移"即此事。撤藩令一下,吴三桂于这年十一月发动叛乱。

饬(chì):整顿,使整齐;古同"敕",告诫,命令。俾(bǐ):使。

(3)朕之待三桂段:蔡毓荣:汉军正白旗人。兵部尚书蔡士英之子。康熙初,任刑部侍郎。先后出任湖广四川总督、湖广总督加兵部尚书、云贵总督。多次上疏言四川招民垦荒事宜。康熙十四年(公元1675年)率绿旗兵征讨"三藩之乱",后领衔绥远将军,总统绿营。先后败吴三桂部于岳州、长沙、衡州、辰州、贵阳、云南。次年,累上疏论云南善后事宜,言及蠲荒、理财、弭盗、军制等十数事。后以吴三桂孙女为妾,坐罪遣戍黑龙江,康熙三十八年卒。

鸱(chī)张:像鸱鸟张翼一样。比喻嚣张,凶暴。

多罗顺承郡王勒尔锦:勒克德浑子勒尔锦,袭郡王。康熙十一年,掌宗人府事。十二年,吴三桂反,命为宁南靖寇大将军,总领诸将南征吴三桂。十三年,驻荆州,败吴三桂将多人。十四年五月,吴三桂兵犯均州,遣都统伊里布击败之。十五年,自荆州渡江,破敌于文村、于石首。吴三桂既死,复渡江克松滋、枝江、宜都及澧州,进取常德。后以老师糜饷,坐失事机罪削爵。

【事件简介与檄文赏析】

本文选自台湾文献丛刊第284种,清·勒德洪等《平定三逆方略》,又见《清圣祖仁皇帝实录》。是清康熙皇帝的诏书,但因是讨伐吴三桂并宣示文武官员和平民百姓,实际上与檄文无异。

清圣祖康熙,名爱新觉罗·玄烨(1654—1722年),清朝皇帝,康熙的称谓来自其年号,终年69岁,在位61年,是中国历史上在位时间最长的皇帝。康熙继位时只有8岁,是顺治的第三子。顺治接受汤若望的意见,因其出过天花最有可能不夭折而把他选为继承人。康熙六年(公元1667年)七月初七在太和殿举行亲政仪式,康熙执政期间,撤除吴三桂等三藩势力(公元1673年),统一台湾(公元1684年),

康熙皇帝画像

平定准噶尔汗噶尔丹叛乱(1688—1697 年)，并抵抗了当时沙俄对我国东北地区的侵略，签订了中俄《尼布楚条约》，维持了东北边境 150 多年的边界和平。他亲征朔漠，和善蒙古；重农治河，兴修水利；兴文重教，编纂典籍；对自己讲学习，对朝政讲勤慎；奠定了持续 100 多年的"康乾盛世"。康熙把平定三藩之乱作为他亲政后要解决的第一个问题。

三藩的建立和其势力的养成，是清廷利用明朝降将平定及镇守南方的结果。清廷入关之后，因为八旗兵力不足，为了对付农民起义军和南明小朝廷的反抗，不得不依靠明朝的降官降将充当前驱，从事招抚及武力镇压。在明朝降将中，以孔有德、耿仲明、尚可喜、吴三桂四人替清朝出力最大，所以均受封为王。孔有德在同农民军作战时失败自杀。吴三桂驻云南，尚可喜驻广东，耿精忠(耿仲明之孙)驻福建，这样便形成了三藩。三藩势成割据，三藩各拥重兵，久据数省，吴三桂的势力最大，也最为跋扈。三藩各拥有雄厚兵力，占据一方，形成独立王国，其势力已尾大不掉，严重威胁着清政权；三藩的存在，在经济上也成为沉重的负担。

康熙十二年(公元 1673 年)撤藩令一下，吴三桂首先于这年十一月杀云南巡抚朱国治发动叛乱，消息传到北京，举朝震动。康熙帝看出主要的叛变者是吴三桂，所以集中主要力量打击吴三桂，下令剥夺吴三桂的王爵，杀其子吴应熊于北京。决不给予可以进行妥协讲和的机会，而对其他叛乱分子采取招抚拉拢的手法，暂时停撤耿、尚二藩，其他叛变者只要肯降，既往不咎，以此来分化敌人，削弱吴三桂的羽翼，从而孤立吴三桂。在这个方针之下，康熙帝把湖南作为军事进攻的重点，命勒尔锦等统领大兵至荆州、武昌，正面抵住吴三桂，并进击湖南，又命岳乐由江西赴长沙，以夹攻湖南。此外，康熙帝又放手利用汉将汉兵来应付作战，使其充分发挥作用。战争开始后，叛军方面屡屡得手。但由于康熙处置得当，吴三桂失去了外援，军事上完全陷于孤立。这样，从康熙十五年起，战争的优势逐渐转到清军方面来了。康熙十七年(公元 1678 年)，吴三桂在衡州称帝，未几即忧愤成疾，于这年八月病死。

康熙十八年(公元 1679 年)，清军平岳州、常德、长沙、衡州等地后，恢复了湖南全省，同时收复广西。康熙十九年(公元 1680 年)，清军克汉中，定成都，取重庆，收复四川。康熙二十年(公元 1681 年)十月，昆明南门守将开门迎降，云贵平定。历时八年，波及十数省的三藩之乱，终于被削平了。吴三桂等人发动的叛乱，目的在于搞分裂割据，得不到人民群众的支持，失败是必然的。而清朝平叛避免了国家的分裂，有利于多民族统一国家的巩固和发展，符合人民的愿望，能得到各族人民群众的支持。同时中央集权制力量得到加强，提高了抗御外敌的能力。此后，清廷开始致力于解决边疆问题。

农民起义一号角:洪秀全讨满清诏

朕祖洪武扫荡群夷,克复中原,开三百年之丕基,造亿万姓之厚福。此诚三代以来之盛主也。不幸至我怀宗,闯贼猖獗,奸党开门,致有甲申之变。[1]尔祖乘我之乱,包藏祸心,篡我之朝,窃夺神器,弘光被弑忠臣死者千余,宗室遭残,亲族亡者万余。当此时也,地裂天崩,山枯海涸。尔胡逆贼,我世不共戴天之仇也,况夏为夷变,二百年不见日月之光,汉受满欺,六七世常闻腥膻之气。[2]弑兄弑叔,迹类豺狼,纳妹纳姑,行同狗彘。卖官鬻爵,士子之诵读何用?如赋劝捐,庶民之脂膏已竭。犯人不剃发,是欺汉人为囚。状元不招亲,是视汉人为寇。不封王,不爵位,是忌汉人有柄。不将兵,不树帅,是畏汉人有权。名虽君臣,实则陌路。盐分南北,法失重轻。贪官污吏满寰区,处处是杀人利刃。善士良民遭荼毒,人人怀切齿深仇。以致旱虐连年,水灾屡降,民不聊生,人皆思乱。尔忝居大位,尚不侧身修身,而犹纵淫贪欲,置民瘼于罔闻,谓天威不足畏。此诚昏庸无道之极!所谓四海困穷,天禄永终者此也。[3]

今朕非他,乃大明太祖之后裔,弘光皇帝七世孙也。[4]名正言顺,天与人归,一为祖宗复仇,二为苍黎伐暴。谋臣如雨,战将如云,大兴汤武之师,用慰云霄之望。锄其酷虐,救民于水火之中,修我戈矛,取残若鹰之逐。旌旗蔽日,船筏弥江。士卒争先,水陆并进。天堑无难飞渡,投鞭亦可断流。将军所至,迅如扫叶之风。兵帅所临,震如当空之霹。军威整肃,号令森严。耕市不惊,秋毫无犯。箪食壶浆迎之者,喜其先至;翘首引领望之者,恨不速来。至有摧枯之威,破竹之势。趁首夏之清和,分兵西往。据高秋之逸爽,遣将北征。传檄江南,连兵河朔。分兵进讨,问罪燕京。共枭逆胡之头,以泄戴天之恨。凡属满营,生擒者割其股而吸其髓;但系旗下,死亡者食其肉而寝其皮。灭尽胡儿,克复中原之土。安全黎庶,重睹明世之天。凡我士民,无诈无虞,永登仁寿域,长享太平春。钦此!

【简释】

(1)"朕祖洪武扫荡群夷"等句:洪武,即明太祖朱元璋,洪武是其年号。朱元璋推翻蒙古人建立的元朝,建立了明朝。明朝存在于1368—1644年,将近300年。洪秀全为了号召人民，以洪武为自己的祖宗。

丕基：巨大的基业。唐张绍《冲佑观》诗："赫赫烈祖，再造丕基"。

怀宗：是崇祯皇帝朱由检的庙号。封建皇帝死后，一般只有一个谥号，一个庙号，由于明亡后的特定历史条件，使崇祯皇帝死后有了几个庙号。谥法和其他关于礼的规定一样，是中国古代社会上层建筑的重要组成部分，对于维持封建等级制度，维持封建礼教起着重要的作用。崇祯皇帝死于动乱社会，各政权出于号召和名正言顺，纷纷给崇祯上谥，遂有了怀宗、庄烈帝、思宗、毅宗、威宗等称号。清统一后，由于高压和正统思想的斗争，清谥庙号在正式出版和清认可的出版物中使用，明谥庙号出现在明遗老的著作中。正如计六奇所说："清纪称怀宗，从时宪也。而草野无知，或称思宗，又间称毅宗者，传旧闻也。"

闯贼猖獗：指明末闯王李自成领导的农民起义推翻了明朝政权。

甲申之变：1644 年，李自成领导的起义军打进北京，崇祯皇帝吊死煤山。1644年是农历甲申年。故称甲申之变。

(2)"尔祖乘我之乱"等句：神器，犹言神物，代表国家政权的实物，如玉玺、宝鼎之类。借指帝位、政权。

弘光：即南明弘光帝朱由崧(sōng)(1607—1646 年)，明神宗朱翊钧孙、福王朱常洵长子、崇祯皇帝之堂兄。明崇祯十六年(公元 1643 年)袭福王爵位。次年李自成克北京，乃南逃淮安，由凤阳总督马士英等拥至明朝陪都南京，六部文武大臣决定拥立新君，先称监国，旋即称帝，建元弘光。弘光元年(顺治二年，公元 1645 年)，清兵南下占南京，遂走芜湖依黄得功。旋被俘送北京，次年被杀。

腥膻之气：这是汉人指游牧民族。

(3)"弑兄弑叔"等句：弑兄弑叔、纳妹纳姑指清廷内部权力斗争和宫闱秘事。

犯人不剃发：当年清朝律法规定：在监囚犯每季剃发一次，但须留头顶心一片，作为标记。对汉人而言，剃发成为接受异族统治的标志。剃发所带来的耻辱感使汉人反抗这一政策，太平军每攻占一地，发布的第一道公告往往就是"蓄发令"，对拒绝蓄发者，太平军予以严惩。这主要是出于政治的目的，是以蓄发取代辫发来挑战清朝政权的一种政治手段。

状元不招亲：清朝实行民族隔离政策，规定满汉不通婚，违者严惩，甚至杀，皇帝的女儿更不能跟汉族通婚。古代状元常常被招为驸马，而清朝的汉族状元则绝无此种可能。

不封王，不爵位：清朝祖制，汉人不能封王，清初撤藩后清朝再无汉王。

盐分南北，法失重轻：清朝盐专卖所采用的方式，盐场分两部分，一个是淮南盐场，一个是淮北盐场。后来由于政府腐败和官商勾结，官盐销售不畅，老百姓或购买私盐或被迫淡食。道光时期的陶澍将原来盐商取得的买卖经营官盐垄断资格下放到所有人。

恭(tiǎn)：恭,辱,表示愧于进行某事,常用作谦辞。

瘼(mò)：病,疾苦。民瘼,人民的痛苦。

(4)今朕非他句:洪秀全为了号召人民反抗清朝,就谎称自己是明朝皇帝之后。

【事件简介与檄文赏析】

本文选自《太平天国》(中国近代史资料丛刊之一),《太平天国史料》等书中亦有此文。是洪秀全起义之初发布的檄文。

洪秀全(1814—1864年),原名洪仁坤、小名火秀,汉族客家人,原籍广东嘉应州,生于广东花县(今广州花都区)福源水村。太平天国创建者及思想指导者,称"天王"。道光年间屡应科举不中,遂吸取早期基督教义中的平等思想,创立"拜上帝会",撰《原道救世歌》以布教,主张建立远古"天下为公"盛世。

道光三十年十二月初十(1850年1月11日)洪秀全发动金田起义,建国号太平天国,自称天王。咸丰三年(公元1853年)定都南京,称天京。颁布《天朝田亩制度》,又分兵西征、北伐。

洪秀全画像

咸丰八年(公元1858年),因掌握军政实权的东王杨秀清"威权逼己",遂密诏北王韦昌辉率军返京诛杨。韦昌辉又扩大事态,滥杀无辜。洪秀全迫于众怒,只好杀了韦昌辉,以翼王石达开主政。次年,石达开受猜忌负气出走,太平天国濒危。洪秀全重用陈玉成、李秀成诸后起良将,自兼军师,又采取减赋和加强宗教宣传等措施,渡过难关。

同治二年(公元1863年)冬,天京为清军围困,粮尽援绝。洪秀全拒绝李秀成突围的建议,固守天京。同治三年四月病卒。

除旧布新气势雄：
杨秀清萧朝贵太平天国奉天讨胡檄

为奉天讨胡，檄布四方，若曰：

嗟尔有众，明听予言！予惟天下者，上帝之天下，非胡虏[1]之天下也；衣食者，上帝之衣食，非胡虏之衣食也；子女民人者，上帝之子女民人，非胡虏之子女民人也。

慨自有明失政，满洲乘衅，混乱中国，盗中国之天下，夺中国之衣食，淫虐中国之子女民人。而中国以六合之大，九州之众，一任其胡行，而恬不为怪，中国沿得为有人乎？自满洲流毒中国，妖胡虐焰燔苍穹，淫毒秽宸极，腥风播于四海，妖气惨于五胡，而中国之人，反低首下心，甘为臣仆，甚矣哉！中国之无人也！[2]

夫中国首也，胡虏足也；中国神州也，胡虏妖人也。中国名为神州者何？天父皇上帝真神也，天地山海，是其造成，故从前以神州名中国也。胡虏目为妖人者何？蛇魔"阎罗妖"邪鬼也，鞑靼妖胡，惟此敬拜，故当今以妖人目胡虏也。奈何足反加首？妖人反盗神州？驱我中国悉变妖魔？罄南山之竹简，写不尽满地淫污；决东海之波涛，洗不净弥天罪孽！[3]

予谨按其彰著人间者，约略言之：夫中国有中国之形象，今满洲悉令削发，拖一长尾于后，是使中国之人变为禽犬也。中国有中国之衣冠，今满洲另置顶戴，胡衣猴冠，坏先代之服冕，是使中国之人忘其根本也。中国有中国之人伦，前伪妖康熙，暗令鞑子一人管十家，淫乱中国之女子，是欲中国之人尽为胡种也。中国有中国之配偶，今满洲妖魔，悉收中国之美姬，为奴为妾，三千粉黛，皆为羯狗所污；百万红颜，竟与骚狐同寝，言之恸心，谈之污舌，是尽中国之女子而玷辱之也。中国有中国之制度，今满洲造为妖魔条律，使我中国之人无能脱其网罗，无所措其手足，是尽中国之男儿而胁制之也。中国有中国之语言，今满洲造为京腔，更中国音，是欲以胡言胡语惑中国也。凡有水旱，略不怜恤，坐视其饿莩流离，暴露如莽，是欲使中国之人稀少也。满洲又纵贪官污吏，布满天下，使剥民脂膏，士女皆哭泣道路，是欲我中国之人贫穷也。官以贿得，刑以钱免，富儿当权，豪杰绝望，是使我中国之英俊抑郁而死也。凡有起义与复中国者，动诬以谋反大逆，夷其九族，是欲绝我中国英雄之谋也。满洲

之所以愚弄中国,欺侮中国者,无所不用其极,巧矣哉!(4)

昔姚弋仲,胡种也,犹戒其子襄,使归义中国;苻融亦胡种也,每劝其兄坚,使不攻中国。今满洲乃忘其根源之丑贱,乘吴三桂之招引,霸占中国,极恶穷凶。予细查满鞑子之始末,其祖宗乃一白狐、一赤狗,交媾成精,遂产妖人,种类日滋,自相配合,并无人伦风化。乘中国之无人,盗据中夏,妖座之设,野狐升据;蛇窝之内,沐猴而冠。我中国不能犁其窟而锄其穴,反中其诡谋,受其凌辱,听其吓诈,甚至庸恶陋劣,贪图蝇头,拜跪于狐群狗党之中。今有三尺童子,至无知也,指犬豕而使之拜,则艴然怒。今胡虏犹犬豕也,公等读书知古,毫不知羞?昔文天祥、谢枋得誓死不事元,史可法、瞿式耜誓死不事清,此皆诸公之所熟闻也。予总料满洲之众不过十数万,而我中国之众不下五千余万,以五千余万之众,受制于十万,亦孔之丑矣!(5)

今幸天道好还,中国有复兴之理,人心思治,胡虏有必灭之徵。三七之妖运告终,而九五之真人已出。胡罪贯盈,皇天震怒,命我天王肃将天威,创建义旗,扫除妖孽,廓清中夏,恭行天罚。言乎远,言乎迩,孰无左袒之心,或为官,或为民,当急扬徽之志!甲胄干戈,载义声而生色;夫妇男女,摅公愤以前驱。誓屠八旗,以安九有。特诏四方英俊,速拜上帝,以奖天衷。执守绪于蔡州,擒爱欢于应昌。兴复久沦之境土,顶起上帝之纲常。其有能擒狗鞑子咸丰来献者,或能斩其首级来投者,又有能擒斩一切满洲胡人头目者,奏封大官,决不食言:盖皇上帝当初六日造成之天下,今既蒙皇上帝开大恩,命我主天王治之,岂胡虏所得而久乱哉!

公等世居中国,谁非上帝子女?倘能奏天诛妖,执蚩尤以先登,戒防风之后至。在世英雄无比,在天荣耀无疆。如或执迷不悟,保伪拒真,生为胡人,死为胡鬼。顺逆有大体,华夷有定名,各宜顺天,脱鬼成人。公等苦满洲之祸久矣!至今而犹不知变计,同心戮力,扫荡胡尘,其何以对上帝于高天乎?予与义兵,上为上帝报瞒天之仇,下为中国解下首之苦,预期肃清胡氛,同享太平之乐。顺天有厚赏,逆天有显戮。

布告天下,咸使知闻。

【简释】

(1)胡虏:秦汉时称匈奴为胡虏,后世用为与中原敌对的北方部族之通称。《汉书·晁错传》:"臣闻汉兴以来,胡虏数入边地"。唐李白:"何日平胡虏,良人罢远征"。北方和西部边疆各族的泛称。此专指由满洲贵族建立的清王朝。

(2)慨自有明失政段:洪秀全受基督教的启示,模拟基督教的形式,在家乡广东花县创立宗教组织"拜上帝会"。他号召人民敬拜上帝,不拜祖先、邪神。上帝是太平天国崇拜的唯一真神,其他一切邪神被称之为阎罗妖。

燔(fán):焚烧。宸极:即北极星,借指帝王,比喻帝位。

(3)"夫中国首也"段:天父,天子对父亲的尊称;太平天国以天父称上帝,洪秀全自称是上帝之子,耶稣之弟,降于凡间,拯救世人。故称上帝为天父。

鞑靼:中国古代北方游牧民族名称,自唐迄元先后有达怛、达靼、塔坦、鞑靼、达打、达达诸译,其指称范围随时代不同而有异。

(4)饿莩(piǎo):莩,通"殍"。饿莩,指因饥饿而死的人。

(5)"昔姚弋仲"段:姚弋仲(280—352 年),十六国时羌族首领,南安赤亭(今甘肃陇西西)人,世为羌族首领,十六国之一的后秦国的奠基人。西晋末年,率部东徙榆眉(今陕西千阳东),有众数万。先后投靠前赵、后赵。石虎时,公元 333 年率部属迁发达地区清河的滠头(今河北枣强县),被任为冠军大将军等。太宁元年(公元 323 年),镇压梁犊领导的起义军。后赵亡,降晋,为车骑大将军、大单于,封高陵郡公。死后,子姚襄代领其众。

苻融(?—383 年):字博休,苻坚季弟,封平阳公,拜侍中、中书监、左仆射,除中军将军,迁司隶校尉,寻代王猛为镇东大将军。屡劝苻坚不可伐晋。苻坚南下攻晋,他率 25 万军队为前锋,陷寿阳(今安徽寿县),隔淝水与晋兵对阵。晋军渡河猛攻,马倒被杀。《资治通鉴》记载了他劝谏苻坚。

白狐、赤狗:是对满族起源及祖先的污辱和谩骂。满族是居住在黑龙江、松花江流域的古老民族,是鞑靼、女真的后代,是中华民族大家庭的重要成员之一。

艴(fú)然:恼怒地。《孟子》"曾、西艴然不悦"。

文天祥(1236—1283 年):南宋末期吉州庐陵(今江西吉安县)人,民族英雄,初名云孙,字天祥。选中贡士后,换以天祥为名,改字履善。宝祐四年(1256 年)中状元后再改字宋瑞,后因住过文山,而号文山。文天祥以忠烈名传后世,受俘期间,元世祖以高官厚禄劝降,文天祥宁死不屈,从容赴义,生平事迹被后世称许,与陆秀夫、张世杰被称为"宋末三杰"。

谢枋(fāng)得(1226—1289 年):南宋文学家,字君直,号叠山,信州弋阳(今属江西)人。其伯父谢徽明抗元战死,其父应琇因忤贵官被冤枉死,枋得由母亲桂氏教养。宝祐四年(公元 1256 年)与文天祥同科中进士。性好直言,因得罪贾似道而遭黜斥,咸淳三年(公元 1267 年)赦还。元兵犯境,战败城陷,隐遁于建宁唐石山中。宋亡,寓居闽中。元朝屡召出仕,坚辞不应,福建参政魏天祐强之北行至大都(今北京),在大都悯忠寺(今北京法源寺),坚贞不屈,绝食而死。

史可法(1601—1645 年):明末政治家,军事家。字宪之,又字道邻,汉族,祥符(今河南开封)人。祖籍顺天府大兴县(今北京),东汉溧阳侯史崇第四十九世裔孙,其师为左光斗。明南京兵部尚书东阁大学士,因抗清被俘,不屈而死,是我国著名的民族英雄。南明朝廷谥之忠靖。清高宗追谥忠正。

瞿式耜(sì)(1590—1650 年):字起田,号稼轩、耘野,又号伯略,江苏常熟人,明末诗人、民族英雄。崇祯一朝官至户科给事中。晚年参加抗清活动,拥立桂王朱由榔。顺治四年,城破被捕,与张同敞同在桂林风洞山仙鹤岭下英勇就义。

孔:甚,很。《诗经·郑风·羔裘》:"羔裘豹饰,孔武有力,彼其之子,邦之司直。"

【事件简介与檄文赏析】

1852 年夏,太平军从桂北全州进入湖南期间,东王杨秀清、西王萧朝贵联名发布了《奉天讨胡檄布四方谕》《奉天救世安民谕》《救一切天生天养中国人民谕》等重要檄文,本篇是其中最早也是最重要的一篇。

杨秀清画像

杨秀清(1821 或 1823—1856 年),原名嗣龙,广西桂平紫荆镇平隘新村(今东王冲)人,客家人,依靠耕林烧炭为生,父母早亡,年少而孤。太平天国重要领袖之一,太平军著名的军事家,被天王洪秀全封为五王之一的东王,称九千岁,后在 1856 年的"天京事变"中被杀。他假托天父下凡,自己代天父传言。他虽然没有文化不识字,但是却有惊人的军事天才。1851 年洪秀全提出了夺取南京的战略目标,杨秀清对此表示完全赞同,并开始了有明确目标的战略进军。1852 年 6 月 3 日攻占全州,12 日占领湖南道州,7 月下旬攻长沙不下就主动撤离而攻占益阳,越过洞庭湖,占领岳阳。12 月攻占汉口、汉阳。1853 年 1 月克武昌,18 日克九江,24 日克安庆。3 月 20 日占领金陵,迅速肃清了城内的残敌,建立起新的社会秩序。改南京为天京,定为都城,正式建立起与清王朝相对峙的太平天国农民革命政权。

太平军攻占南京后,立即派出两支部队北伐京师,西征长江上游。这个战略决策不正确不可取。西征的结局较北伐要好,但也付出了重大的代价,尤其是水营的基本丧失,给尔后的战局带来了严重影响。当太平军主力投入北伐、西征战场的时候,盘踞天京外围的清军江南、江北大营,则逐渐扩充兵力,对天京、扬州和镇江的太平军不断发动进攻。杨秀清审时度势,决心坚定,太平军先后攻破江北、江南大营,打破了清军对镇江的围困,大大改善了天京的处境。这时太平军的军威士气空前高涨,形势十分有利。

但自攻占金陵之后,杨秀清等人极大地夸大已经取得的胜利,低估了清方的力量,这除了表现在军事上作出错误的战略决策之外,在政治思想上也陷入了空前的盲目之中。杨秀清集教权、政权、军权于一身,"一朝之大,是首一人",实际上成了太平天国的最高统治者。他滥用"天父下凡"的特权,同僚不断受到摧残,天京笼罩在一片恐怖气氛之中,洪、杨之间的矛盾也达于极点,最终导致了 1856 年 9 月 2 日

"天京内讧"的爆发,杨秀清遭到了杀身之祸,而他的家属和僚属,也几乎全部罹难。他的被杀也是太平天国走向衰落的开始。

萧朝贵(约1820—1852年),壮族,广西武宣县人。金田起义的核心领导人之一,太平天国将领,被封为西王、八千岁。1851年1月11日,2万多名汉、壮、瑶等各族"拜上帝会"会众在金田古营盘誓师树起义旗,正号"太平天国",史称"金田起义"。23日,洪秀全在东乡登基,称天王,诏封萧朝贵为右弼又正军师、前军主将。其位仅次于洪秀全、杨秀清两人,肩负着军事指挥的重任。5月,萧朝贵等保护天王洪秀全进入象州,7月太平军撤离武宣、象州,折回紫荆山、金田。清军集中3万兵力,分南北两路夹击太平军,形势严峻。7月13日,萧朝贵鼓舞士气,反对叛逃,身先士卒,化险为夷。9月11日,太平军乘广西提督向荣立足未稳,发起突然袭击;向荣几乎全军覆没。25日萧朝贵攻克永安州城(今蒙山县城),进驻永安州,部队进行了休整,健全了官制,并初步确立了太平天国的政治军事制度。

1852年(清咸丰二年)4月5日,太平军从永安突围北上,清广州副都统乌兰泰率大军尾随追来,萧朝贵和南王冯云山奉命反击,歼灭清军四五千人,清军在广西主力基本被打垮。太平军乘胜北上,一路势如破竹。1852年,太平军陷桂林,克兴安,攻全州,北进湖南,萧朝贵统率前军进入湖南后,所攻必克,节节胜利,连克道州、桂阳、安仁、攸县、醴陵、江华、郴州、永明、永兴、茶陵,直抵长沙城下。8月,萧朝贵率部诱敌作战,强攻湖南长沙,连破清军营盘多座;乘胜挺进七八里,杀死总兵福诚以下清将数十人,清兵2000余人,缴获弹药4000余担,击溃清军在长沙城外的防线。萧朝贵指挥天兵猛攻南门,弹片横飞,火光冲天。12月,萧朝贵亲临前线,在南门外妙高峰执旗督战,指挥炮兵轰击,不幸被敌军炮弹击中胸部,回营后伤势太重,虽经多方医救,仍未能治愈,逝世时年仅32岁。他的牺牲是太平天国运动的重大损失。

1852年夏,杨秀清、萧朝贵联名发布的包括本文在内的几篇重要檄文,猛烈抨击清朝的倒行逆施。列举了官僚地主剥民脂民膏的罪状;宣告了清朝"妖运告终","天下一家,共享太平"的新朝来临;号召广大人民大力支援革命,共同反清,"同享太平之乐"。这几篇檄文,旗帜鲜明,气势磅礴,对团结人民、孤立敌人、推动革命的胜利,起了重要的宣传鼓动作用。

逆施却站制高点：曾国藩讨粤匪檄

为传檄事：

逆贼洪秀全、杨秀清称乱以来，于今五年矣。荼毒生灵数百余万，蹂躏州县五千余里，所过之境，船只无论大小，人民无论贫富，一概抢掠罄尽，寸草不留。其掳入贼中者，剥取衣服，搜括银钱，银满五两而不献贼者即行斩首。男子日给米一合，驱之临阵向前，驱之筑城濬濠。妇人日给米一合，驱之登陴守夜，驱之运米挑煤。妇女而不肯解脚者，则立斩其足以示众妇。船户而阴谋逃归者，则倒抬其尸以示众船。粤匪自处于安富尊荣，而视我两湖三江被胁之人曾犬豕牛马之不若。此其残忍惨酷，凡有血气者未有闻之而不痛憾者也。(1)

自唐虞三代以来，历世圣人扶持名教，敦叙人伦，君臣、父子、上下、尊卑，秩然如冠履之不可倒置。粤匪窃外夷之绪，崇天主之教。自其伪君伪相，下逮兵卒贱役，皆以兄弟称之，谓惟天可称父，此外凡民之父皆兄弟也，凡民之母皆姊妹也。农不能自耕以纳赋，而谓田皆天王之田；商不能自买以取息，而谓货皆天王之货；士不能诵孔子之经，而别有所谓耶稣之说、《新约》之书，举中国数千年礼义人伦诗书典则，一旦扫地荡尽。此岂独我大清之奇变，乃开辟以来名教之奇变，我孔子、孟子之所痛哭于九原，凡读书识字者，又乌可袖手安坐，不思一为之所也。(2)

自古生有功德，没则为神，王道治明，神道治幽，虽乱臣贼子穷凶极丑亦往往敬畏神祇。李自成至曲阜不犯圣庙，张献忠至梓潼亦祭文昌。粤匪焚郴州之学官，毁宣圣之木主，十哲两庑，狼藉满地。嗣是所过郡县，先毁庙宇，即忠臣义士如关帝岳王之凛凛，亦皆污其宫室，残其身首。以至佛寺、道院、城隍、社坛，无朝不焚，无像不灭。斯又鬼神所共愤怒，欲一雪此憾于冥冥之中者也。(3)

本部堂奉天子命，统师二万，水陆并进，誓将卧薪尝胆，珍此凶逆，救我被掳之船只，找出被胁之民人。不特纾君父宵旰之勤劳，而且慰孔孟人伦之隐痛。不特为百万生灵报枉杀之仇，而且为上下神祇雪被辱之憾。(4)

是用传檄远近，咸使闻知。倘有血性男子，号召义旅，助我征剿者，本部堂引为心腹，酌给口粮。倘有抱道君子，痛天主教之横行中原，赫然奋怒以卫吾道者，本部堂礼之幕府，待以宾师。倘有仗义仁人，捐银助饷者，千金以内，给予实收部照，千金以上，专摺奏请优叙(5)。倘有久陷贼中，自找来归，杀其头目，以城来降者，本部堂(6)收之帐下，奏受官爵。倘有被胁经年，发长数寸，临阵弃械，徒手归诚者，一概免死，资遣回籍。在昔汉唐元明之末，群盗如毛，皆由主昏政乱，莫能削平。今天子忧勤惕厉，敬天恤民，田不加赋，户不抽丁，以列圣深厚之仁，讨暴虐无赖之贼，无论迟速，终归灭亡，不待智者而明矣。若尔被胁之人，甘心从逆，抗拒天诛，大兵一压，玉石俱焚，亦不能更为分别也。

本部堂德薄能鲜，独仗忠信二字为行军之本，上有日月，下有鬼神，明有浩浩长江之水，幽有前此殉难各忠臣烈士之魂，实鉴吾心，咸听吾言。檄到如律令，无忽！

【简释】

(1)"逆贼洪秀全、杨秀清称乱以来"段：给米一合(gě)，合，中国市制容量单位，一升的十分之一，约等于100克。

登陴(pí)守夜：在城墙上站岗值夜。陴，城上女墙，上有孔穴，可以窥外。

解脚：妇女缠足是封建时代恶习，太平天国提倡男女平等，下令禁止缠足，解脚即指此。

(2)"自唐虞三代以来"段：名教，以"正名分"为中心的封建礼教。旧时为维护和加强封建制度而对人们思想行为设置的一整套规范。西汉大儒董仲舒倡导"审察名号，教化万民"，内容主要就是三纲五常，故也有"纲常名教"的说法。"名教"这个词的正式出现是在魏晋时期，用来指以孔子的"正名"思想为主要内容的封建礼教。宋明以后，名教被称作"天理"，成为禁锢人们言行的桎梏。违犯封建伦理纲常即为"名教罪人"。

敦叙人伦：使人伦关系亲厚有序，亲睦和顺。

天主之教：此指洪秀全为宣传鼓动农民起义而创立的"拜上帝会"。

(3)"自古生有功德"段：毁宣圣之木主，指砸孔子的牌位。拜上帝会将各种鬼神偶像都视为邪神，并主张统统打倒。洪秀全创立"拜上帝会"之初，曾将供于莲花塘村塾中的孔子牌位砸碎毁弃。

十哲两庑：十哲指的是孔子门下最优秀的十位学生(子渊、子骞、伯牛、仲弓、子有、子贡、子路、子我、子游、子夏)的合称；大成殿东西两侧的房子叫"两庑"，是后世供奉先贤先儒的地方，这配享的贤儒大都是后世儒家学派中著名的人物，如董仲舒、韩愈、王阳明等。

(4)"不特纾君父宵旰之勤劳"二句：纾，解除；宵旰：即宵衣旰食的简称，宵：夜间；衣：穿衣；旰：天已晚。天不亮就穿起衣来，时间晚了才吃饭。形容为处理国事而辛勤地工作。多用以称颂帝王勤于政事。南朝·陈·徐陵《陈文帝哀册文》："勤民听政,旰食宵衣。"

神祇:神指天神,祇指地神,神祇泛指神。

(5)优叙:旧时按照规定的等级次第授予官职以及按劳绩的大小给予奖励,都称之为"叙"。优叙就是给予高于规定的官职或者奖励。

(6)部堂:清总督称呼。明代各衙署之长官因在衙署之大堂上处理重要公务,故称堂官。清朝沿袭明朝制度,称各官署长官为堂官,各省总督因例兼兵部尚书、都察院右都御史衔,故通称部堂。

【事件简介与檄文赏析】

本檄文选自《曾文正公全集·文集》。它是咸丰四年(公元1854年)正月,由湘军头目曾国藩发布的咒骂、诋毁太平天国农民起义的文告。

曾国藩(1811—1872年),初名子城,字伯涵,号涤生,谥文正,汉族,湖南省长沙府湘乡县人。晚清重臣,湘军的创立者和统率者。清朝军事家、理学家、政治家、书法家、文学家,晚清散文"湘乡派"创立人。官至两江总督、直隶总督、武英殿大学士,封一等毅勇侯。出生于湖南长沙府湘乡荷叶塘白杨坪(今湖南省娄底市双峰县荷叶镇天坪村)的一个豪门地主家庭。自幼天资聪明,勤奋好学。道光十二年(公元1832年)他考取了秀才,道光十八年(公元1838年)殿试考中了同进士,从此之后,他一步一阶地踏上仕途之路,并成为军机大臣穆彰阿的得意门生。在京十多年间,步步升迁到二品官位。十年七迁,连跃十级。

咸丰二年(公元1852年),曾国藩因母丧在家。这时太平天国的起义已席卷半个中国,尽管清政府从全国各地调集大量八旗、绿营官兵来对付太平军,可是这支腐朽的武装不堪一击。因此,清政府屡次颁发奖励团练的命令,力图利用各地的地主武装来遏制革命势力的发展。

曾国藩画像

咸丰三年(公元 1853 年)曾国藩在家乡湖南一带,依靠师徒、亲戚、好友等复杂的人际关系,建立了一支地方团练,称为湘军。1854 年 2 月,湘军倾巢出动,曾国藩发表了本篇檄文《讨粤匪檄》。曾国藩残酷镇压太平天国起义,用刑苛酷,史称"派知州一人,照磨一人承审匪类,解到重则立决,轻则毙之杖下,又轻则鞭之千百。……案至即时讯供,即时正法,亦无所期待迁延"。不仅他自己直接杀人,他的父亲和四弟也杀人,即有人责其杀人过多,称呼为"曾剃头""曾屠户"。在和太平军作战中,曾国藩用劫掠财物、封官赏爵的办法来鼓舞士气,养成湘军凶悍残暴的本性。湘军在军事素质落后的清朝武装力量中成为中国南方地区与太平天国军事力量作战的主力之一。曾国藩被封为一等勇毅侯,成为清代以文人而封武侯的第一人,后历任两江总督、直隶总督,官居一品。

1864 年,湘军在其弟曾国荃的率领下攻下天京,成为镇压太平天国的功臣。清朝另外一些名臣如左宗棠、李鸿章都与他有密切关系。李鸿章等称呼曾国藩为老师。太平天国失败后,太平军在江北的余部与捻军会合,清廷命曾国藩督办直隶、山东、河南三省军务。曾国藩带领湘军 2 万,淮军 6 万,配备洋枪洋炮,北上"剿捻",他的方针是"重迎剿,不重尾追",并提出"重点设防"等计划,妄图把捻军阻击在运河、沙河地区,使捻军无处可逃,然后加以消灭。但是捻军突破了曾国藩的防线,进入山东,使曾国藩的战略计划全部破产。曾国藩被免职,由李鸿章接代。同治九年(公元1870 年),正在直隶总督任上的曾国藩奉命前往天津办理天津教案,交涉结果,朝廷人士及民众舆论均甚为不满,使曾国藩的声誉大受影响,引起全国朝野的唾骂,连他的湖南同乡,也把他在湖广会馆夸耀其功名的匾额砸烂焚毁。同治十一年二月初四(公元 1872 年 3 月 20 日)在南京病逝。朝廷赠太傅,死后被谥"文正"。

曾国藩在这篇檄文里,攻击太平天国农民战争是"荼毒生灵","举中国数千年礼义人伦诗书典则,一旦扫地荡尽。此岂独我大清之奇变,乃开辟以来名教之奇变,我孔子、孟子之所痛哭于九原",接着号召"凡读书识字者,又乌可袖手安坐,不思一为之所也",其站在了道德的制高点,故动员了当时广大的知识分子参与到对太平军的斗争当中,为日后的胜利打下了基础。

约束部下为安民:捻军盟主张乐行的布告

奉天伐暴公议盟主张为剀切[1]晓谕,以安黎庶事:

照得士农工商各守职业,疲癃残疾,亦惜性命。自遭刘令勾结陆守,以刀锯而代扑责,用贿赂而判生死。酷以济贪,视民如仇。竭万姓之脂膏,充两家之溪壑。[2]本盟主痛痒相关,目击神伤,再四思维,情难袖手。是以大起义师,救我残黎,除奸诛暴,以减公忿。

此本盟主一片苦心,亦众亲友所共悉者也。但我兵所过,尔等自相惊恐,携资逃避,无赖之徒,乘间截夺,家无守户,又被焚烧,及至回归,两地皆空。是有救之名,而成害之实也。岂知本盟主每次出兵,必传集各旗主,谆谆诫诰,禁止抢掠,严缉奸淫。贫民衣粮,不准扒运。到处出示,有犯必诛。又虑疏防致遭扰害,现派数百巡查,时刻严稽。凡我兄弟已经各遵约束,料无违犯。

为此合行出示晓谕,仰四城乡民,各安尔业。勿以用兵而辍诗书,勿谓拨乱而废农业。至商贾往来,水陆经过,各设查司,以通货物。倘有不法侪类[3]及无赖兵丁,强买硬卖,许尔等立禀巡司,送交盟主,尽法惩治,决不宽贷。本盟主志在安良,尔等幸毋疑贰也。

切切此谕。

【简释】

(1)剀(kǎi)切:恳切规谏;切实,恳切;切中事理。

(2)"照得士农工商各守职业"等句:照得,查察而得。旧时下行公文和布告中常用。宋·曹彦约《豫章苗仓受纳榜》:"今照得所在郡县受纳苗米加耗数目,已失祖宗之旧。"明·张居正《议处史职疏》:"照得史臣之职,以记录起居为重。"

疲癃残疾:老弱病残。宋代张载《西铭》:"凡天下疲癃残疾,茕独鳏寡,皆吾兄弟之颠连而无告者也。"

溪壑:溪谷。亦借喻难以满足的贪欲。汉桓宽《盐铁论·本议》:"国有沃野之饶而民不足于食者,工商盛而本业荒也;有山海之货而民不足于财者,不务民用而淫巧众也。故川源不能实漏卮,山海不能赡溪壑。"

(3)俦类:朋辈;同辈的人。汉蔡邕《陈留太守胡公碑》:"诏出,遣使者王谦以中牢具祠,特赐钱五万,布一百匹,赠穀三千斛。俦类赴送,远近鳞集。"

【事件简介与檄文赏析】

《捻军盟主张乐行的布告》选于《中国近代史史料拾零》,载于 1951 年 2 月 3 日出版的《进步日报》。它大约是 1855 年 8 月各路捻军盟主张乐行为约束自己的队伍,安定地方生产和生活秩序而发布的安民告示。

张乐行(?—1863 年)(张洛行),捻军前期首领。安徽亳州人。捻军起义从 1853 年至 1868 年,长达 16 年,其历史分为两个阶段。自 1853 年春至 1863 年 3 月为前期捻军。1853 年 1 月至 3 月,太平军连克武汉、安庆、南京、安徽、河南,捻众纷纷起义响应。及至太平天国北伐军经过时,已开始从分散斗争趋向联合作战。1855 年秋,各路捻军在安徽亳州雉河集(今安徽涡阳)会盟,力量最大的当地捻军首领张乐行(张洛行)被推为盟主。

为了宣传捻军的宗旨,安定地方秩序,约束各部捻军,张乐行发布了这篇告示。它表明捻军是一支爱民救难纪律严明的正义武装,在残酷的战争中,依然重视稳定社会,发展农业,兴办商业,不误教育,反映了农民阶级向往和平生活的美好愿望。联合后的捻军建立黄、红、蓝、白、黑五旗军制,扩大队伍,积极活动。总旗下有大旗、小旗。每一旗主左右都有一个以宗族、亲戚、乡里关系结合起来的领导集团。由于各

张乐行故居的张乐行与夫人铜像

旗间互不统属,各种集团林立,不易离开本土,形成了它的分散性和落后性。1856年7月16日,乘虚袭占了淮河流域的商业重镇三河尖(今河南省固始县),获得了大量物资,补充了大批人员,士气复振。

1857年春,张乐行率领捻军渡淮河南征,与太平天国陈玉成、李秀成军会师霍邱和正阳关。从此以听分封不听调用为条件,接受太平天国领导,配合太平军作战,但不接受改编。年底,内部出现分歧,以蓝旗将领刘饿狼(刘永敬)为首的部分捻军坚持要回淮北,被张乐行等杀死。捻军于是分裂,大部分旗主返回淮北,只有张乐行、龚得等少数留在淮南,与太平天国保持着较密切的关系。还有一部分如孙葵心、张宗禹等,转战南北,曾深入河南、山东,推动了当地人民以各种形式起义反清。在皖北、苏北,捻军或协同太平军或独立作战,屡破清军。1860年,张乐行被太平天国封为沃王。清咸、同以来,清廷君臣,谈及内忧,动以"南发""北捻"相提并论。南发指洪秀全领导之太平天国而言,北捻即指张乐行领导之捻军而言。

1861年9月和1862年(同治元年)5月,清军攻陷安徽太平天国重镇安庆和庐州(今安徽合肥)后,捻军因失去太平军为依托,处境困难。张宗禹等部自淮北西入河南、陕西,与远征西北的太平天国陈得才等军会合。1862年秋以僧格林沁为首的清军大举进攻皖北,次年3月攻陷捻军根据地雉河集,张乐行被叛徒俘送至清营,在涡阳义门遇害。前期捻军失败后,余部活动于河南、湖北、陕西边区。1864年4月,张宗禹、任柱等和陈得才、赖文光等部太平军在河南内乡会师,余部太平军和捻军合并为联军。赖文光被推为首领。联军以太平军军制重新整编,易步为骑,采用流动战术,奔驰豫、鲁、苏之间,声势复振。1865年5月,在山东曹州(今山东菏泽)高楼寨歼灭清精锐蒙古骑兵,击毙僧格林沁。

1866年10月起,联军分为东西两军。1868年1月,东捻在山东胶莱河全军覆没,赖文光被俘;8月西捻在茌平溃败,全军覆没。至此,捻军起义失败。捻军起义战争,历时18年,波及皖、鲁、豫、苏、陕等10个省区,歼灭清军及地方团练10万余人,有力地配合了太平天国和北方各地的人民起义,给清朝统治以沉重打击。

十大罪恶揭清廷：
龚春台作中华国民军反鞑抗清起义檄文

黄帝纪元四千六百零四年，岁次丙午(光绪三十二年，公元 1906 年)十月吉日，中华国民军南军革命先锋队都督龚，奉中华民国政府命[1]：

照得鞑虏原系东胡异族，游牧贱种，自汉隋唐宋以来，久为我中华汉族之寇仇。有明末造，鞑虏逞其凶残悍恶之性，屠杀我汉族二百余万，据我中华，窃我神器，奴沦我同胞。我黄帝神明之胄四百兆之众，隶于奴界已二百六十年于兹。汉族为亡国之民，中华隶犬羊之宇，凡我叔伯昆仲诸姑姊妹，曷任伤心！太平天国起义师于广西，誓必驱逐鞑虏，恢复中华，以雪灭国之耻。乃曾国藩、胡林翼等，不明大义，囿识种界，认盗为父，呼贼作君；竭湘军全力自戕同种，致使汉族得恢而复堙，胡氛将灭而又振。湘人之罪，涸洞庭之水不能洗其污，拟衡岳之崇不能比其恶，凡我湘人，实无以对于天下。今者言清种界，特兴讨罪之师，率三湘子弟，为天下先，冀雪前耻，用效先驱。特数鞑虏十大罪恶，昭告天下，以申挞伐。[2]

鞑虏逞其凶残，屠杀我汉族二百余万，窃据中华，一大罪也。鞑虏以野蛮游牧之劣种，蹂躏我四千年文明之祖国，致列强不视为同等，二大罪也。鞑虏五百余万之众，不农不工，不商不贾，坐食我汉人之膏血，三大罪也。鞑虏妄自尊大，自谓天女所生，东方贵胄，不与汉人以平等之利益，防我为贼，视我为奴，四大罪也。鞑虏挟"汉人强，满人亡"之谬见，凡可以杀汉人之势制汉人之死命者，无所不为，五大罪也。鞑虏久失威信于外人，致列国乘机侵占要区，六大罪也。鞑虏为夸外人保护虏廷起见，每以汉人之权利赠给外人，且谓"与其给之家奴，不若赠之邻邦"，七大罪也。鞑虏政以贿成，官以金卖，致政治紊乱，民生涂炭，八大罪也。鞑虏于国中应举要政，动以无数中止，而宫中宴饮，颐和园戏曲，动费数百万金，九大罪也。鞑虏假颁立宪之文，实行中央集权之策，以削汉人之势力，冀固虏廷万世帝王之业，十大罪也。其余种种罪恶，不能尽书。特举大略，以昭天讨。[3]

凡我汉族同胞，无论老少男女农工商兵等，皆有殄灭鞑虏之责任。务各尽尔力，各抒尔能，以速成扫除丑夷恢复汉家之鸿业。至现在为虏廷官吏者，宜革面反正,出郊相迎;若仍出会胡之故智为虏出力者,以鞑虏视之,歼杀无赦。现在为虏廷将弁营勇者,宜闻风响应,倒戈相向,若仍效湘军之故智死力相抗者,以鞑虏视之,歼杀无赦。本督师建立义旗,专以驱逐鞑虏收回主权为目的。凡本督师所到之处,即汉族恢复之处,农工商贾,各安其业,不稍有犯。外国人之生命财产,竭力保护,不稍有犯。教堂教民,各安其堵,不稍有犯。当知本督师只为同胞谋幸福起见,毫无帝王思想存于其间,非中国历朝来之草昧英雄,以国家为一己之私产者所比。本督师于将来之建设,不但驱逐鞑虏,不使少数之异族专其利权!且必破除数千年之政体,不使君主一人独享特权于上;必建立共和民国,与四万万同胞享平等之利益,获自由之幸福。而社会问题,尤当研究新法,使地权与民平均,不致富者愈富,成不平等之社会。此等幸福,不但在鞑虏宇下者所未梦见,即欧美现在人民亦未能完全享受。凡我同胞,急宜竭力以扫除腥膻,建立乐园。须知中国者,中国人之中国;汉族者,世界最硕大最优美之民族。被鞑虏奴隶之、宰割之,天下之耻,孰有过于此者?况鞑虏用意险恶,自咸、同以来,利用以汉人杀汉人之手段,当锋刃、御炮弹者汉人;论功行赏,握要权、执大政者则仍满人。我汉人何罪,当为满奴?汉人何劣,当被鞑虏食其肉而吸其血?故鞑虏一日不歼灭,即主权一日不收回,汉族一日不存活。今政府已立,大汉即兴,鞑虏罪恶贯盈,天所不佑。凡我汉族,宜各尽天职,各勉尔力,以速底鞑虏之命(4),而赞中华民国之成功。用申大义,布告同胞,急急如律令。檄。

【简释】

(1)"黄帝纪元四千六百零四年"段:黄帝纪元,是中国清朝末期革命派使用的纪元。黄帝纪元基于传说中的黄帝,他被认为是中国人的祖先。清光绪二十九年(1903年),刘师培在《国民日报》发表"黄帝纪年论",反对年号制,同时也反对康有为等变法派主张的孔子纪年,主张把黄帝诞生的那一年作为纪元元年,光绪二十九年是黄帝纪元4614年。可是黄帝的生卒年月在文献上没有明确的记载,宋教仁主张把被认为是黄帝即位的癸亥年作为纪元元年,把1904年作为黄帝纪元4602年。以中国同盟会的机关报《民报》为首革命派的杂志采用了黄帝纪元。武昌起义后,湖北军政府采用黄帝纪元,各省政府也跟着使用。不过在建立共和政府的讨论中,黄帝纪元被认为是基于帝王的纪年法,与民主共和的精神不相称。孙中山就任中华民国临时大总统后,宣布将黄帝纪元4609年11月13日(1912年1月1日)作为中华民国元年元旦,之后黄帝纪元被停止使用。

中华民国政府:萍浏醴起义爆发后,很快占领上栗市,并成立军事领导机构。檄文中谈到的"中华民国政府",在当时并未成立,仅是龚春台在檄文中提出来的一个理想目标而已。

(2)"照得鞑虏原系东胡异族"段:有明末造,明朝末期。末造,犹末世,指朝代末期。

四百兆:四亿。一兆为百万。

曷(hé):此处作"岂"讲。

胡林翼(1812—1861年):字贶生,号润之,湘军重要首领,湖南益阳县泉交河人,因镇压太平天国革命有功,与曾国藩、左宗棠、彭玉麟被史学家并称为"中兴四名臣"。

堙(yīn):堵塞,泯灭,埋没。

特数鞑虏十大罪恶:挞伐,挞,意为打击;伐,意为攻伐。挞伐,有征讨之意。

(3)假颂立宪之文句:面对国内矛盾的激化,资产阶级革命的兴起,1906年,清政府宣布实行以抵制革命、拉拢资产阶级上层、维护其专制政体为主要目的的预备立宪活动。1911年,清政府裁改设内阁,任命亲王奕劻为内阁总理大臣。内阁大臣中满族贵族九人,其中皇族又占七人,这个内阁被称为"皇族内阁"。至此,清政府预备立宪的真相大白,证明完全是一个骗局和闹剧,立宪派的幻想随之破灭,民主革命更加高涨。1911年爆发辛亥革命,清政府又公布《宪法重大信条十九条》企图挽救自己,但已无效。

(4)速底鞑虏之命:底,结局,遏止。本句意为尽快推翻、结束清政府的腐败统治。

【事件简介与檄文赏析】

本文选自《丙午萍醴起义记》,载于《建国月刊》,第六卷第一期,是萍浏醴起义爆发后以义军首领龚春台名义发布的《中华国民军反鞑抗清起义檄文》。

龚春台(?—1912年),同盟会工人领袖、会党首领。原名谢再兴,又名张章年,号月楼。湖南浏阳人。农民出身,早年做过鞭炮工,当过兵。因对清朝政府不满,愤然加入哥老会,为当地哥老会首领之一。1900年,参加唐才常的自立军起义。1904年冬,浏阳、醴陵一带的哥老会重要支系洪江会受华兴会的影响,参加华兴会领导的长沙起义。起义流产后,被醴陵、浏阳和江西萍乡、宜春一带的会众推举为洪江会总首领。1906年12月6日,率会众2万余人,头裹白布,高举"官逼民反""灭满兴汉"的旗帜,一举占领萍乡县上栗市。起义军定名为"中华国民军南军革

龚春台

命先锋队",任都督,改元汉德并以总机关的名义发布檄文,揭举清政府"十大罪恶",提出"平均地权"的要求。起义经数天激战,终因力量悬殊而溃败,被迫潜入长

沙。1911年10月，武昌起义爆发，积极组织响应。1912年，南北议和达成，到达汉口，疾病大发，呕血数升，不久去世。

萍浏醴起义有着较长的酝酿和准备过程。先是光绪三十年（公元1904年）十月，华兴会在长沙发动起义流产。次年，参与谋划长沙起义的哥老会首领马福益又被杀害。马福益旧部萧克昌、李锜在安源煤矿联络矿工数千人，哥老会另一首领龚春台在济阳、醴陵一带继续发动会众，都等待时机，图谋再举。光绪三十二年春夏之间，长江中下游阴雨连绵，洪水横溢，湘赣交界的萍浏醴地区灾情严重。当地官僚豪绅乘机囤积居奇，哄抬米价，使广大农民和矿工苦不堪言，纷纷投入会党，酝酿反清起义。正在此时，同盟会会员刘道一、蔡绍南从日本回湖南展开活动。刘道一坐镇长沙，筹划全局，他约集革命志士，会党首领蒋翊武、龚春台、刘重等人在长沙水陆洲船上聚会，转达黄兴意见，准备利用潜伏于萍乡的会党"发难于济醴，而直扑长沙"。湖北、江西、江苏等省响应。蔡绍南到萍乡与联络会党的魏宗铨会合，通过活动，使当地各路会党接受同盟会的反清思想。蔡、魏邀集萍济醴各路会党首领百余人，在萍乡蕉园，举行开山堂大典，推举龚春台为大哥，饮酒宣誓，"尊中华民国宗旨，服从大哥命令，同心同德，灭满兴汉"。十月十九日，洪江会首领廖叔保在麻石聚众二三千人，举汉字旗，首先发难。蔡绍南、龚春台闻讯，立即通知其他各处响应。

义军占领上栗市后，进行了整编，定名为"中华国民军南军革命先锋队"。龚任大都督，蔡绍南、魏宗铨任左右统领，发布《中华国民军反辫抗清起义檄文》。历数清廷卖国殃民十大罪状，号召"破数千年专制政体"，"建立共和国"，"使地权与民平均"。贫苦农民、安源矿工和部分防营兵勇纷纷加入义军，"不数日而集众数万人，蔓延数县之地"。孙中山闻讯后，急派胡瑛、宁调元、孙毓筠、杨卓林、段书云、禹之谟、权道涵等到苏、皖、赣、湘、鄂等省发动起义，以图响应。清政府对来势凶猛的起义十分惊慌，急饬两江总督张之洞、湖广总督端方、湖南巡抚岑春蓂调集清军5万人，前往镇压。起义军以简陋的武器装备，屡次挫败清军，缴获枪支逾千。但因起义军没有形成一个坚强领导核心，旗号各异，加之敌我力量悬殊，虽苦战经月，接战二十余阵，终被清军各个击破，革命党和起义群众万余人死于此役。萧克昌、刘道一、蔡绍南等罹难。同盟会派遣回国响应起义人员多被通缉。禹之谟、杨卓林等被捕遇害。胡瑛、孙毓筠、段书云、权道涵等被终身监禁。

讨袁反帝拥共和：白朗告示

　　父老伏处[1]于异族专制，几三百年，水深火热，控告无所。势穷则变，物极则反，相摩相荡，于是始有往岁革命之举[2]。方幸君权推倒，民权伸张，神明华胄[3]，自是可以自由于法律范围，而不为专制淫威所荼毒。孰料袁贼世凯，狼子野心，以意思为法律，仍欲帝制自为，摈除贤士，宠任爪牙，以刀锯刺客待有功，以官爵金钱励无耻，库伦割弃而不顾，西藏叛乱而不恤，宗社党[4]隐伏滋蔓，而不思仿制铲除，惟日以植党营私，排除异己，离弃兄弟，变更法制，涂饰耳目为事。摧残吾民，盖较满洲尤甚。海内分崩，民不聊生。而献媚者乃称为华盛顿，即持论者亦仅目为拿破仑，实则吕政、新莽[5]不如其横酷也。朗用是痛心疾首，奋起陇亩，纠合豪杰，为民请命，故号称"扶汉"。孔子曰："颠而不扶，则将焉用彼相？"今汉虽复，若一任袁贼自为，而不早为扶持，行将即颠，则有焉用吾民？夫天下之大，匹夫与责。秦民夙称强武[6]，而又热心爱国，岂其见神奸主政，群凶盈廷，河山之断送，汉族之沦胥[7]，而遂默然不一援手？朗幸赖黄帝在天之灵，起义以来，所向克捷。兹者兵指秦陇，坚城雄关，望风披靡，虽则由我师武，要亦民苦虐政，人无斗志。现已逾秦岭，出大峪，耀武咸宁，观兵长安。城克之日，但申沛公三章之约[8]，不举项王三月之火[9]。我诸父老昆弟[10]，其各安堵无恐。此布。

【简释】

（1）伏处：隐居，安处，不四处活动。

（2）往岁革命之举：指 1911 年爆发的辛亥革命。

（3）华胄（zhòu）：胄，原指帝王或贵族的后裔。华胄，华夏后代。指汉族。

（4）宗社党：1912 年 1 月 12 日，清皇室贵族分子良弼、毓朗、溥伟、载涛、载泽、铁良等召开秘密会议，19 日以"君主立宪维持会"的名义发布宣言，被称为"宗社党"（即"宗庙社稷"的简称）。企图夺回袁世凯的内阁总理职权，以毓朗、载泽出面组阁，铁良出任清军总司令，然后与南方革命军决一死战。并强烈要求隆裕太后坚持君主政权。不久，良弼被刺杀，宗社党解体，其残余势力潜往天津、东北等地，在日本帝国主义的支持下，进行复辟活动。

（5）吕政、新莽：吕政，指西汉初年一段时间吕后专制，新莽，指王莽及其由他建立的"新"王朝。

（6）秦民夙（sù）称强武：秦民，指陕西人。夙，平素，一贯。陕西人向来以强大勇武著称。

（7）沦胥：泛指沦陷、沦丧。《晋书·凉武昭王李玄盛传》："淳风杪莽以永丧，缙绅沦胥而覆溺。"

（8）沛公三章之约：即汉高祖刘邦的"约法三章"，汉·司马迁《史记·高祖本纪》："与父老约法三章耳：杀人者死，伤人及盗抵罪。"

（9）项王三月之火：秦朝灭亡后，项羽统兵西进秦都咸阳，"杀秦降王子婴，烧秦宫室，大火三月不灭，收其宝货妇女而东。""项王三月之火"即指此事。

（10）昆弟：兄弟。

【事件简介与檄文赏析】

白朗起义是袁世凯统治期间，规模最大、坚持时间最长的武装反抗斗争。这是白朗以大都督名义发布的告示，进军西北时张贴于西安附近，见于1915年1月《时事汇报》第八号。

白朗（1873—1914年），河南宝丰人。字明心，时人又称白狼。幼入私塾，长而务农，或开厂铸铁，亦曾往灵宝一带贩盐。宣统三年（公元1911年）十月，白朗因多次无辜受害，愤怒异常愤而起事，率领豫西一带农民发动反对袁世凯的专制统治，提出"打富济贫"的口号，队伍迅速扩大，次年4月，起义军攻克禹县又先后攻克新野、邓县及湖北随县等地，然后回师北返，占领河南唐县、方城、卢氏等县。11月从豫西东进。这动摇了北洋军阀的统治，得到以孙中山为代表的革命党人的重视与支持。民国三年（公元1914年）初，朗军发展至3000余人，拟与苏、皖反袁力量会合，便东下攻确山、罗山、潢川、商城、固始等县，入安徽破霍山、六安等地，驰骋豫皖两省。袁世凯震惊，急令段祺瑞以陆军总长兼代河南督军，指挥陆军王占元、王汝贤两师，唐天喜、徐占凤两旅以及豫、鄂、苏、皖等省地方军数万人会剿。

鉴于中原袁军势强，白朗采纳孙中山所派沈参谋关于夺取四川为反袁根据地的建议，于3月自东回师攻占荆紫关西上并以"中原抚汉军大都督"布告曰："照得我国自改革以来，神奸主政，民气不扬，虽托名共和，实励行专制。本都督辍耕而太息者久之！用是纠合豪杰、为民

袁世凯做皇帝

请命。惟起事之初,无地可据,无饷可资,无军械可恃,东驰西突,为地方累,此亦时势,无可如何,当亦尔商民人等共知共谅也……嗣后本军过境,尔商民等但能箪壶迎师,不抗不逃,本大都督亦予以一律保护,决不烧杀"。4月初,克商南、越秦岭后,至西安近郊,又发布"讨袁反帝,拥护共和"的檄文。4月6日,白朗突破陕督张凤翙万余人阻截西上,克周至、乾县、户县、彬县、凤翔、陇县等地,军临通渭县,知县陈鸿宝率士绅出迎。白朗令驻军城外,只带百余人入城,住一学校内,对部下说:"这个县城小如斗,民贫可怜,学生还可以造就。"遂捐银2000两,以作办学之用。

白朗部队长期奔袭作战,缺休整补给,加之2万余陕甘步骑紧追,势渐不利。特别是5月25日临潭之战,因未能处理好与少数民族的关系,遭到其顽强抵抗,白朗及主将宋老年负伤,猛将邱占标战死,义军伤亡千余人,元气大伤。接着,在攻占秦州(天水)时,军师李白毛和大将李鸿宾相继阵亡,加上粮食奇缺,供给困难,军心不稳,入川之计难成,众多人主张返豫,白朗便率军东归。5月31日,白朗军由临潭东返,沿途艰苦奋战,冲破层层阻截,经甘谷、宝鸡、兴安等地,于6月28日抵荆紫关。白朗决定分散活动。7月3日,白朗率领鲁宝籍义军千人回到宝丰。后探家士兵遭到官府阻拦,未能归队,兵力锐减。7月20日,白朗只率五六十人,困守于虎狼爬岭三山寨中。拱卫军牛桂林、刘善保团,镇崇军张治功团合力猛攻。经两昼夜激战,朗部弹尽粮绝,26日拂晓,在突围中与临汝民团混战,白朗中弹牺牲,时年41岁。部队溃散,起义失败。

深明大义誓师词:杜文秀兴师檄文

总统兵马大元帅杜,为兴师五路,收复全滇,除残暴以安良善事:

窃思滇南一省,回汉夷三教杂处,已千百年矣。出入相友,守望相助,何尝有畛域之分?慨自满清僭位以来,虐我人民二百年于兹矣。妖官偏袒为计,石羊起衅,池鱼皆殃;强者呈鸱张之威,弱者无鼠窜之地。尔时百姓危若倒悬,可恶妖官犹安然高枕,置苍生于不问,弃黎庶其如遗。甚至汉强则助汉以杀回,回强则助回以杀汉,民不聊生,人心思乱。[1]

本帅目击时艰,念关民瘼,不忍无辜之回为汉所杀,更不忍无辜之汉被回所伤。爰举义师,以清妖孽。志在救劫救民,心存安回安汉。至大事之图成,惟天命之是听。无知妖官穷谋诡计,倒行逆施,杀协镇者封以协镇,杀都游者授以都游。高明退身,庸愚堕计。始也助汉以杀回,今也助回以杀汉;继也助汉以杀汉,今则助回以杀回。鸿沟之血未干,乌合之师突至,妄思螳臂以当车,奚啻鸡卵之击石。[2]

今者小计略施,月奏三捷!雄师半出,功收数城。然妖官未除,祸根犹在,全滇不取,亿兆难安。况乎卧榻之侧,岂容他人鼾睡!用是师兴虎队,将选龙骧,粮运千仓,饷筹百万,枪炮在其前,弓弩列于后,长矛伏中,短刀相接,分五路以并进,效一怒而安民,剑戟横空,胜气腾云,千里旌旗蔽日,威镇雷动九天。以此制敌,何敌不摧?以此图功,何功不克?

凡尔城乡绅耆者[3],远近士民,达务知时,不乏俊杰,转祸为福,定有同心。或率众而来归,或开门而效顺,定当量才而录用,不别户而分门。自此烽烟永靖,同登衽席[4]之安,如其天命有归,共成王霸之业。岂不乐哉!岂不快哉!若其眷恋穷城,徘徊歧路,坐昧先机,行将后悔。况天命人心,去之久矣,纵背城航海,亦奚以为!檄文到日,凛遵勿违!此檄。

【简释】

(1)窃思滇南一省段:畛(zěn)域:畛,一指田间小路,一指界限。畛域:两物之间的界限。

石羊起衅:1855年冬,云南临安政府的汉族地主恶霸争夺穆斯林开采的厂矿,由他郎(墨江)金矿的争夺到南安(双柏)石羊厂银矿的争夺,后来发展为到处焚烧和劫掠穆斯林村庄。穆斯林忍无可忍,起来反抗。1856年,马凌汉率领新兴(玉溪)、昆阳和海口的穆斯林抵抗恶霸的欺凌。但官府反把他们招入昆明城内,发出对穆斯林"格杀勿论"的命令,惨死刀下者数千人,连元代对云南行省的开发和建设曾做出过巨大贡献的赛典赤的陵墓也被纵火焚毁。巡抚舒兴阿还密令各府厅州县"聚团杀回,须横直剿灭八百里"。一时间,血雨腥风横扫全滇。昆明的屠杀事件和巡抚的密令很快地传到各地,各地的穆斯林闻讯纷纷组织起来,展开了反清的武装起义。石羊起衅即指此事件。

鸱张:嚣张、凶暴,像鸱鸟张开翅膀一样。

(2)本帅目击时艰,念关民瘼段:民瘼,民间疾苦。

爰:仍;于是。

奚啻(xī chì):何止;岂但。《孟子·告子下》:"取食之重者与礼之轻者而比之,奚啻食重?"

(3)绅耆(qí):旧指地方上的绅士或有声望的人。

(4)衽席:泛指卧席,引申为寝处之所,借指太平安居的生活。衽席之安寓意为安定祥和之生活。

【事件简介与檄文赏析】

本文选自《中国通史》第十二卷近代后编,是1867年杜文秀东征誓师时发布的檄文。

杜文秀(1823—1872年),清咸丰同治年间云南回民起义领袖,字云焕。云南永昌府保山县上村(今板桥镇上村)人,回族。生长于商人家庭,自幼读书,聪颖过人,入庠应试,补为廪生。为人刚毅正直,见义勇为。道光二十七年(公元1847年),曾与保山回民丁灿廷、木文科等至北京都察院控告地方当局支持保山汉族团练屠杀回民事件。清政府命云贵总督林则徐赴滇察办。

咸丰六年(公元1856年),云南回民起义发动后,杜文秀于蒙化率众起义,攻克大理,被起义群众推为总

杜文秀画像

统兵马大元帅。他一上任,就下令废除清朝年号,用甲子纪年,改用明朝衣冠,旗帜一律用白色,以与清军相区别。他又把大理都督府改为大元帅府,大理新政权宣告成立。杜文秀高举反清大旗后,势如破竹,所向披靡,攻占了周围53座城池,半个云南在他的控制之下。与其他草莽英雄不同的是,他起义后只称是"兵马大元帅",而不是称王称帝,这说明他不想将云南分裂出去;他主张"三教同心,联为一体",

"三教"是佛教、伊斯兰教与彝族教,他善于团结各族人民,是一位深明大义的历史人物。

同治六年(公元1867年)六月,杜文秀以云贵总督劳崇光病卒,岑毓英引军征黔未归,马如龙围剿滇西"丧师而归,人望顿失",昆明空虚,遂决计东征。他调集20万大军,兵分五路,以扬威大都督蔡廷栋为大经略,大司戎马国春为总指挥,率大司平马兴堂、大司寇李芳园等十八大司统摄之。杜文秀誓师云:"此次出师,本为兴汉,戒勿滥杀。如临其境,如遇其民,各当发明宗旨。但得回汉一心,以雪国仇,是为至要。统兵官等须知仁义之师,以道德为甲胄,以亲爱为戈矛,以相应之攻击。我军有三事焉:始则锄满,次则拊汉,三则除奸。而彼军反对,然反戈矛相见。彼杀我先杀,彼止我先止。战胜攻取之际:毋肆掳掠,毋贪财货,毋凌妇女。遇官吏顽梗不服者,杀之。良善被挟者,抚之。诸恶元凶,法所必诛,严加惩办,理宜不赦。"还进一步地发布了本篇檄文,宣布东征的原因、目的、任务和有关政策,号召回汉各族被压迫的人民团结起来共同反对清朝统治者。

这时清政府改变"剿敌"政策,以高官厚禄为引诱,对起义军进行招抚,这一招分化了起义军队伍,杜文秀手下大将马德新、马如龙投入了清军怀抱,使得抗清力量受到严重削弱,他的20万大军也在远征昆明中全军覆没。1872年5月,宾川、鹤庆、邓川、姚州、永昌、浪穹、云南(祥云)、赵州等县被清军提督云南开化镇总兵杨玉科攻陷。兵临上关、下关,包围大理城。云南巡抚岑毓英镇压滇东、滇南起义军后,又西上会师。由于杜文秀政权中出现叛徒,下关失守,上关撤返。杜文秀率义军出城迎战,经多次交战,退回城中,改攻势为防守。此时,起义军中掌握兵权的大司衡杨荣叛变通敌,杜文秀的抵抗武力被劫夺。为避免给杨荣活捉送给清军,并表示全家至死不屈,12月26日,杜文秀率领家人沐浴完毕,全家人108人(男65人、女43人)服毒自杀,他最后杀了家养的孔雀,取出孔雀胆,掺上毒药吃下。杨荣把他押上黄呢轿,献给城南五里桥清军营。轿子抬到军营时,杜文秀已毒发身亡,终年49岁。坚持了18年的大理政权宣告结束。

起义失败后,回民的财产被充公或被清军军官们占有,云南回族遭到了空前浩劫。杜文秀是一位深明大义的杰出农民起义领袖。他不仅在政治、军事方面表现出了卓越的才能,而且在民族与宗教问题上,表现出前无古人的宽阔胸怀。直到今天,他仍为云南回、汉、白等族人民所敬仰和怀念,人们称之为"杜大元帅"。著名历史学家白寿彝先生曾这样评价他:"文秀的反清实践,可以说,体现了一项英明的行动纲领,这就是以回汉联合为基础的各族人民的联合反清。……文秀的这一纲领在中国农民运动史和中国民族关系史上,都是空前的壮举。"

严词警告侵略者：驻广东省垣各乡居民申谕英夷

驻广东省垣各乡居民申谕英夷知悉[1]：

尔等抗拒天兵，闯进内河，擅张伪示，邀结民心，目无法纪。[2]义律等辈，本化外之顽徒；我纵乡曲小民，俱系天朝赤子。[3]惜身家亦惜土地，终怀父母之心；保土地即保身家，愿作干城之寄。同仇共愤，何须官长操戈！振臂一呼，自足歼诸丑类！[4]目下尔等诡行诈术，妄肆鸱张。占香港则计取钱粮，踞定海则奸淫妇女，种种不法，罪恶贯盈。我等兆民岂能坐视？[5]其所以伏而未发者，盖由仓卒之际，众志未联；迨后集众同盟，又阻于官师之和议，故暂退居自保，未便擅行。惟思我辈素娴遗经，深知大义，迁移家室者虽属过半，而阖城之众志始终无殊。自谕之后，尔等倘敢仍循故辙，执迷不悟，当即修我戈矛，整我义兵，壮夫尽力，智士尽谋，举手则江海可平，埋伏则鬼神莫测。务期追扫净尽，使尔等片帆不返，方足彰大义于寰区，复我群黎之仇恨。尔等一隅僻处，诚未周知，宜速播告，各使凛遵，毋贻后悔。[6]

特谕。

【简释】

（1）驻广东省垣句：垣（yuán），矮墙，墙；城。省垣：省城，这里指广州。申谕：命令，明告，特用于上告下。夷：原古代东方少数民族的名称，后成为中国人对外国、外来民族的贬称。

（2）尔等抗拒天兵句：尔等，你们，指英国侵略者。天兵，指中国军队。内河，内陆的河流。这里指珠江三角洲诸河流。擅张伪示，擅自张贴非法的告示，以蛊惑和笼络民心。伪示，非法告示。这里指英国侵略军于 1841 年 5 月 30 日，受到三元里人民群众的惩创后，曾张贴告示恫吓民众。

三元里人民抗英斗争纪念碑

181

(3)义律等辈句:义律之流本是没有受到教化的歹徒。义律(1801—1875年),鸦片战争时英国侵略军代表,出身英国贵族,1834年(道光十四年),随英国驻华商务监督律劳卑来中国。自称是英国资本家的"东方代理人",屡次要求英国从印度派舰队到中国炫耀武力。1836年12月,接任英国驻华商务监督。1839年,林则徐到广州查禁鸦片时,他多方阻挠破坏,并怂恿英外交大臣巴麦尊对华使用武力。10月,英国决定发动侵华战争。次年2月,义律和巴麦尊被任命为正副全权代表。6月封锁广州海面,挑起鸦片战争。7月率舰队攻占定海,并北犯大沽,递交巴麦尊给清政府的照会,提出赔款、割地、鸦片贸易合法化等无理要求。1841年1月在广州和琦善会谈中,提出《穿鼻草约》,并于20日单方面公布,同时派兵强占香港,又迫使清将奕山订立《广州和约》。后被调任驻北美洲得克萨斯代办、百慕大总督等职。化外:未受教化。

纵:纵然,即使。

天朝:历史上中国常常使用的对外自称,这里指当时中国的清王朝。

赤子:本指初生的婴儿,亦指对故土怀有纯真感情的人,中国社会常常以此指黎民百姓。

(4)惜身家亦惜土地等句:爱惜身家性命,也爱惜国家的土地,始终怀着一颗父母爱惜子女之心。保卫国家领土,就是保卫身家性命,甘愿做保家卫国的人。

干:盾牌。干城:盾牌和城墙,比喻保卫国家安危的将士。

寄:寄托。

戈:古代用铜铁制成装有长柄的兵器。操戈:拿武器,指作战。

(5)目下尔等句:诡行诈术,狡猾地施行诈术。妄肆鸱(chī)张:狂妄放肆就像鸱鹰那样张翼行凶。鸱:一种凶猛的鸟,鸱子。又名鸱鹰、老鹰、鸢鹰。

占香港则计取钱粮:这里指1841年1月,清廷派琦善与英议和,答应割让香港,几天后英军则进占香港一事。1841年1月26日英国海军在西营盘登陆香港岛,他代表英国在2月2日向香港居民颁发两条法律:中国人继续使用中国律法及习惯,唯一切酷刑应予废除;非中国人则以英国法律审判。

踞定海则奸淫妇女:1840年7月初,英军第一次进攻浙江定海,当地守军全无准备。战斗中总兵张朝发受伤,知县姚怀祥投水自尽,定海县城陷落。当地农民奋起斗争,不断袭击敌人。英军坐困城中,缺乏粮食和饮水,又加上疾疫流行,在登陆定海的3000名英军中,很快就有400人死亡,病倒1500人。1841年2月,英军撤出定海。

(6)惟思我辈素娴遗经等句:惟:只。素:平素、向来。娴:熟练、熟知。遗经:遗传下来的经典,这里指传统的道义。

寰区:全世界。

凛遵:严肃地遵照。

声洪气壮揭暴行：三元里等乡痛骂鬼子词

三元里西村南岸九十余乡众衿耆⁽¹⁾等，为不共戴天，誓灭英夷事：

向来英夷屡不安分，久犯天朝。昔攻沙角炮台⁽²⁾，戕害官兵，我皇上⁽³⁾深仁，不忍加诛，且示怀柔。乃尚不知感恩，犹复包藏祸心，深入重地，施放火箭，烧害民居，攻及城池，目无大宪⁽⁴⁾。钦差大臣见城厢内外遭殃，议息兵安民，英夷理宜得此好意即休⁽⁵⁾。岂料贪胜，不知输服，得寸进尺，容纵兵卒，扰乱村庄，抢我耕牛，伤我田禾，坏我祖坟，淫辱妇女，鬼神共怒，天地难容。我等所以奋不顾身，困义律于北门，斩伯麦于南岸⁽⁶⁾。

汝等逆党，试思此际若非我府尊⁽⁷⁾为尔解围，各逆其能保首领下船乎？今闻尔出示当途，辱骂大宪无功，扬言于众，总要与伯麦伸冤，视我此地无人实甚。

是以饱德之义士金⁽⁸⁾助兵粮，荷锄之农夫操戈御敌，纠壮勇数十万，何怕英逆之义律不可剪除？水战陆战兼能，岂怕夷船坚厚？务使鬼子无只身存留，鬼船无片帆回国。尔等不避，不日交战。

为此特示。

【简释】

（1）衿：古代衣服的交领。青衿，乃学子所服。耆：老。衿耆：指老少乡亲。

（2）沙角炮台：位于广州城南 10 公里，设于沙角山，濒海，始建于清嘉庆六年（公元 1801 年），长 139 米，炮洞 11 个，配大小铁炮 11 门，炮台正门配炮 1 门，另铸 250 公斤生铁炮 1 门备用。沙角炮台与大角炮台东西斜峙，形成虎门海防的第一重门户。但两台相距 3600 多米，当时大炮的射程仅及中泓，炮火封锁洋面不够得力。关天培就任广东水师提督把沙角炮台改为号令台。凡外国商船入境，必须停泊在沙角洋面以外，待我水师检查，获准后才能通过。如有不法船只企图闯入，则放空炮一响命其停止，如违反命令则打炮一发以承警告，再不听从则瞄准开炮并知会各炮台备战。1841 年 1 月 7 日，英国侵略军出动 20 多艘战船、2000 多人偷袭沙角和大角，大角失守后，部分将士突围到沙角炮台抵抗，浴血奋战，因寡众悬殊，弹尽无援，三江协副将陈连升父子与绝大部分将士壮烈牺牲，沙角炮台也遭英军破坏。道光二十三年(公元 1843 年)及光绪年间进行了重修和扩建。现在沙角炮台不仅是中外游客瞻仰炮台雄风的胜地,也是广大青少年凭吊先烈英魂,进行爱国主义教育的良好场所。

(3)皇上:此处指道光皇帝(1782—1850 年),他即位之初,中国正面临最重的内外危机:国内吏治腐败,武备松弛,国库空虚,民众反清斗争频频;在外,西方列强势力东侵,鸦片荼毒国民。在这历史转折的关键时刻,他"守其常而不知其变",来自东南海上的鸦片流毒使他寝食不安,最后下决心严厉禁烟。道光十九年(公元 1839 年)初,道光任命林则徐为钦差大臣到广东禁烟。虎门销烟也引发了中英之间的紧张关系,鸦片战争爆发伊始,道光帝认为英军不堪一击,但随着战事的发展,英军围困珠江口,攻占浙江定海,直逼天津大沽,使得道光帝大为震惊,忙派琦善等人与英军谈判。最后对外妥协,将林则徐、邓廷桢、杨芳等抗战派查办,重用穆彰阿、琦善、奕山等投降派,重新开放广州。然而英军并不满足于此,他们继续对虎门、宁波、厦门等地进行攻击,并于 1842 年攻占吴淞。道光二十二年(公元 1842 年)八月二十九日清政府与英国签下了中国近代史上的第一个不平等条约——《南京条约》。此后清政府又与法、美等国签订了中法《黄埔条约》和中美《望厦条约》,使中国沦为半殖民地社会。1850 年道光死于圆明园慎德堂内。道光死后庙号为宣宗成皇帝,史称道光皇帝。

(4)大宪:旧时府吏对上司的称呼,指朝廷委驻各行省的高级官吏。

(5)钦差大臣:此指时任靖逆将军的奕山(1790—1878 年),奕山为清朝皇室。1840 年鸦片战争起,清政府被英国侵略者的嚣张气焰吓破了胆,昏庸无能的道光帝,不分青红皂白将抗战派林则徐革职,代之以力持妥协投降的琦善,并由他主持广东军务。琦善为讨好侵略者,将广州的海防设施全部撤掉,解散招募来的渔民丁勇。由于琦善的投降卖国,更助长了侵略者的气焰,英军乘机向我国发动了新的进攻,1841 年 2 月,先后攻破广州前沿的沙角、大角、虎门等炮台。道光帝不得不罢免琦善,换派奕山为靖逆将军,到广州主持军事。1841 年 3 月,奕山到达广州。他拒不听取林则徐恢复海防设施的建议,而且企图以冒险速胜,导致英军长驱直入,先后攻占广州城外重要据点泥城、四方炮台等,击毁我国舰船 60 余只。接着,英军发炮轰击城内,奕山所居贡院被炮火击中,清政府在广州的高级官员乱成一团。奕山气急败坏,命人在城上悬起白旗,并派广州知府余保纯出城求见英军头领义律乞降。英军提出了苛刻的议和条件,要求中国赔款 1200 万两白银(后经美国调停,减半为 600 万两),并迫清军退出广州城。奕山未经清廷同意,接受了侵略者的条件。1841 年 5 月 29 日,英国侵略者在广州城郊三元里进行骚扰,为我国人民英勇击退。第二天,三元里周围 103 乡数千余群众,将英军围困在四方炮台。侵略者慌乱中要求清政府救援,奕山竟无耻地派余保纯亲自出面为侵略军作保释围。奕山向清廷报告情况时,却讳败为胜,道光帝大怒,立命将奕山降职留用。1858年5月,奕山作为清方首席代表负责对俄进行边界谈判,签订了丧权辱国的《瑷珲条约》,1878年病死在北京。

息兵安民:此指赴广州督师的奕山不听林则徐的战守之策,向英军求和的妥协之举。

(6)斩伯麦于南岸:此系误传。伯麦(1768—1850年),英国侵华英军总司令,出身于一个英国海军军官家庭。1839年开始担任英国在印度方面的海军司令。1840年2月英国政府决定发动对华侵略战争后,他于6月以海军准将军衔奉命统率英国舰队自印度大举来华,当月21日,抵达澳门,即与义律会晤商谈有关侵华战争问题,次日宣布自6月28日起封锁广州港和珠江口。他与布尔利上校分别指挥海陆军,是仅次于义律的英国侵华军事主要头目。这年11月,义律辞去侵华军总司令回国后,他接任总司令职,一直到1841年8月。1841年2月25日,由于琦善对英妥协的卖国政策,致使大角、沙角炮台的失陷和虎门要塞危在旦夕,广东巡抚怡良在林则徐的暗中支持和多次催促下所颁布命令悬赏缉拿他和义律、马儒翰三人的赏格中,数额都相等。有的记载还误传三元里人民在四月初十日(5月31日)有名的抗英斗争中击杀了他。

(7)府尊:指广州知府余保纯。余保纯,字冰怀,江苏武进人。道光十九年正月下旬(1839年3月上中旬),当林则徐以钦差大臣身份南下广东查办鸦片,船过三水县时,余保纯仍在南雄州任知州,在林则徐广州查禁鸦片期间,余保纯的表现基本上是好的。因而在道光二十一年(公元1841年)他被调去署理广州知府。但当林则徐与邓廷桢被革职后,在琦善被任命为钦差大臣接任两广总督以后,奕山又以靖逆将军主持广东战事和祁贡继琦善任两广总督的时期里,余保纯却按照投降派的意旨,充当了琦善、奕山等人对外屈辱求和的马前卒。

(8)佥(qiān):众人;大家。

三元里人民抗英斗争纪念馆

【事件简介与檄文赏析】

1841 年 6 月 1 日,在三元里等 103 乡人民沉重打击下,英国侵略军如惊弓之鸟。英军在逃离虎门之前,义律为了掩饰英国侵略军在三元里所犯下的血腥罪行和可耻的败绩,贴出了一张自欺欺人的所谓"告示"。胡说什么:"此次百姓刁抗,蒙大英官宪宽容,后毋再犯。"面对义律的强词夺理和无耻辩解,三元里人民先后针锋相对地贴出了义正词严的告示,我们选取了其中的两篇。前篇选自《中国通史参考资料》(近代部分)上册第 58 页,后篇原载于《平夷录》卷三。作者均不详。

英国侵略者在广州城外大肆烧杀掳掠及清政府中投降派的卖国行为,激起了广州人民的无比愤怒,1841 年 5 月 30 日,爆发了三元里人民的抗英斗争。三元里抗英的直接原因有三:一、英军开棺暴尸;二、英军劫掠财物;三、英军强奸、调戏妇女。三元里抗英给入侵者以沉重打击。三元里位于广州城北,贴近泥城、四方炮台,是一个有几百户居民的村落。鸦片战争前,广州附近就有不少"社学"。社学起源于明初,它原是封建士大夫的教育、集合场所,清朝中叶以后逐渐演变为由地主士绅所控制,由当地农民为乡勇的武装机构。它的职能是维护地方封建秩序,对封建政府的军队起着某种辅助作用。但它不是官办的,而是民间的机构。在广州城北一带,就存在着十几个这样的社学,其范围包括了 80 余乡。英军的侵略暴行,不但使劳动人民蒙受了深重的灾难,也给地主士绅带来损害,因此,广大人民群众和爱国士绅对英国侵略者同仇敌忾,郁积了强烈义愤。英国侵略者在广州城外大肆烧杀掳掠及清政府中投降派的卖国行为,激起了广州人民的无比愤怒。

1841 年 5 月 25 日(道光二十一年四月初五),英军攻陷广州城北诸炮台,设司令部于地势最高的永康台。永康台土名四方台,距城仅一里,大炮可直轰城内。清军统帅奕山等求和,5 月 27 日与英订立《广州和约》,以支付英军赎城费、外省军队撤离广州等条件,换取英军交还炮台,退出虎门。但和约墨迹未干,英军就不断窜扰村庄,抢掠烧杀,奸淫妇女。1841 年 5 月 27 日,义律和陆军司令卧乌古纵容英国侵略军,带着武器在这一带行凶作恶。他们到处奸淫掳掠,杀人放火,又抢粮食,又宰猪牛,甚至盗掘坟墓,从棺材里劫取殉葬品。当地人民深受其害。其中泥城、西村、三元里、萧冈一带村落受害最深。于是各乡绅民便利用旧有的社学形式自动组织起来,"集众公盟",联合保卫身家田园,开展打击英军骚扰的正义斗争。广大民众义愤填膺,各地团练共图抵抗。5 月 29 日,一小股英军劫掠队窜到三元里一带抢劫,侮辱菜农韦绍光的妻子。韦绍光等忍无可忍,与敌力搏,当场打死几名英国士兵。为了坚决打击敌人日后的报复骚扰,群众决心联合起来,立即在三元古庙集会,决定齐心协力,共同御敌。他们以"三星旗"作令旗,共同宣誓:"旗进人进,旗退人退,打死无怨。"萧冈乡"举人何玉成,即柬传东北南海、番禺、增城、连路诸村,各备丁壮出护"。

何玉成"柬传"各乡的联系渠道，就是旧有的社学。由于各乡已有了"集众公盟"的基础，所以附近 103 乡的农民、渔民、手工工人等闻风而到，迅速集结。城郊东北 6 个社学的客家群众及打石工人，也在监生王韶光带领下赶来参加战斗。

这样，一支浩浩荡荡的人民抗英武装迅速形成。有人提议"吹螺壳打鼓进兵，打锣收兵"，并决定采用诱敌深入的战术，到三元里以北丘陵起伏的牛栏冈进行伏击战。5 月 30 日清晨，三元里及各乡群众数千人，手持锄头、铁锹、木棍、刀矛、石锤、鸟枪，向英军盘踞的四方炮台挺进佯攻。英军司令卧乌古率领侵略军负隅顽抗。在战斗中，敌军少校毕霞紧张恐惧过度，加以天气炎热，昏倒在地，几分钟内死去了。敌军乱放枪炮、火箭，群众按原订计划且战且退。据参与此次战役的英军记载说："我们（英军自称）的火箭炮继续对着他们的队伍一行一行地推过去，他们仍然没有什么畏惧的表现，摇动着旗帜和盾牌，挑引我们向前进。"卧乌古气急败坏，命令英军追击。农民群众牵着骄横愚蠢的敌军的鼻子到达牛栏冈附近，忽然螺壳、战鼓齐响，埋伏四周的七八千武装农民猛冲出来，将敌人团团围困。此时旌旗蔽野，杀声震天，妇女儿童也上阵助威，为各乡的农民战士送饭，以林福祥为首的水勇 500 余名也闻声赶来，参加战斗。各乡群众愈来愈多，"不转眼间，来会者众数万"。英军急忙开枪射击，但挡不住武装群众的洪流。卧乌古指挥部下分两路突围，武装群众当即从两翼包围英军后队，并趁他们渡河和单列行进的有利时机，冲上前去肉搏。下午一时，电光闪闪，雷声隆隆，大雨倾盆而下。三元里人民精神抖擞，愈战愈勇。侵略军因火药受潮而枪炮失灵，士气低落，胆战心惊。田间小路又被暴雨淹没，稻田一片汪洋。穿着皮靴的侵略军，在泥泞中寸步难行。三元里人民以长矛猛烈刺杀英军，英军妄图以刺刀抵挡，然而他们不能不哀叹："刺刀之于中国人的长矛，只不过是一种可怜的防御物罢了。"这时，没有上阵的妇女，自动把饭做好，送上前方。将近下午 4 时，卧乌古才把自己的部下重新集结起来。他发现 37 团第三连"失踪"了，只得调两连水兵再到战地搜索。天黑雨大，一直折腾到晚上 9 时，水兵们才和找到的第三连共同返回四方炮台。原来，第三连在撤退时和来复枪联队失散，被三元里人民截住了。为了逃命，他们一个挨一个结成方阵，一步步向后撤退。但他们仍然受到三元里人民的惩罚，有一名士兵被打死，一名军官和 14 名士兵受重伤。三元里一仗，打死打伤英军近 50 名，缴获大量战利品。人们热情赞颂："自从航海屡交锋，数万官军无此绩。"

战斗仍在继续。5 月 31 日上午 10 时，广州附近佛山、番禺、南海、增城、花县等县 400 余乡义勇数万人，赶来与三元里人民一起，将四方炮台层层包围。旌旗招展，刀矛如林，杀声震天。英军则龟缩在炮台里，等待援救。正在紧张时刻，8000 多名全副武装的清军，偃旗息鼓，从城里撤向《广州和约》规定的金山地区。他们经过四方炮台时,卧乌古又添一番虚惊,是否"意中有诈"?但清军却对这里发生的火热斗争熟视无睹。这一天,义律赶来后也被包围。他们立即派奸细混出重围,带信给广州知府余保纯说,义勇必须立即散开,否则英军将解除和约,继续攻城,烧掉附近每个村镇。奕山吓坏了,马上派余保纯带领南海、番禺县令,出城为英军解围。余保纯打躬作揖,央求群众撤围。可是群众恨透了他,骂他"通夷卖国"。余保纯无所施其伎,就威胁地主、士绅们说,"如果乡民不退,将来万一有事,要由你们负责"。士绅们害怕了,经不起余保纯的一吓一压,有的丢下群众溜走,有的帮助"劝散"群众。斗争被卖国的清朝官员和动摇的地主士绅破坏了。余保纯在人民的哗笑声中,护着义律和侵略军狼狈撤走。三元里人民反英斗争具有广泛的群众基础,因而能够在斗争中显示出巨大的威力。三元里人民的抗英斗争,是近代中国人民第一次大规模的反侵略斗争。它对英国侵略者的沉重打击,有力地证明了人民群众是反侵略的主力军。

为了警告英军不得在中国领土上继续胡作非为,广州城乡居民于同年六月发布了这些告示。文中以确凿的事实,历数了英军霸占我领土、勒索钱财、奸淫妇女等暴行,表达了中国人民坚决同侵略者战斗到底的坚强决心。是长中国人民志气、灭侵略者威风的战斗檄文。写作上多采用简短句式、对仗排比和夸张,因此文章刚劲有力、声洪气壮。作为后人的我们今天看来,既是战前动员,又是战时写照,也是战后总结。

痛斥法寇鼓士气:刘永福谕黑旗将士檄

呜呼!皇天无亲,惟德是辅;圣人有训,佳兵不祥。……

蠢兹法夷,逞其强悍,恃其机械,辄敢肆焉蚕食,恣厥鲸吞。毒比长蛇,贪逾封豕。既窃踞夫西贡,又潜窥夫东京,外托保护之名,中怀叵测之志。试思分疆划界,各有臣民,各有政教,何恃越俎代谋?是其藉词行诈,包藏祸心,可以不言而喻。况自法东来之后,攻掠越地,荼毒越民,越南之仓库据为己有,越南之关税收为私藏,越南之城池遭其蟠踞,越南之元气被其剥丧。招越南之叛民以添其翼,隳越南之险阻以快其心。种种狂悖之行,神人之所共忿,大地之所不容。我越人几有血气,莫不痛心疾首,透爪裂眦,愿得食法人之肉,寝法人之皮,真有一夫大呼,市人皆左袒之势。[1]

永福以羁旅之身,受国王恩遇,资以土地,授以甲兵,其初一成一旅之众,得所藉手,十年生聚,十年教训,积数十年之心力,有劲卒数万人,赖以保障东南,用资战守。三军之士,当知食毛践土,恩义并隆,去顺效逆,殃咎立至。[2]

……今越南有难,中国必为援助。兹者滇抚唐中丞、粤西抚徐中丞,同率兵百万,分道出关,天兵遥驻,击势赫耀。粤督张制军、粤抚裕中丞,要亦皆部署周至,转运不穷。近又特简彭官保来粤督师,以守为战。韩、范坐镇,西贼丧赡,我军有此奥援,士气定当益奋。[3]

本提督不过中原一武夫,流寓来越,荷蒙国王恩礼有加,重资委任。尔众士亦蒙大惠,禄养有年,三军铭挟纩之恩,多士戴如春之泽,固宜激发忠义,竞作干城。而况中朝大皇帝又特沛殊恩,寄以重任,本提督固责无旁贷,尔众士亦义不容辞。当思受国王之恩养,咸怀报主之忱,荷中朝之化裁,弥切尊王之义。先登陷阵,奋不顾身,饥剥法夷之肤,渴饮法夷之血,灭此朝食,所向无前。法夷之机械足以自阱,法夷之凶暴足以自戕。[4]

前者法酋拿破仑第一,颇善用兵,其国人称之天神,援甲执兵。千人辟易,彼时其武勇,横暴不已,卒为英人所俘,为世大辱。厥后拿破仑第三,率乃祖之攸行,志在开疆,性喜用武,横征暴敛,戕怨小邦,天怨人愤,蕴久必发,爰假乎普国,歼其巨魁,毁其国都,法人之气为之不扬,欧西各国羞与为伍。似此可以稍自敛迹矣,而乃犹复怙恶不悛,不敢吐气于他邦,转欲逞志于我国。我越南虽僻处海滨,号称积弱,然师以曲直为老壮,兵以顺逆为胜败,法兵虽强,曾可足惧!⁽⁵⁾

自法夷入寇,狼奔豕突,跋扈鸱张,几于目无越人。本提督率尔有众,起与力争,一战而远威悦授首,再战而宝滑逃遁,科力不能逞其凶,夏文不能施其计。大旗所指,蚩尤潜光;长戈所挥,渊日再起。贼军矢穷粮尽,困守一隅。以海防河内为负隅之恃,而我分道以扰之,亟肆以疲之。奇兵正法,互为策应,攻城攻野,动合机宜。南定惊草木之兵,海东懔烽烟之警,贼官皆墨,我武维扬。法夷犹敢执迷不悟,逼我顺化,麋我都城,乘我国之新丧,利援军之道远,遂乃抑勒新主,强为要盟。夫要盟神弗之福,盟可要亦可寒,何足措意?而法夷自为得志,益复骄横,又敢窥我北宁,侵我桑台。中朝之大度则藐为畏葸,吾军之果毅则视若雠雠。不恤众口之交讯,不顾天心之勿顺。国狗之瘐噬,遍乎友邦;巴蛇之吞侵,思及远郡。贼与我势不两立,我与贼义不俱生。⁽⁶⁾

今与尔来共伸天讨,各奋神威,转战无前,有进勿退。得法夷首一级赏银五十两,贼目倍之。获兵船一艘者,赏如其船之数,毁铁舰倍之。其有我游民为法兵所罗致,胁令当兵者,倘能悔罪自拔,悉予免究。反戈攻后,因而获胜者,仍论功行赏,弗问前愆。惟法夷及其所部之黑夷,则尽杀无赦。必使东京之余孽,扫荡无遗;西贡之腥闻,湔除净尽。上以副中朝倚畀之隆,中以报国王休养之德,下以舒越民怨毒之心。成败利钝,所不遑计。尔众士欲建不世之奇勋,成不朽之伟业,惟本提督马首是瞻。功多有厚赏,不迪有显戮。尔众士惟时懋哉!⁽⁷⁾

檄到,如律令!

【简释】

(1)蠢兹法夷段:毒比长蛇,贪逾封豕,封豕,大猪。《史记·司马相如列传》:"射封豕。"裴骃集解引郭璞注:"封豕,大猪";比喻贪暴者;喻暴虐残害,此处指侵略者。

外托保护之名:19世纪70年代,法国开始侵略越南。1882年,法国一度攻陷河内。1883年8月,法国以暴力强迫越南封建王朝与之订立《顺化条约》,法国取得了对越南的所谓"保护权"。从此以后越南完全被置于法国的严格控制下,开始沦为法国的殖民地。

透爪裂眦:形容愤怒到极点。《晋书·卞壶传》:"卞壶拒苏峻,父子战死。其后盗发壶墓,尸僵,鬓发苍白,面如生,两手悉拳,爪甲穿达手背。"后以"握拳透爪"形容愤怒到极点。裂眦:怒恨貌,张目怒视,眼眶破裂。

(2)永福以羁旅之身段:羁(jī)旅,〈书〉长久寄居他乡;指客居异乡的人。刘永福此时人在越南,所以说自己是羁旅之身。

食毛践土:毛:指地面所生之谷物;践:踩。原意是吃的食物和居住的土地都是国君所有。封建官吏用以表示感戴君主的恩德。《左传·昭公七年》："封略之内，何非君土；食土之毛，谁非君臣？"

殃咎：灾祸。《左传·庄公二十年》："哀乐失时，殃咎必至。"

（3）兹者滇抚唐中丞等句：唐中丞指云南巡抚唐炯，徐中丞指广西巡抚徐延旭，张制军指两广总督张树声，裕中丞指广东巡抚裕宽，彭官保不详。

韩、范坐镇：指宋代的韩琦和范仲淹。二人均为北宋时期政治家。宝元三年（公元 1040 年），西夏攻延州，韩、范二人同任陕西经略副使。二人在职期间，改革军制，巩固边防，较好地防御了西夏的骚扰。

（4）本提督不过中原一武夫段：挟纩（jiā kuàng）：披着棉衣，亦以喻受人抚慰而感到温暖；把丝棉装入衣衾内，制成棉袍、棉被。

中朝之化裁：中国的教化。化裁，谓随事物变化而相裁节。后多指教化裁节。语本《易·系辞上》："是故形而上者谓之道，形而下者谓之器，化而裁之谓之变。"

灭此朝食：成语，意为让我先把敌人消灭掉再吃早饭。形容急于消灭敌人的心情和必胜的信心。《左传·成公二年》：齐侯曰："余姑翦灭此而朝食！"不介马而驰之。

自戕（qiāng）：自杀；自己损害自己的身体。

（5）前者法酋拿破仑第一段：拿破仑第一，拿破仑·波拿巴（1769—1821 年），即拿破仑一世，出生于科西嘉岛，法国军事家与政治家，法兰西第一共和国第一执政（1799—1804 年），法兰西第一帝国及百日王朝的皇帝（1804—1814 年，1815 年），曾经占领过西欧和中欧的广大领土，使法国资产阶级革命的思想得到了更为广阔的传播，滑铁卢战役失败后，被流放于圣赫勒拿岛。1821 年病死于该岛。在位前期是法国人民的骄傲，直至今日一直受到法国人民的尊敬与热爱。

拿破仑第三，拿破仑三世（1808—1873 年）：法兰西第二共和国总统（1848 年—1851 年），拿破仑一世之侄子，拿破仑二世之弟。1836 年他在斯特拉斯堡发动军队暴动，反对七月王朝，失败后被流放到巴西、美国。1851 年 12 月 2 日他发动政变，建立法兰西第二帝国。他执政期间，多次对外发动战争。利用民众对拿破仑一世的迷信，依靠工商业与金融资产者的支持，大力促进法国工业革命，使他得以执掌第二帝国政权长达 19 年之久。执政期间参加克里米亚战争，又与奥地利开战，并发动侵略清朝、安南、叙利亚和墨西哥的殖民主义战争。1870 年普法战争中亲临前线，同年 9 月 2 日在色当战败投降，被俘于威廉堡大牢，时年 62 岁。《法兰克福条约》签订后被释放，随即流亡英国，1873 年 1 月 9 日死于英国。

（6）自法夷入寇段：一战而远威悦授首句，宝滑为西贡法军司令，夏文及前面提到的远威悦、科力等，可能都是法军头目。

蚩尤：神话传说中东方九黎族首领，有兄弟 81 人，相传以金作兵器，并能呼风唤雨。后与黄帝战于逐鹿,失败被杀。

亟肄(yì):加紧训练。

乘我国之新丧句:1883 年 7 月 17 日,越南国王阮福时病死,封建统治者内部出现争权夺利的斗争,致使法国得以乘虚而入。

要盟:指 1883 年 8 月 25 日,越南被迫与法国订立的第一个条约——《顺化条约》。

国狗之瘈(chì)噬:形容法国人的疯狂。国狗:国内的狗,指法人;瘈,筋脉痉挛,发狂;噬:咬。《左传·哀公十二年》:国狗之瘈,无不噬也。

巴蛇:古代中国的巨蛇,也叫作修蛇,据说体长达到 180 米、头部蓝色、身体黑色。巴蛇居住在洞庭湖一带,吞吃过往的动物,据说它曾经生吞了一头大象,过了 3 年才把骨架吐出来。由于巴蛇也袭击人类,所以黄帝派遣后羿前往斩杀,后羿首用箭射中了巴蛇,然后一直追赶它到遥远的西方、将其斩为两段。巴蛇的尸体变成了一座山丘,现在称为巴陵。

(7)今与尔来共伸天讨段:弗问前愆(qiān):不咎既往之意。愆:罪过,过失;耽误。

湔(qiān)除:湔,洗涤,洒泼。

倚畀(bì):倚靠信任。

马首是瞻:首;头;是:指示代词;起提前受事成分的作用;瞻:往前或向上看。原指作战时士卒看主将的马头行事。成语,比喻服从指挥或依附某人。

不迪:迪,依照,实行。不迪,即不依照,不服从。

惟时懋哉:据《尚书·舜典》载:"俞,咨!禹,汝平水土,惟时懋哉!"在此有共同勉励之意。

【事件简介与檄文赏析】

本檄文选自《普天忠愤集》卷五《议论门》,是黑旗军领袖刘永福为反击法军的疯狂进攻,借以鼓舞黑旗军将士的斗志,于 1883 年 5 月份发布的。

刘永福(1837—1917 年),字渊亭,汉族,广东钦州(今属广西)人。雇工出身,原为广西天地会领袖,早年当过水手。咸丰七年(公元 1857 年)后,先后参加郑三、吴亚忠领导的反清起义军,以七星黑旗为军旗,称黑旗军。同治六年(公元 1867 年),清军进攻吴亚忠的黑旗军,次年起义失败,受清政府镇压,刘永福率余部三百余人进驻保胜(今越南老街),开辟山林,聚众耕牧,屯垦安民。刘永福"胆气过人,重信爱士,故所部皆死力之",队伍很快发展到 2000 余人,由于军纪严明,深受当地群众拥护。同治十二年,法国侵略军进攻越南河内等地,他应越方要求,率黑旗军与越军联合作战,在河内西郊大败法军,斩法军首领安邺上尉等数百人,乘胜收复河内。

光绪九年(公元 1883 年),法军占领越北南定省,企图进犯广西。刘永福率兵三千在河内城西纸桥一带同法军激战,黑旗军大胜,毙法军司令李维业以下数百人。他因成功抗击法国的侵略而名闻中外。越南国王封刘永福一等义勇男爵,任三宣提督。为乘战胜之威,进一步扩大战果,刘永福于 5 月 22 日发布了这篇战斗檄文。檄文从战

刘永福雕像

争性质、人心向背、军事形势、物资供应、战略战术、政策方针等多方面,对中越军民与法国侵略者进行了广泛的比较和分析,从而令人信服地得出我直彼曲、我顺彼逆、我胜彼败的结论,这对坚定黑旗军将士的必胜信心,鼓舞其斗志是十分有意义的。

同治十年,法国侵略军 5000 余人大举进攻越南,占领红河三角洲,后又进攻台湾基隆港。清廷被迫向法国宣战,授予刘永福记名提督的官衔。刘永福率黑旗军同清军联合向法军进攻,包围宣光,至次年三月伏击法国援军,接着又在临洮大败法军,收复广威。与此同时,老将冯子材也在镇南关(今友谊关)重创法军,从根本上扭转了战争形势,迫使挑起战争的法国费理内阁倒台。中国军队打了胜仗,清廷却下令停战,同法国签订条约,承认越南为法国的保护国。清政府在法国的压力下,于1885 年 4 月到 6 月,连颁九道上谕,以"赏给依博德恩巴图鲁名号,并赏给三代一品封典"为诱饵,诱逼刘永福回国。

十一年冬,刘永福率黑旗军将士 3000 人回国,清廷下令裁减,只剩下 1200 人,次年又逐渐裁减至 300 人。光绪二十年(公元 1894 年)七月,甲午战争爆发。刘永福奉命率黑旗军两个营赴台湾,帮办台湾防务。光绪二十一年,清廷同日本签订丧权辱国的《马关条约》,割让台湾。五月,日军进攻台北,署理巡抚唐景崧逃回大陆。刘永福率黑旗军留在台湾领导抗日。他驻守台南,与台湾抗日义勇军合作,在新竹、苗栗、彰化、嘉义等地,重创日军。他在台湾同日军血战近五个月,拒绝日军劝降。但因清廷断绝援台,义军逐步退至台南,刘永福的部下大都战死。九月,台南失陷。刘永福潜回大陆,从漳州到广州,一路上受到当地官民的热情迎送。光绪二十八年,刘永福任广东碣石镇总兵。辛亥革命后,曾被推为广东民团总长。不久告老还乡。1915年,日本向袁世凯提出灭亡中国的二十一条,将近 80 岁的刘永福义愤填膺,要求重上战场。1917 年 1 月,病卒。

一人檄文世间殊:苏曼殊讨袁宣言

昔者,希腊独立战争时,英吉利诗人拜伦(1)投身戎行以助之,为诗以励之,复从而吊之曰:

希腊!改换了你的主人,你的情况仍旧这般!

你的光荣日子过去了,但你的耻辱岁月还是存在。

呜呼!衲等临瞻故园,可胜怆恻!

自民国创造,独夫袁氏作孽作恶,迄今一年,擅屠操刀,杀人如草;幽、蓟怨冤鬼,无帝可诉;诸生平等,杀人者抵;人讨不申,天殛不逭(2)。况辱国失地,蒙边夷亡;四维不张,奸回充斥。上穷碧落,下极黄泉;新造共和,固不知今安在也?独夫祸心愈固,天道愈晦;雷霆之威,震震斯发。普国以内,同起伐罪之师。

衲等虽托身世外,然宗国兴亡,岂无责耶?今直告尔:甘为元凶,不恤兵连祸结,涂炭生灵,即衲等虽以言善习静为怀,亦将起而褫(3)尔之魄!尔谛听之。

【简释】

(1)拜伦:英国浪漫主义诗人。出身贵族。剑桥大学毕业。代表作为讽刺长诗《唐璜》。

(2)天殛不逭:殛,杀死;逭,逃避。天殛不逭,即天欲杀之,不容逃脱。

(3)褫:剥夺。

【事件简介与檄文赏析】

1913 年 3 月 20 日,宋教仁在上海火车站被黑枪击中,倒在血泊之中,三天后离世,普天共愤,举国同悲,眼泪、愤怒铺天盖地,从上海到北京,整个中国都为他的死感到痛苦,孙中山他们选择了武力抗议,就连流连于水光山色的苏曼殊都坐不住了,他在西子湖头愤然写下《释曼殊代十方法侣宣言》(也称"讨袁宣言")即本文。这是最为特殊的一个人的檄文,因而被编者选入以飨读者。

苏曼殊(1884—1918 年),近代作家、诗人、翻译家,广东香山(今广东中山)人。原名戬,字子谷,学名元瑛(亦作玄瑛),法名博经,法号曼殊,笔名印禅、苏湜。苏曼殊一生能诗擅画,通晓日文、英文、梵文等多种文字,可谓多才多艺,在诗歌、小说等多种领域皆取得了成就,后人将其著作编成《曼殊全集》(共 5 卷)。光绪十年(公元

1884 年)生于日本横滨,父亲是广东茶商,母亲是日本人。生母是一位日本女子,名叫若子,是他父亲苏杰生的第四房妻河合仙氏的妹妹。苏家是广东的巨族,长年在日本横滨经商。若子生下苏曼殊三个月后就离开了他,苏曼殊由其父苏杰生带回了国,由河合仙氏抚养。童年的苏曼殊没有感到多少家庭的温情,他在备受冷漠的环境中一天天长大。族人对这个异族所生的孩子总是看不惯,苏杰生的妻子陈氏更是把河合仙氏和曼殊看作眼中钉。河合仙氏受不了白眼,只好返回了日本。这一年,苏杰生经营亏本,回到广东,从此家道渐渐中落。

苏曼殊

　　15 岁那年,苏曼殊随表兄去日本横滨求学,因失恋和感慨命运心灰意冷万念俱灰,回到广州后,他便去蒲涧寺出了家。从此,开始了他风雨漂泊的一生。他是个情僧,因爱情不幸,也曾流连于青楼之中,但他却能洁身自好,与青楼女子保持适当的距离;他是个诗僧,为后世留下了不少令人叹绝的诗作。他在日本从事反清活动时,时常为故国河山破碎而感伤。他在《忆西湖》中写道:"春雨楼头尺八萧,何时归看浙江潮?芒鞋破钵无人识,踏过梅花第几桥?"在反清活动处于困境之时,他曾想蹈海以警醒国人,因而作诗道:"海天龙战血玄黄,披发长歌览大荒。易水萧萧人去也,一天明月白如霜。"虽然蹈海警世没能成真,但留下的诗篇却使人热血沸腾;苏曼殊还是一位画僧。他的画格调不凡,意境深邃。他曾作《写忆翁诗意图》,配诗"花柳有愁春正苦,江山无主月自圆",其亡国之痛溢于纸面。曼殊作画,不仅为抒写怀抱,还想以此为反清革命做出更多贡献。1907 年,章太炎等人在东京办《民报》遇上经费困难,曼殊主动提出卖画筹钱以解困。苏曼殊还是一个爱国的革命僧人。他在东京加入过兴中会、光复会等革命组织。1903 年,他在日本参加了反对沙俄侵占我国东北的"抗俄义勇队",同年他在上海参加了由章士钊等人创办的《国民日报》的翻译之作,为声援章太炎、邹容,反对清廷查封《苏报》做了大量工作。他也醉心于宣传无政府主义的救国思想,赞同暗杀活动。1904 年春,他还曾决心用手枪暗杀康有为,表达对保皇派的强烈不满。因陈少白等人力劝,才没有实施。也是这年秋天,他在长沙参加华兴会,起义流产,在上海还参加过华兴会的秘密会议。

　　辛亥革命后,袁世凯窃取了胜利果实,并暗杀了宋教仁,从而引发了李烈钧等人发动的"二次革命"。苏曼殊又积极参加反袁斗争。1918 年 5 月 2 日,苏曼殊在上海病逝,年仅 34 岁。

酣畅淋漓抵千军：钟动护国军政府讨袁檄文

维中华民国五年元旦，中华民国护国军檄曰：

盖闻辅世之德，由于忠贞，长民之风，高于仁让。使枭声雄夫，野心狼子，逞城狐之凶姿，弄僭窃之高位，则我皇王孝孙，并世仁贤，谊承先烈，责护斯民。哀恫郁纡，成兹愤疾，大义敦敕，谁能任之？(1)

国贼袁世凯，粗质曲材，赋性奸黠，少年放僻，失养正于童蒙，早岁狂游，习鸡鸣于燕市。藉其鸣吠之长，遂入高门之窦。合肥小李，惊其谲智，谓可任使，稍加提擢，遂蒙茸泽，身起为雄。不意其浮夫近能，浅人侈志，昧道懵学，聘驰失轸，遂使颠蹄东国，覆公𫗧以招虎狼；狡诈兴戎，缺金瓯以羞诸夏。适清廷昏昧，致逃刑戮，犹复包藏秽毒，不知愧耻，殚其暮夜之劳，妄窃虎符之重，黄金横带，卖屠主于权门，黑水滔天，引强敌以自重。虽奸逆著明，清廷知戒，犹潜伏羽势，隐持朝野。(2)

降及辛亥，皇汉之义，如日中天，浩气飚飞，喷薄宇宙，风云滞沛，集兴武汉之师，士马精妍，远响东南之鼓；造黄龙而会饮，纳五族于共和，大势垒集，指日可期。

天不佑华，诞兴贼子，蠢彼满室，引狼自庇。袁乃凭藉旧资，攀援时会，伪作忠良；牢笼将卒，协逼孤寡，夺据朝权，复伪和民声，迷夺时贤，虚结鬼神，信誓旦旦，懦夫惧戒，过情奖许。维时南军渠帅，实亦豁达寡防，堕彼奸计，倒持太阿，拳此凶逆。迫夫大邦既集，势威益专，遂承资跋扈，肆行凶忒，贿通㐌蛾，棋布阴谋，毒害勋良，摇惑众志，造作威福，淆撼国基，背法畔民，破败纲纪。癸丑之役，遂有讨伐之师，天未悔祸，义声失震，曾不警省，益复放横，骄弄权威，协肩廊庙。是以小人道长，凶德汇征，私托外援，滥卖国权，弑害民党，私更法制，纵兵市朝，威持众论，布散金璧，诱导官邪，冀以其积威积恶之余，乘世风颓靡廉耻灭殁之后，得遂其倒行逆施，僭登九五之欲。(3)

故四载以还，天无常经，国无常法，民无定心，官无定制，丹素不终朝，功罪不盈月，游探骄兵，睚眦路途，贪官污吏，渎乱朝野，以致庶政败弛，商工凋散，尤复加抽房亩，朝夕敛征，假辞公债，比户勒索，淫刑惨苛，民怨沸腾，凶焰所至，道路以目，此真世道陵夷之秋，天人闭隐之会，四凶所不敢为，汤武所不能宥者矣。(4)

维黄汉九有,奠安东陆,时流漂荡,越在迍邅。缅维祖德,孰敢怠荒?复我邦家,义取自拯。故辛亥之役,化私为公,志在匡时,道维共济。袁乃睥睨神器,妄欲盗窃,内比奸邪,既多离德,外遂屏瞵,甘为犬豚。是以四郊多垒,弗知惭悚,海陆空虚,弗思整训,财用匮竭,弗事劝俫,健雄失养,弗兴学艺,室如悬磬,野无青草,犹复养寇外蒙,削国万里,失驭东鲁,屡堕岩疆,遂使满、蒙多离散之民,青、徐有包羞之妇,扼我封疆,揕我心腹,皇皇大邦,苟为侮戮,日蹙百里,媚兹一人。此尤觉我侠士雄夫所怒目切齿,惊惧忧危而不可一朝居者也。夫天道建乾,义惟精一,在德则刚,制行为纯,故士不贰节,女不贰行,廉耻之失,谥曰"贱淫",四维不张,国乃灭亡!(5)

自民族国家,威灼五陆,雄风所扇,政骛其公,国竞以群,是以乾德精刚,宜充斥里间,洋溢众庶,旁魄沉瀁,蔚为骏雄,故辛亥之役,黜君崇民,扬公尊国,所以高隆人格,发扬众志,义至精而理至顺,故虽旧德老成,去君不失忠,改官不降节。袁氏身奉先朝,职为臣仆,华山归放,仅及四纪,载瞻陵阙,犹宜肃恭,故主犹存,天良安在?顾巍然以槁枥余生,不自揣量,妄欲以其君之不可者,而自为其可,是何异饰马牛之骨,扬溲勃之灰,以加臭乎吾民,以涅污乎当世,而令我名公先德,皆为其贱淫,白璧黄金,尽渲其瑕秽,此尤我元戎巨帅,良将劲卒,硕士伟人所同羞共愤,深恶痛绝,而不能曲为之宥者也。

汇此种种,袁氏之恶,实既上通于天,万死不赦。军府奉崇大义,慨念生民,谨托我黄祖威灵,恭行天罚,辄宣兹义辞,告我众士,招我同德。今将历数其罪,我国民其悉心以听。(6)

夫国为重器,神严尊惮,覆载所同。建国之始,义当就职南京,明其所受。袁乃顾影自惭,妄怀畏惧,阴纵部兵,称变京邑,用以要挟国人,迁就受职,使国权出于遥授,玩视国家之尊严,其罪一也。

活佛称异,势等毛羽,新国既成,鼓我朝锐,相机挞伐,举足可定;袁乃瞻顾私权,妄怀疑忌,全国请讨,置不听从,迁延养敌,废时失机,授他邦以蹈隙纵刃之间,失主权于外力纠纷之后,遂使蜿蜒巨嶂,弃此南金,万里边城,跃马可入,贻宗邦后顾之殷忧,损五族雄飞之资望,其罪二也。(7)

政体更新,荡涤瑕秽,私门政习,首宜改选,故内阁部首,须获议院同意,所以树公政之基,明众共之义;袁乃病其严责,阴图放佚,于第一次内阁联翩去职之后,尽登嬖宠,嗾使军警,围逼议员,索责同意,用以示威国人,开武力政治之渐,使民意机关,失其自由宣泄之用,其罪三也。

国有大维,是曰"法纪",信守不立,谥为"国难",乱政亟行,于焉作俑,故侵官败法,为世大诟;袁为元首,尤宜凛遵,乃受事未几,即不依法定程序,滥用政府威权,诬杀建国勋人——张振武,使法律信用失其效能,国宪随以动摇,政本因而销铄,其

罪四也。⁽⁸⁾

国宪之立,系以三权,共和之邦,主权在民,立法之府,谊尤尊显,地方三级,制实虚冗,建国除秽,亦既罢黜。袁乃急欲市恩,妄复旧制,不俟公决,辄以令行,使议院立法,失其尊严,国权行使,因以紊乱,其罪五也。

财政担负,直累民福,外债侵逼,尤伤国权,议案成立,特事严谨,众院赞可,宪尤著明;袁乃私立外约,断送盐税,换借外赀二千五百万镑,厉民害国,不经众院,暧昧挥霍,不事报闻,蔑视通宪,为逆已甚,其罪六也。⁽⁹⁾

国有元首,政俗式凭,行係国华,止为民范,袁乃知除异己,不自爱重,阴遣死士,狙杀国党领袖——宋教仁,以元首资格,为谋杀凶犯,既辱国体,又贻外讥,国家威严,因以扫地,其罪七也。

共和之国,建础为公,民意所在,亦曰"圣神",百尔职司,义宜退听,国会初立,人民望治,袁恐政制严明,不获罔逞,乃私拨国帑,肥养爪牙,收买议员,笼络政客,用以陷辱国体,迷夺众情,使议政要区,化为捣乱之场,法案迁延,藉作独裁之柄,其罪八也。⁽¹⁰⁾

元首登选,国有常经,揖让讴歌,盛德固尔,抑共和定疑,国宪崇废,悉于是觇,世法凛凛,斯为第一;袁于临时任满,正式更选之际,鄙夫患失,至兵围国会,囚逼议员,使强选总统,以就己名,致元首尊官,成于劫夺,共和大宪,根本动摇,国是益以危疑,后进难乎为继,其罪九也。

国民代表,职司立法,非还诉民意,毋得雍阏;袁于总统既获,复虑旁掣,辜恩反噬,遽为枭獍,乃假托危辞,罗织党狱,滥用行政权,私削议员资格,用以酖杀国会,并吞立法部,使建国约法由是推翻,元首生身,等于孽子,其罪十也。

国家组织,法系严明,苟非选民,焉能造法?袁于戕杀国会之后,妄以私意召集官僚,开"政治会议""约法会议",冒称民意,更改约法,摹拟君主,独揽大权,使民国政制,荡然无存,浩汗新邦,悬为虚器,其罪十一也。⁽¹¹⁾

民国肇造,本以图存,时风所迁,民强则兴,发挥群能,腾达众志,公私权利,宜获敬尊;袁乃倒行逆施,黜民崇吏,既吞立法,复尽灭各级地方议会,密布游探,诬报党狱,良士俊民,任意捕杀,人民权利,全失保障,致群黎股栗,海内寒心,毒吏得以横行,民业日以凋瘁,民力壮盛,有如捕风,国势颓隳,益以卑下,其罪十二也。

国局始奠,海内虚耗,财用竭蹶,义宜根本整理;袁乃专事虚缘,日以借债政策,利诱他邦,为私托外援之计,断送利权,绝不顾惜,逐鹿争臭,垄集庙朝,遂妄以北中二部,横断铁道,分许外人,惹起国交之猜疑,增益宗邦之危难,其罪十三也。

欧陆战争,义宜严守中立,及时奋进;袁乃内骄外诛,折冲无状,既反复狼狈,贻羞东鲁,复徘徊雌伏,巽立要盟,失满、蒙矿权,至于九处。承他邦意旨,发布誓言,辱国辱民,倾海不涤,其罪十四也。[12]

民族虎争,领土强食,外债毒国,既若饮鸩,竭泽厉民,何异自杀?袁于欧战既发,外赀猝断,乃专事掊克,内为恶税,房亩烟赌,一再搜括,复先后发行内国公债,额逾万万,按省配摊,指额求盈,小吏承旨,比户勒索,等于罚锾,致富户惊逃,闾里嗟怨,国民信爱,斫丧无余,神州陆沈,殷忧可畏,其罪十五也。

生利致用,民贵有恒,纵博浪游,谥曰"败子",盗贼充斥,此为厉阶,修政明刑,首宜致谨,袁乃纵容粤吏,复弛赌禁,使南疆富庶之区,负群盗如毛之痛,苛政猛虎,同恶相济,清乡剿杀,无时或已,政以福民,今为陷阱,其罪十六也。

烟害流离,久痼华族,张皇人道,仅获禁约,奋厉闷绝,犹惧不亟;袁乃餂其厚获,倚以箕敛,宠登劣吏,设局专卖,重播官烟,飞扬淫毒,失信害民,辱国贻讥,其罪十七也。[13]

民权政治,积流成海,国家公有,炳若日星,世室旧家,且凛兹盛谊,汲汲改进,华族后起,方发皇古训,追踪世法,断头流血,久而后得,大义既伸,近则不忠,乔木既登,返则不智;袁乃身为豪奴,叛国称帝,监谤饰非,咆哮求是,狐假虎威,因以反噬,使凶德播流,戾气横溢,妖孽丧邦,甘为祸首,其罪十八也。

易象系天,筮曰"无妄",圣学传经,谊唯"存诚",故忠信笃敬,保为民彝,衍为世德,袁乃机械变诈,崇事怪诡,貌为恭谨,潜包祸谋,秘电飞词,转兴众口,涂乌引鹿,指称民意,欺世盗名,载鬼盈车,背誓失言,日月舛仵,使道德信义,全为废辞,民质国华,尽量消失,其罪十九也。

硕德良能,民望所归,公道正义,人理所维,袁乃利诱威胁,爵饵璧谋,预拟拥戴劝进之书表,嗾使蝇营狗苟之党徒,托盗高名,自称"代表",恍如优剧,俨若沐猴,强辱我民,求肆盗欲,丧心病狂,廉耻泯灭,其罪二十也。[14]

维我当世耆德,草野名贤,或手握兵符,风云在抱;或权领方牧,虎步龙骧;或道系乡间,鹤鸣凤翔,细瞩理伦,横流若此,起瞻家国,悲悯何如?凡属衣冠之伦,幸及斯文未丧,等是邦家之主,胡堪义愤填膺,谯彼昏逆,泪应发指,修我矛戟,盍赋"同仇",书到都府,勉者,便合聚众兴师,郡邑子弟,各整戎马,选尔车徒,同我六师,随集义麾,共扶社稷。昆仑山下,谁非黄帝子孙?逐鹿中原,合洗蚩尤兵甲。[15]

军府,则总摄机宜,折冲外内,张皇国是,为兹要约曰:

凡属中华民国之国民,其恪遵成宪,翊卫共和,誓除国贼,义一;

改造中央政府,由军府召集正式国会更选元首,以代表中华民国,义二;

罢除一切阴谋政治所发生,不经国会违反民意之法律,与国人更始,义三;

发挥民权政治之精神,实行代议制度,尊重各级地方议会之权能,期策进民力,求上下一心,全力外应之效,义四;

采用联邦制度,省长民选,组织活泼有为之地方政府,以观摩新治,维护国基,义五。

建此五义,奉以纲维,普天率土,罔或贰忒。

军府则又为军中之约曰:

凡内外官吏,粤若军民,受事公朝,皆为同德。义师所指,戮在一人,元恶既除,勿有所问。其有党恶朋奸,甘为逆羽杀无赦,为间谍杀无赦,故违军法杀无赦,如律令。

布告天下,迄于满、蒙、回、藏、青海、伊犁之域,中国民国护国军政府都督唐继尧,第一军总司令官蔡锷,第二军总司令官李烈钧。

【简释】

(1)城狐:城狐社鼠常用为成语,城墙下的狐狸,社祠中的老鼠。意为要掏挖狐狸恐怕毁坏城池,要熏死老鼠恐怕烧灼社庙。比喻凭借某种势力的庇护而作恶的人。

僭窃:越分窃取。

哀恫郁纡:悲哀,害怕,忧郁,苦闷。纡:苦闷盘结胸中。

敦敕:督察敕戒。敦,督促;敕,告诫。

(2)放僻:即放僻淫逸,肆意为非作歹。亦指肆无忌惮、邪恶不正。

鸡鸣:即鸡鸣狗盗,指微不足道的本领。

合肥小李:指袁世凯科场失败以后,投奔淮系李鸿章。李鸿章(1823—1901年),字少荃,安徽合肥人,誉为"中兴名将"。他先投靠淮军统领吴长庆,因在朝鲜时期表现突出,大学士李鸿章于1895年举荐袁氏负责督练新军,渐为清廷所倚重。

覆公𫗧:《易·鼎》:"鼎折足,覆公𫗧。"后以"覆公折足"比喻不胜重任,败坏公事。

(3)倒持太阿:成语,倒拿着剑,把剑柄给别人。比喻把大权交给别人,自己反受其害。《汉书·梅福传》:"至秦则不然,张诽谤之罔,以为汉驱除,倒持太阿,授楚其柄。"

虺蜮(huǐ yù):毒蛇,比喻阴险恶毒的人。

癸丑之役:指1913年的讨伐袁世凯之举。

(4)丹素:《诗·唐风·扬之水》"素衣朱襮",后泛称士大夫的衣服为丹素。

睚眦(yá zì):发怒时瞪眼睛;借指极小的仇恨。

陵夷:由盛到衰。衰颓,衰落。《汉书·成帝纪》:"帝王之道日以陵夷。"

闭隐:犹隐晦。不清楚,不明显。

四凶:中国古代神话中有四凶(同时也是指共工、驩兜、三苗与鲧),也就是四大魔兽,分别是:饕餮、浑沌(即混沌)、穷奇和梼杌。

汤武:商汤和周武王。

(5)黄汉九有,奠安东陆:指黄帝和汉朝缔造的九州,中国在世界的东方。

迍邅(zhūn zhān):难行貌;指迟疑不进;处境不利;困顿。晋·左思《咏史》之七:"英雄有迍邅,由来自古昔。"

缅维:缅,遥远;维,联结,维系。

睥睨神器:睥睨即窥视,侦伺。神器指国家政权。

四维:"四维"说出自《管子》:"何谓四维?一曰礼,二曰义,三曰廉,四曰耻。礼不逾节,义不自进,廉不蔽恶,耻不从枉。"

(6)沆瀣(hàng xiè):夜间的水汽,露水。司马相如《大人赋》:"呼吸沆瀣兮餐朝霞。"现代汉语中成语"沆瀣一气"与"沆瀣"本意无关。"沆瀣一气"中的"沆瀣"指唐时的崔沆、崔瀣。宋·钱易《南部新书·戊集》:"又乾符二年,崔沆放崔瀣,谭者称座主门生,沆瀣一气。"比喻气味相投的人联结在一起。现常表示臭味相投的人勾结在一起。含贬义。

槽枥:养马之所。《后汉书·马援传》:"今者归老,更欲低头与小儿曹共槽枥而食。"

溲勃:"牛溲马勃"之略语。语本唐·韩愈《进学解》,后多用以喻粗贱之物;指尿,小便。黄祖:祖先黄帝。

(7)其罪一也句:1911年10月10日武昌起义,辛亥革命爆发,袁世凯一面以武力压迫南方革命,另一方面却暗中与革命党人谈判。而革命党人亦认为袁世凯是能领导中国的政治领袖。南方十七省选出孙文担任中华民国第一任临时大总统,1912年1月1日在南京宣布中华民国成立,孙文就任。2月15日,南京参议院正式选举袁世凯为临时大总统。依据中华民国临时约法,改总统制为内阁制,大大削减袁世凯的权力,袁世凯却于3月10日于北京就职。

其罪二也句:武昌起义后,驻藏川军兵变,树起了大汉革命旗帜。但他们四处抢掠,互相残杀,激起了当地居民对川军及驻藏汉人的强烈不满。达赖在英印总督支持下,策划武装叛乱,西藏局势不断恶化,严重威胁着祖国统一和西南国防的安全。蔡锷数电中央,力陈西藏危局,毅然请战平乱。滇军千里出征,尚未完成任务,即被勒令停止前进,令蔡锷深为不满。大总统袁世凯下令滇督,英人干涉,民国初建,岂容轻启外衅。四川都督尹昌衡对滇也素有疑忌,加上经费困扰,蔡锷痛心疾首,无可奈何。西征军自1912年7月22日出发至12月10日返回,历时五个月,长途转战,劳军糜财,无果而还,原因一是川狭隘的地方割据思想导致对滇军的疑忌;二是袁世凯政府受英国武力恫吓,不敢令川滇两军放手平叛;三是袁世凯对蔡锷个人的疑忌。

(8)其罪三也句:袁世凯破坏民主之事甚多。比如1913年10月6日,国会在军警压力下,选举袁世凯为第一任大总统,袁世凯随即于北京故宫太和殿就职。11月4日,袁世凯下令解散中国国民党,并收缴国民党议员证书。国会因人数不足而无法开会。1914年1月,袁世凯下令解散国会。之后袁认为"人民滥用民主自由、人民政治认识尚在幼稚时代",废止中华民国临时约法,于5月推出新的《中华民国约法》,改内阁制为总统制。之后再修改总统选举法,使总统可无限期连任,新任总统亦由在任总统指派。婠(ǎn)宠:依违从人,敷衍逢迎之徒。

其罪四也句:张振武(1872—1912年)是武昌起义的著名功臣,后出掌湖北军政府军务部,与黎元洪发生矛盾,黎将其解职。袁世凯电请张振武进京商议国事。1912年8月14日,武昌起义领导人之一张振武在德昌饭店宴请同盟会和共和党要人,希望"消除党见,共维大局"。15日夜,为调和南北感情,他在六国饭店宴请北洋将领姜桂题、段芝贵。酒阑人散途经正阳门时,潜伏的军警突起拦截,将张振武捆绑起来,押解西单牌楼玉皇阁京畿军政执法处。16日凌晨1时,张振武在执法处被绑于木桩上,身中6枪毙命。临刑前,他怒说:"不料共和国如此黑暗!"张振武案最后不了了之。

(9)其罪六也句:1913年,袁世凯为了筹集战争经费,压服、消灭南方国民党的势力,以办理善后为名,未经国会讨论通过,擅自与英、法、德、俄、日5国银行签订《善后借款合同》。合同规定借款总额2500万英镑,年息5厘,债券九折出售,八四实收,期限47年;偿还已到期的各种赔偿、借款、垫款后,实际到手的仅760万英镑,而规定47年还清之本息竟达到6789万英镑;借款以盐税、关税等为担保,并附条件:借款期内,中国不得向五国银行团以外的银行团借款;借款的领款凭单须有外国稽核员签押方能有效;中国聘用外国人参加盐税征收事务等。合同签署后,全国一片斥责之声。但袁世凯借口借款事宜曾于1912年年底由临时参议院秘密通过,拒绝将此案交国会表决。

(10)其罪七也句:宋教仁(1882—1913年),湖南桃源人,中国近代著名的资产阶级政治家,中国同盟会和国民党的主要领导人。南京临时政府成立时,宋教仁曾任法制局局长。孙中山让位于袁世凯后,宋教仁出任北洋政府的农林部总长。同年8月,宋教仁等将中国同盟会改组为国民党,举孙中山为理事长,暂由宋教仁代理。宋教仁推崇西方的政党政治,试图扩大国民党的政治势力和影响,以便控制国会,限制总统的权力,实行"责任内阁制"。这就与袁世凯希望加强总统权力,实行专制独裁统治发生了尖锐的矛盾,他决定用铁血手段扑灭民主势力。1913年3月,袁世凯派人在上海暗杀了宋教仁,制造了震惊全国的"宋案"。

　　(11)其罪十一也句:政治会议初名行政会议,由大总统袁世凯于1913年11月26日下令召开。政治会议为"咨询机关",约法会议产生后该会议立即自行解散。国会因人数不足无法开会,按照法定程序,应由各省递补缺额。国民党在全国是第一大党的地位是无可置疑的,通过递补,国会还是有起死回生的可能。袁世凯指示各省当局毋庸办理递补手续,这样国会就没有存在基础了,便有理由召集政治会议、约法会议。1914年2月,袁世凯授意成立的"约法会议",草草炮制出一个"字字皆袁氏手定"的所谓《中华民国约法》,于5月1日公布施行,以取代《中华民国临时约法》。新《约法》规定,"大总统总揽统治权",凡一切内政、外交、军事、制定宪法和官制、任免大权,统由袁世凯独揽。12月,"约法会议"通过《总统选举法》修正案,规定大总统无限期连任,大总统的继承人由大总统推荐。这样,袁世凯不仅可以终身独揽统治权,而且还可以传之子孙。

　　(12)其罪十三、十四也句:指袁世凯为了称帝,无耻地接受了日本提出的使中国丧权辱国的"二十一条件"之事。

　　(13)以上三罪是指袁世凯政府的苛捐杂税极多。除继承前清旧税外,尚有糖税、矿税、茶税、渔业税、牲畜屠宰税,等等。地方上更是名目繁多,如木税、渔业税、斗税、包裹税、驴税、牛税、花布税、房税、船税、油税、货捐、火车货捐、车捐、船捐、戏捐、妓捐、花生捐、瓜子捐、猪捐、羊捐、粮米捐、商捐、码头捐,等等。这些苛捐杂税,往往激起社会风潮。更为恶劣的是,袁世凯于1915年4月29日任命蔡乃煌充江苏、江西、广东禁烟特派员,事实上这个禁烟特派员却是卖烟特派员。他先增加鸦片税,使烟禁松弛,9月底又亲到广东,实行鸦片专卖,由鸦片商每箱报效银4500元,预计可筹款2700余万元作为帝制运动费,从而使民国以来的禁烟运动功亏一篑。其不择手段,以至于此。

　　(14)最后三罪是揭露袁世凯"洪宪称帝"时所制造的一系列丑剧。袁世凯自镇压二次革命后,实行总统独裁制,大权独揽。1915年8月,袁世凯的宪法顾问美国人古德诺发表《共和与君主论》一文,认为中国人知识程度太低,无研究政治之能力,只适合于君主制。杨度在袁的示意下串联了孙毓筠、李燮和、胡瑛、刘师培和严复,联合发起成立筹安会,公开进行复辟帝制活动。但袁世凯故作姿态,表示改行帝制"不合时宜"。于是梁士诒等组织"全国请愿联合会",制造"民意",并与筹安会争功。10月6日,参政院召开"国民代表大会",国民代表一律"赞成"君主立宪,并推定参政院为国民大会总代表,上书推戴袁世凯为中华帝国皇帝。12月12日,袁世凯宣布接受帝位,推翻共和,复辟帝制,改中华民国为"中华帝国",并下令废除民国纪元,改民国五年(公元1916年)为洪宪元年,史称洪宪帝制,并发行一种以他的头像和龙作图案的纪念金币和银币,准备于1916年元旦正式登基。袁帝制自为的行径,激起了中国人民的强烈反对。12 月 25 日,唐继尧、蔡锷、李烈钧在云南宣布独立,护国战争爆发。袁世凯称帝使北洋集团分崩离析,列强也撤回了对袁的支持。袁世凯众叛亲离,内外交困,被迫于 1916 年 3 月 22 日宣布取消帝制。

(15)耆德:年高德劭、素孚众望者之称。《书·伊训》:"敢有侮圣言,逆忠直,远耆德,比顽童,时谓乱风。"

权领方牧:指一方的实权人物,过去官吏治民叫牧民,因而官则名为牧,如州牧、府牧。

谯彼昏逆,洵应发指:看到他的倒行逆施,人们实在都会怒发冲冠。谯:城门上的望楼;洵:实在。

勋耆:德高望重的老元勋。耆,年老,六十岁以上的人。

逐鹿中原:逐鹿指所要围捕的对象;中原本来指我国黄河中下游一带,是中华民族的发祥地。现泛指整个中国。常比喻帝位、政权。指群雄并起,争夺天下。《史记·淮阴侯列传》:"秦失其鹿,天下共逐之。"

蚩尤:蚩尤和黄帝、炎帝一样,是中华民族先祖之一。在 4600 多年以前,黄帝战胜炎帝后,在今河北涿鹿县境内,展开了与蚩尤部落的战争——涿鹿之战,蚩尤战死,东夷、九黎等部族融入了炎黄部族,形成了今天中华民族的最早主体。

【事件简介与檄文赏析】

本文是钟动撰写、以中华民国护国军政府都督唐继尧,第一军总司令官蔡锷,第二军总司令官李烈钧的名义发出的。

作者钟动(1872—1937 年),字天静,号辟生,广东嘉应梅县东厢人。游学日本时加入同盟会,讨袁护法二役入滇辅助唐继尧、李烈钧,为护国军草拟之《讨袁檄文》,笔力雄犀,挞伐入骨,堪比陈琳之讨曹氏、骆宾王之讨武曌,五千余言,一气呵成。据说李烈钧读罢《讨袁檄文》,拍案激赏,大叫:"好啊!好!你呀,好一个钟动!这一颗惊雷必定震撼神州,轰动天地!快电通知香港李根源,即发香港各大报!让惊雷先从那里发出,然后全国各地必然响应,看惊雷播动,把国贼袁世凯轰下台去!"他提笔在文首写上题目"中华民国护国军政府讨袁檄文"然后交

1915 年护国军出征前夕,部分护国军将领合影。左起:第一军秘书长李日垓、第一军总参谋长罗佩金、第一军总司令蔡锷、第一军参议殷承瓛、第二军总司令李烈钧

给钟动,说道:"钟秘书长,快电通知李根源,文章即发!"果然,《讨袁檄文》在1915年12月25日先由香港发表,很快在中国传播,引起极大的回响;世人称其文笔雄健,比之陈琳讨曹操,骆宾王讨武氏,尤觉淋漓尽致,令人叫绝。第二年的六月,皇帝梦碎的袁世凯,终于在全国各省讨袁声中,众叛亲离,羞愤交集下病逝了。这也就是世人称为的第三次革命。

唐继尧(公元1883—1927年):字蓂赓,汉族,云南会泽人,父亲是一名举人,他本人也中过秀才。1904年赴日留学,1905年秋加入同盟会。1908年毕业于日本士官学校。次年回国。辛亥革命爆发后,参加蔡锷指挥的昆明重九起义。云南光复后,蔡锷就任云南都督,蔡锷派唐继尧率军援黔,讨平黔乱,即被推为贵州都督。1913年11月,唐继尧正式接替蔡锷担任云南都督兼云南民政长。之后,他与孙中山交恶,1913年,支持袁世凯的他,参与镇压二次革命,攻打四川熊克武的军队。1915年12月,因不满袁世凯称帝,与蔡锷联合宣布云南独立,并发起护国战争,蔡锷为第一军总司令,出师四川;李烈钧为第二军总司令,出师广西;唐继尧自任第三军总司令留守云南。护国战争结束后,任云南督军兼省长。尔后,参加了孙中山发动的护法、靖国运动。1916年5月8日,护国军中央机构军务院宣告成立,推唐继尧为抚军长,以岑春煊为副抚军长。军务院设于肇庆,唐继尧远在昆明,乃由岑以副抚军长代理抚军长。并推刘显世、陆荣廷、龙济光、梁启超、蔡锷、李烈钧、陈炳焜为抚军。1917年他与孙中山修好,并支持孙中山发动的护法运动,不过暗中自组靖国军,成为云南地区领导者、军阀。后并组织民治党倡导联省自治并坚持反共产党。1922年创立东陆大学(今云南大学的前身)。1922年被驻川靖国滇军第一军军长顾品珍驱逐。次年不听孙中山先生的劝阻,率先回滇复职。1927年2月6日,胡若愚、龙云、张汝骥、李选廷四镇守使联合起来,对唐继尧实行兵谏,威逼去职,失去云南政权,同年5月23日唐继尧病死于昆明,终年45岁。

李烈钧(1882—1946年),江西省九江市武宁县人,汉族,国民党二级陆军上将。光绪二十七年入江西武备学堂,后在日本留学期间,与黄兴等共同组织了以反对西方帝国主义侵略为宗旨的"攘白团"。光绪三十三年加入同盟会,光绪三十四年,自日本回国,因在新军中进行革命活动,被下令逮捕,宣统元年(公元1909年)春到昆明任云南讲武堂教官兼兵备提调。1911年武昌起义后返赣,于10月26日到达九江,被推让为军政分府总参谋长。他使得清海军宣布起义,事后被推为海陆军总司令。1911年被推为安徽都督。不久,冯国璋派重兵进攻武昌,黎元洪一日五次急电,向李烈钧求援,任命李烈钧为五省联军总司令,使冯国璋不敢越过长江,武昌得以转危为安,1912年3月李烈钧回赣就任江西都督,使江西成为军事、政治、经济巩固的省份。1913年3月,在国会召开之前,袁世凯派人暗杀南京临时政府农林总长宋教仁,接着又向五国银行签订了二亿五千万元的善后借款,准备扑灭革命势力。5月5日,李烈钧与湖南都督谭延闿、广东都督胡汉民、安徽都督柏文蔚通电,反对袁世凯与五国银行签订大借款,并公开指出袁世凯为刺杀宋教仁的罪犯。袁世凯恼羞成怒,下令免除李烈钧江西政府都督职务。江西省政府议会,请李烈钧起义,李烈钧不同意,他说:"中央免除吾职,吾即起义,是反也,非义举也,袁世凯违法,重袭帝制,以民意伐之,吾赴听命。"6月中旬,由九江赴上海,临行,嘱省议员杨赓笙速回其故乡湖口县作发难准备,并说:"湖口地形险峻,襟外江而带内湖,为兵家必争之地,故亟宜作起义之策源地。"李烈钧至上海会见孙中山、黄兴等筹商反袁事宜。在孙中山主持的讨袁会议上,李烈钧被公推为讨袁总司令。7月,李烈钧由上海回至湖口,省议会又一致推举李烈钧为江西讨袁总司令,7月12日在湖口成立讨袁司令部,李烈钧就任总司令,随即宣布独立,发布讨袁檄文,通电全国,痛斥袁世凯:"乘时窃柄,帝制自为,意图破坏共和,为全国之公敌。"接着,湘、鄂、皖、苏、闽和上海、重庆等省市,相继宣布独立,袁世凯即派李纯率军企图进入江西,在瑞昌、德安间与讨袁军展开激战。李烈钧令林虎等,据险阻击,初战告捷。但因兵力悬殊,援军不续,7月25日,湖口被袁军攻陷。李烈钧退守南昌,继而转移丰城。8月底,驻守临江,与袁军激战数日,毙敌数百。后因袁军大集,败局已成,乃退离江西,"二次革命"遂告失败。"二次革命"失败后,孙中山鉴于原国民党复杂、涣散、没有战斗力,决定重建中华革命党,再举革命。规定入党者都要盖指模、立誓约,绝对服从总理,李烈钧同许多革命党人对此不理解,拒绝参加这个组织,乃于1914年1月离开日本,赴欧洲考察各国政情。7月,第一次世界大战爆发,日本旋即对德宣战。这时,李烈钧正在德国参加博览会,闻讯后,于是年10月,由马赛登轮向东方进发,船到西贡,欲登岸,假道越南赴云南,被法国海关所阻,转至香港暂住。11月侨寓新加坡。参加原国民党部分党人在南洋组织的反袁团体——欧事研究会。经常与陈炯明、岑春煊等联系,商议讨袁大计,在南洋开展革命活动。1915年年初,袁世凯宣布复辟帝制,5月9日,又公然接受日本提出的旨在"灭亡中国"的二十一条,出卖国家主权,激起全国人民坚决反对,李烈钧亦非常气愤,认识到不能离开革命组织,毅然按照孙中山的规定办理手续,加入了中华革命党。1915年12月初,孙中山电催李烈钧回国,进行反袁武装斗争,遂与在南洋的革命党人商量,从新加坡至海防,转河内,往老开,准备潜入云南,策动西南地区军阀唐继尧讨袁。可是,当时唐继尧虽秘密筹备讨袁,但仍在犹豫之中,李烈钧等在河口等候多日,毫无动静,乃作破釜沉舟之计,电促唐继尧,唐继尧接电后,权衡得失,决心讨袁。即派其弟唐继虞迎李烈钧到昆明。随后蔡锷也逃脱袁世凯的监视,抵达昆明,共商讨袁事宜。决定以反对袁世凯复辟帝制,捍卫共和国体制为宗旨,组织"护国军"。蔡锷任第一军总司令,出兵四川;李烈钧任第二军总司令,进军两广;唐继尧任第三军总司令,坐镇云南。12月6日,李与唐、蔡共同揭起护国讨袁大旗,通电各省,宣布云南独立,发表讨袁宣言,历数袁世凯二十条罪状,拉开了讨袁护国的序幕。12月7日,李烈钧率第二军向滇桂边境进发。1916年2月,在广西百色,击溃袁世凯派来的龙觐光部。3月15日,广西都督陆荣廷宣布独立。李烈钧部顺利进入广西。5月经南宁沿江直下广东肇庆,然后沿粤江北上。6月初,攻打韶关,龙济光部闻炮声逃走。因而群众中有"李烈钧三炮定韶关"之美谈。6月6日,袁世凯当了83天皇帝后,于绝望中死去,继任总统黎元洪,宣布恢复临时约法和国会,护国战争是以结束。1917年8月在广州成立中华民国军政府,孙中山就任海陆军大元帅,李烈钧被任命为大元帅府参谋总长,率军转战于广东韶关、南雄等地。第一、二次护法运动失败后,1923年1月,滇桂联军击败陈炯明。2月孙中山重返广州,再建大元帅府,就任海陆军大元帅。李烈钧回广州仍任参谋总长。此后,李烈钧再未掌握军队,只协助孙中山从事军事计划和参谋指挥工作。1925年3月12日,孙中山在北京病逝。他参与主持丧事。1926年北伐军进入江西,国民政府任命他为江西省政府主席。1928年10月,国民政府改组,李烈钧仅有国民党中央委员、国民政府委员的虚名,未再担任实职,遂离开南京,到上海养病。1946年2月20日,李烈钧因高血压心肌梗死在重庆逝世,终年64岁。

蔡锷(1882—1916年),原名艮寅,字松坡,汉族,湖南宝庆(今邵阳)人,中华民国陆军上将。1911年云南重九起义的主要领导者,总指挥。1915年云南护国起义的主要组织者和领导者,中华民国开国元勋。我国近代著名的革命家、军事家、政治家、爱国将领。中华民国历史上第一位享受国葬殊荣的革命元勋。

袁世凯(1859—1916年),字慰亭(又作慰庭),号容庵,汉族,河南项城人,是中国近代史上著名的政治人物。曾是北洋军阀的领导人,在辛亥革命后成为中华民国首任大总统。1915年12月,在国会、民众请愿团、筹安会和1993名各省国民代表的拥戴下,袁世凯恢复了中国的君主制,建立中华帝国,并改元洪宪,行君主立宪政体。总统府改为新华宫。其称帝遭到当时名人和南方军阀的反对,孙中山、梁启超等人坚决反对帝制,北洋将领段祺瑞、冯国璋等也深为不满,帝国主义列强亦不断对他提出警告。12月25日,蔡锷、唐继尧等在云南宣布起义,发动护国战争,讨伐袁世凯。贵州、广西相继响应。为了避免国家分裂,袁世凯于1916年3月22日宣布取消帝制,恢复"中华民国"年号,起用段祺瑞为国务卿兼陆军总长,企图依靠段团结北洋势力,维护国家的稳定,但起义各省没有停止军事行动。5月下旬忧愤成疾,1916年6月6日,袁世凯因尿毒症不治而逝,时年57岁。

如椽巨笔斥逆行：梁启超中华民国讨逆军檄告天下

中华民国讨逆军为檄告事：

慨自晚清失政，国命阽危，我国民念竞存之孔艰，痛沦胥之无日，共倡义举，爰建共和，统一需人，乃推袁氏。当元二年(1912—1913年)之交，举国喁喁望治，爱国之士不惜牺牲一切与袁氏相戮力，岂其有所私于一人？冀藉手以拯此垂亡之国而已。袁氏受国民付托之重，于兹四年，在政治上未尝示吾侪以一线之光明，而汲汲为一人一家怙权固位之私计：以阴柔之方略操纵党派，以狠鸷之权术蹂躏国会，以卑劣之手段诛锄异己，以诱胁之作用淆钳舆论，以朋比之利益驱策宵小，以虚骄之名义劫制正人。受事以来，新募外债逾二万万，其用途无一能相公布。欧战发生，外债路绝，则专谋搜括于内：增设恶税，强迫内债，逼勒苛捐，更悬重赏以奖励培克之吏，不恤民力，竭泽而渔，以致四海困穷，无所控诉。问其聚敛所入，则惟以供笼络人士警防家贼之用，而于国务丝毫无与。对外会不闻为国防之计划，为国际经济竞争之设备，徒弄小智小术，以取侮于友邦，致外交着着失败。对内则全不顾地方之利害，不恤人民之疾苦。盗贼充斥，未或能治，冤狱填塞，未或能理。摧残教育，昌言复古，垄断实业，私为官营。师嬴政以愚黔首之谋，等红羊利出一孔之教。法令条教，纷如牛毛，朝令夕更，自出自犯，使人民无所适从，而守法观念驯至澌灭以尽。用人则以便辟巧佞为贤，以苛虐险戾为才，忠谠见疏，英俊召嫉，遵妾妇之道，则立跻高明，抱耿介之志，或危及生命，以致正气销沈，廉耻扫地，国家元气，斩丧无馀。凡此政象，万目俱瞻，以较前清，黑黯泯棼，奚啻什倍![1]

我国民既惩破坏之不祥，复谅建设之匪易，含辛忍痛，冀观后效，掬诚侧望，亦既数年。方谓当今内难已平，大权独揽，列强多事，边患稍纾，正宜奋卧薪尝胆之精神，拯一发千钧之国命。何图彼昏，百事弗恤，惟思觊觎神器，帝号自娱，背弃口宣之誓言，干犯公约之宪典，内罔吾民，外欺列国，授意鹰犬，遍布爪牙，劫持国人，使相附和，良士忠告，充耳弗闻，舆论持正，翻成罪状。以致怨毒沸腾，物情惶骇，农辍于陇，商荒于广，工梗于涂，士欢于校，在朝节士，相率引退，伏莽群戎，伺机思逞。驯至列强干涉，警告再三，有严密监视之宣言，作自由行动之准备。夫以一国之内政，乃至劳友邦之容喙，奇耻大辱，宁复堪忍？谁为为之，乃使我至于此极也？今犹不悛，包羞忍恶，彼将遂此大欲，餍其祸心，苟非效石晋割地称儿之故技，必且袭亡清奖拳排外之覆车，二者有一于此，则吾国永沉九渊，万劫宁复！先圣不云乎："乱贼之罪，尽人得而诛之。"况乃受命于民，为国元首，叛国之事实既已昭然，卖国之阴谋行且暴露，此而不讨，则中国其为无人也已！[2]

呜呼！国之不存，身将焉托？而立国于今，抑何容易！人方合兆众为一体，日新月异，以改良其政治，稍一凝滞不进，已岌岌焉为人鱼肉是惧。况乃逆流回棹，欲袭中世纪东方式奸雄之伎俩，弋取权位，而谓可以奠国家、安社稷，稍有常识者，当知其无幸也。袁氏对于国家，既悍然不自知其职责，对于世界，复瞢然不审潮流、事会之所趋。其政法上之效绩，受试验于我国民之前者，亦既有年，所余者惟累累罪恶，污我史乘，他复何有？就令怵于名分，不敢明叛国体，然由彼之道，无变彼之术，亦惟有取国家元气，旦旦而伐之，终亦酝酿大乱以底于亡已耳。况当此祸至无日之时，乃更有帝制自为之举。譬犹熟祖父母宛转属纩，而复引刀以诛之，别有肺肠，是孰可忍？数月以来，淫威所煽，劝进之辞所在多有。彼方假借指为民意，以冀窃誉当时，掩罪后史。实则群公之权宜承旨，或出于顾全大局，投鼠忌器之苦心，或怀抱沈机观变，待时而动之远识，岂其心悦诚服，甘作二臣，狂走中风，殉兹戎首？[3]

尧等或任职中枢，或滥竽专阃，为私计则尊显逾分，更何所求？与袁氏亦共事有年，岂好违异？徒以势迫危亡，间不容发。邦之杌陧，实由一人，亦既屡进痛苦之忠言，力图最后之补救。奈独夫更无悔祸之心，即兆众日在倒悬之域。是用率由国宪，声罪致讨，剪彼叛逆，还我太平。义师之兴，誓以四事：

一曰与全国民戮力拥护共和国体，使帝制永不发生；

二曰划定中央地方权限，图各省民力之自由发展；

三曰建设名实相副之立宪政治，以适应世界大势；

四曰以诚意巩固邦交，增进国际团体上之资格。

此四义者，奉以周旋，以徼福于国民，以祈鉴于天日。至于成败利钝，非所逆睹，惟行乎心之所安，由乎义之所在。天相中国，其克有功。敢布腹心，告诸天下。

唐继尧、任可澄、刘显世。[4]

【简释】

（1）慨自晚清失政段：阽（diàn）危：危险的境地。南朝齐·王融《永明十一年策秀才文》："故能出人于阽危之域，跻俗于仁寿之地。"

孔艰：很难知；很艰难。《诗·小雅·何人斯》："彼何人斯，其心孔艰。"郑玄笺："孔，甚；艰，难。"

沦胥：泛指沦陷、沦丧。《晋书·凉武昭王李玄盛传》："淳风杪莽以永丧，缙绅沦胥而覆溺。"喁喁(yóng yóng):比喻众人仰望期待的样子。

戮力:协力,通力合作、合力,尽力。《史记·项羽本纪》:"臣与将军戮力而攻秦。将军战河北,臣战河南,然不自意能先入关破秦,得复见将军于此。"

掊(póu)克:聚敛,搜刮民财。《诗经·大雅·荡》:"曾是强御,曾是掊克"。指聚敛者,贪官,《孟子·告子下》:"遗老失贤,掊克在位。"

红羊:红羊劫乃是一种历史谶纬之说。南宋理宗时,有一位算命先生柴望上疏提请朝廷注意,每逢丙午、丁未年,国家必有祸患。以天干"丙""丁"和地支"午"在阴阳五行里都属火,为红色,而"未"这个地支在生肖上是羊,每六十年出现一次的"丙午丁未之厄"后被称为"红羊劫"。宋人最惨痛的记忆"靖康之耻"就发生在丙午年(公元1126年)。1899年秋,孙中山作七言绝句《咏志》:万象阴霾扫不开,红羊劫运日相催。顶天立地奇男子,要把乾坤扭转来。该诗曾用作革命组织的动员口号和联络语,又称革命歌、起义歌。

利出一孔:给予利禄赏赐只有一条途径,那就是从事耕战。《管子·国蓄》:"利出于一孔者,其国无敌。"《商君书·弱民》:"利出一孔,则国多物。"

澌(sī)灭:消灭干净。巧佞(nìng):奸诈机巧。

险戾(lì):邪恶乖张。忠谠(dǎng):忠诚正直。

黑黯泯棼,奚啻什倍:其黑暗腐败程度,何止十倍?泯棼(mǐn fén):亦作"泯泯棼棼",纷乱貌。《书·吕刑》:"民兴胥渐,泯泯棼棼。"奚啻(chì):何止。

(2)我国民既惩破坏之不祥段:掬诚:捧出诚意,犹竭诚。清·刘丽川《致各国领事函》:"本帅谨掬诚相告:兹者清室覆亡在即,深望各国侨民既不接济本军,亦不援助胡满。"孙中山《孙大总统广州蒙难记序》:"予非有取于其溢词,仅冀掬诚与国人相见而已。"

宣之誓言:是指袁世凯窃取中华民国临时大总统之时,为欺骗资产阶级革命派和全国舆论,曾发下的"誓言",说要"发扬共和之精神,涤荡专制之瑕秽,谨守宪法"等等。

公约之宪典:指辛亥革命后由南京临时参议院制定并通过的《中华民国临时约法》。它是由孙中山以临时大总统的名义,于1912年3月11日公布的、具有资产阶级性质的一部宪法。

伏莽:盗匪。《易·同人》:九三,伏戎于莽。莽,丛生的草木。后以伏莽指军队埋伏在草莽中。亦指潜藏的寇盗。唐·李德裕《授王元逵平章事制》:始擒伏莽之戎,遽拔升天之险。

列强干涉,警告再三:当袁世凯的复辟活动遭到举国上下痛加声讨,即将垮台的时刻,原来曾支持过袁世凯的日本,转而扶持段祺瑞,准备抛弃袁世凯。于是,

1915 年年底,日本联合英、法、俄、意等国公使,几次警告袁世凯,要他延缓复辟帝制、改变共和政体。

石晋割地称儿:公元 936 年,后唐河东节度使石敬瑭反唐自立,向契丹求援。契丹出兵扶植其建立晋国,辽太宗与石敬瑭约为父子。作为条件,两年后,即公元 938 年,石敬瑭把燕云十六州之地献出来,使得辽国的疆域扩展到长城沿线。燕云十六州为险要之地,易守难攻,无燕云十六州,导致中原赤裸裸地暴露在外来民族的铁蹄下(因中原士兵善守城,而蛮夷士兵善攻),对宋朝的衰变乃至灭亡有着重大影响。

亡清奖拳排外:戊戌变法失败后,列强干涉中国内政,以支持维新变法为借口,支持光绪帝和维新派,意图在华攫取更大特权,这引起了慈禧太后的不满。慈禧想要废掉光绪帝,另立端郡王载漪之子为帝,于是,清朝统治集团中形成了以载漪为首的排外集团,主张对列强采取强硬态度。慈禧本意与列强讲和,但载漪等人伪造列强逼迫慈禧还政于光绪帝的照会,令慈禧大为震怒,决心与列强一战。正在此时,义和团已经发展壮大,成为一支不可忽视的军事力量。清朝在甲午战后,国力、军力大损,既无力镇压义和团运动,也无力对付列强军事行动,所以便有了以义和团抗击列强的做法,以期坐收渔人之利。

(3)呜呼!国之不存,身将焉托段:史乘:《孟子·离娄下》:"晋之《乘》,楚之《梼杌》,鲁之《春秋》,一也。"《乘》《梼杌》《春秋》本为三国之史籍名,后因泛称史书为"史乘"。清·赵翼《题竹初自述文》诗:"将垂史乘芳,更炳金石光。"鲁迅《坟·摩罗诗力说》:"特历时既永,史乘无存。"

属纩(kuàng):古代汉族丧礼仪式之一。即病人临终之前,要用新的丝絮(纩)放在其口鼻上,试看是否还有气息。属,放置。此一仪式称为"属纩"。因而"属纩"也用为"临终"的代称。《礼记·丧大记》:"属纩以俟绝气。"

劝进:劝说实际上已经掌握政权而有意做皇帝的人做皇帝。1915 年 8 月,为给袁世凯做皇帝造舆论,杨度打头,杨度等 6 个人组成了"筹安会",公开进行了帝制活动。"筹安会"强迫一些机关职员上街加入劝进袁世凯做皇帝的队伍,不参加劝进者,就不给发薪水。12 月 12 日,袁世凯接受了所谓的民众劝进书,宣布登基,史称洪宪皇帝。1916 年 3 月 22 日, 只当了 83 天皇帝的袁世凯被迫下台。6 月 6 日又因尿毒症弃世而去。

(4)滥竽:这是自谦之词。

专阃(kǔn),专主京城以外的权事。《史记·张释之冯唐列传》:"臣闻上古王者之遣将也,跪而推毂曰:阃以内者,寡人制之;阃以外者,将军制之。"裴骃集解引韦昭曰:"此郭门之阃也。"后称将帅在外统军为"专阃"。

211

　　杌陧(wù niè):不安;困厄。《书·秦誓》:"邦之杌陧,曰由一人。"孔传,"杌陧,不安;言危也";也指动荡不安的时势。

　　徼(jiǎo)福:祈福,求福。《左传·成公十三年》:"君亦悔祸之延,而欲徼福于先君献穆。"白居易《戒药》诗:"朝吞太阳精,夕吸秋石髓;徼福反成灾,药误者多矣。"

　　逆睹:顾及,考虑,预见。

　　任可澄(1878—1945年):贵州安顺人,原名文,字志清。早年从事教育工作,后为贵州宪政预备会首领。1912年唐继尧任贵州都督时,充参赞、审计处处长。1913年为袁世凯约法会议议员。同年春任黔东观察使。次年任镇远道尹,旋晋云南巡按使,参与策划护国战争。1916年任云南省省长。1921年,与黔军代总司令卢焘联衔通电,主张联省自治,任贵州省省长。后又任善后会议议员、临时参政院参政、教育总长等职。1937年至1940年任国民党监察院云贵监察使。曾主编《贵州通志》《黔南丛书》。

　　刘显世(1870—1927年):贵州兴义人,字如周,亦作如舟,别号经硕。清末任清军管带。早年曾参加镇压广西会党起义。辛亥革命后曾一度赞成共和,但随即拥戴袁世凯称帝,后又转而反袁,民国成立后,任贵州护军使,1916年1月27日宣布贵州独立,自任都督、督军兼省长。后曾参加孙中山护法运动任川滇黔三省护国联军副总司令,但不久又与北洋直系军阀言和。后因军阀派系之争,1925年1月隐退。1927年10月14日病逝。

【事件简介与檄文赏析】

　　这是以"中华民国讨逆军"名义发布的讨袁檄文。该篇檄文由梁启超起草,蔡锷携之云南拍发,文后署名者有唐继尧、任可澄、刘显世等人,其发出时间约在1915年12月27日之后。檄文列数袁世凯的罪恶,宣明"率由国宪,声罪致讨,剪彼叛逆,还我太平",并提出"与全国民戮力拥护共和,使帝制永不发生"的斗争目标,檄文宣传鼓动的特点十分鲜明。

　　梁启超(1873—1929年),中国近代思想家、戊戌维新运动领袖之一。字卓如,号任公,别号饮冰室主人。广东新会人。梁启超自幼在家中接受传统教育,1884年(光绪十年)中秀才。1885年入广州学海堂,治训诂之学,渐有弃八股之志。1889年中举。1890年赴京会试,不中。回粤路经上海,看到介绍世界地理的《瀛环志略》和上海机器局所译西书,眼界大开。同年结识康有为,钦佩不已,遂投其门下。1891

梁启超

年就读于万木草堂，接受康有为的思想学说并由此走上改良维新的道路。1895 年春再次赴京会试，时值清政府与日本签订丧权辱国的《马关条约》，群情激愤。梁启超协助康有为，发动在京应试举人联名请愿的"公车上书"，要求清廷拒和、迁都、实行变法。维新运动期间，梁启超表现活跃，曾主北京《万国公报》（后改名《中外纪闻》）和上海《时务报》笔政，又赴澳门筹办《知新报》，在鼓动舆论、宣传维新方面，发挥了巨大作用。他的许多政论激昂慷慨，文笔流畅，笔锋常带感情，在社会上有很大影响。1897 年，应湖南巡抚陈宝箴之邀，就任长沙时务学堂总教习，在湖南宣传变法思想，培养维新人才。1898 年回京，积极参加"百日维新"。7 月 3 日（五月十五），受光绪帝召见，奉命进呈所著《变法通议》，赏六品衔，负责办理京师大学堂译书局事务。9 月，政变发生，梁启超逃离北京，东渡日本，一度与孙中山为首的革命派有过接触。随着形势的发展，其政治主张亦时有变化。从"保皇"到"新民"，从"开明专制"到拥护立宪，但改良主义的基本立场则始终未变。

1905—1907 年，改良派与革命派的论战达到高潮，此时资产阶级民主革命已逐渐取代改良主义的维新变法成为中国社会思潮的主流。梁启超作为改良派的主将，遭到革命派的反对。1906 年，清政府宣布"预备仿行宪政"，梁启超立即表示支持，撰写文章，介绍西方宪政，宣传立宪政体。1907 年 10 月，与蒋智由等人在东京建立"政闻社"，并派人回国直接参加立宪活动。由于清政府并不真心实行宪政，梁启超的活动非但不为清朝统治者所容纳，反而遭到忌恨，政闻社也因受到查禁而宣告解散。武昌起义爆发后，他一度宣扬"虚君共和"，企图使革命派与清政府妥协。民国初年又支持袁世凯，为袁出谋划策，并承袁意，将民主党与共和党、统一党合并，改建进步党，与国民党争夺政治权力。1913 年，进步党"人才内阁"成立，梁启超出任司法总长，但因袁世凯帝制自为的野心日益暴露，梁启超劝说无效，遂反对袁氏称帝，与之发生冲突。1915 年 8 月，发表《异哉所谓国体问题者》一文，对袁氏意欲复辟帝制的行径进行猛烈抨击，旋与蔡锷密谋，策划武力反袁。1915 年年底，护国战争在云南爆发。1916 年，梁启超赴两广地区，先后担任护国军两广都司令部都参谋，军务院抚军兼政务委员长等职，积极参加反袁斗争，为护国运动的兴起和发展，做出了重要贡献。

袁世凯死后，段祺瑞逐渐成为北洋政府的实权人物，梁启超认为"护国"成功，遂主张解散军务院，依附段祺瑞。他拉拢一些政客，组建宪政研究会，与支持黎元洪的宪政商榷会对抗。1917 年 7 月，张勋复辟失败，段祺瑞掌握北洋政府大权。梁启超拥段有功，受到重用，出任财政总长兼盐务总署督办。段祺瑞对内实行独裁，对外出卖主权，遭到全国民众反对，9 月，孙中山发动护法战争。11 月，段内阁被迫下台，梁启超也随之辞职，并从此退出政坛。1918 年年底，梁启超赴欧，回国之后，即宣扬西方文明已经破产,主张光大传统文化,用东方的"固有文明"来"拯救世界"。梁启超不仅是中国近代重要的思想家、政治活动家,而且也是一位著名学者。他兴趣广泛,学识渊博,在文学、史学、哲学、佛学等诸多领域,都有较深的造诣。早年曾热情参加文学改良活动,主张文学要能反映时代精神。1901—1902 年, 又先后撰写了《中国史叙论》和《新史学》,批判封建史学,发动"史学革命"。

梁启超一生热衷于政治,但始终没有找到正确的政治道路。他一生又热衷于文化学术,在文化学术上的业绩,远远超过政治上的成就。特别是欧游归来之后,以主要精力从事文化教育和学术研究活动,写下了《清代学术概论》《中国近三百年学术史》《先秦政治思想史》《中国历史研究法》《中国文化史》等重要著作和大量文章,其中不少具有很高的学术价值。1920 年后,先后在清华学校、南开大学等校执教,并到各地讲学。担任过京师图书馆馆长、北京图书馆馆长、司法储才馆馆长等职,为培养人才和发展文化教育事业做出了一定成绩。1929 年 1 月 19 日,病逝于北京协和医院,终年 57 岁。梁启超一生著述宏富,所遗《饮冰室合集》,计 148 卷,一千余万字。

檄文发布不久,云南军政府的第一、第二军,就在蔡锷、李烈钧等统率下,进军四川,出兵两广,掀起声势浩大的护国运动高潮。很快,贵州、广西、广东等地也先后宣布独立。袁世凯曾气势汹汹地进军四川,却不能取胜。在全国人民的打击下,袁世凯被迫于 1916 年 3 月 22 日宣取消帝制,但他仍赖在大总统的职位之上。反袁世凯斗争继续发展,当年 6 月 6 日,复辟狂袁世凯在全国人民的唾骂声中忧惧而死。

革命未成总努力：孙中山第二次讨袁宣言

　　文自癸丑⁽¹⁾讨逆之师失败以还，不获亲承我父老昆弟之教诲者，于今三年矣。奸人窃柄，国论混淆，文于是时亦殊不乐以空言与国人相见。今海内喁喁有望治声矣，文虽不敏，固尝为父老昆弟所属役，复自颠沛不忘祖国者，则请继今一二为国人谈也。

　　文持三民主义廿有余年，先后与国人号呼奔走，期以达厥志。辛亥武昌首义，举国应之，五族共和，遂深注于四亿同胞之心目。文适被举为一时公仆，军书旁午，万端草创，文所靖献于国民者，固甚恨不能罄其悃忱。然国号改建，纪元维新，且本之真正民意以颁布我民国约法，其基础不可谓不已大定。故清帝退位，南北统一，文乃辞职，介举袁氏于参议院。盖信其能服从大多数之民心，听义师之要求，以赞共和，则必能效忠民国，践履约法，而昭守其信誓也。当南北两方情志未孚时，文尝任调和，躬至北京，并有"愿袁氏十年为总统"之宣言。何期袁氏逆谋终不自掩，残杀善良，弁髦法律，坏社会之道德，夺人民之生计。文故主兴讨贼之师，所以维国法而伸正义，成败利钝所不计也。袁氏既挟金钱势力，肆用诈术，而逆迹未彰，国人鲜悟，以致五省挠败，而袁氏之恶乃益逞矣。⁽²⁾

　　文虽蛰居海外，而忧国之志未尝少衰。以为袁氏若存，国将不保；吾人既主讨贼，而一蹶不振，非只暴弃，其于谋国亦至不忠。故亟图积极进行之计，辄与诸同志谋之。顾败丧之余，群思持重，缓进之说，十人而五。还视国中，则犹有信赖袁氏而策其后效者；有以为其锋不可犯，势惟与之委蛇而徐图补救者；有但幸目前之和平，而不欲有决裂之举者。文以为此皆有所执持，而其心理上之弱点，则袁氏皆得而利用之，以逞其欲，此文期期所不敢认以为适道者也。袁氏果于是时解散国会，公然破毁我神圣庄严之约法，诸民权制度随以俱尽。文谓袁氏已有推翻民国、及身为帝之谋，而莫之敢信；而亏节堕行、为伥为侦之败类，且稍稍出矣。文于是痛心疾首，决以一身奋斗报我国家，乃遂组织中华革命党，为最严格之约束，将尽扫政治上、社会上之恶毒瑕秽，而后复纳之约宪之治。两年以来，已集合多数之同志。其入内地经营进行者，皆屡仆屡起，不惮举其个人之自由权利、生命财产而牺牲之，以冀奠我区夏。孤行其自信力,而不敢求知于人人,犹之辛亥以前之中国同盟会也。欧战既起,袁氏以为有隙可乘,不惜暴其逆谋,托始于筹安会(3),伪造民意,强迫劝进。一人称帝,天下骚然,志士仁人汗喘相告,而吾同志益愈奋励,冒死以进。滇、黔独立,文意豁然。至乃昔所不知,今皆竟义,德邻之乐,讵复可已。频年主持,益审非谬。

顾独居深念,以为袁氏怙恶,不俟其帝制之招揭;保持民国,不徒以去袁为毕事。讨贼美举,尤当视其职志之究竟为何,其所表示尊重者为何,其策诸方来与建设根本者为何,而后乃有牺牲代价之可言,民国前途,始有攸赖。今独立诸省通电,皆已揭橥民国约法以为前提,而海内有志后援、研求国是者,亦皆以约法为衡量。文殊庆幸此尊重约法之表示,足证义军之举,为出于保卫民国之诚。袁氏破坏民国,自破坏约法始;义军维持民国,固当自维持约法始。是非顺逆,区以别矣。夫约法者,民国开创时国民真意之所发表,而实赖前此优秀之士,出无量代价以购得之者也。文与袁氏无私人之怨,违反约法,则愿与国民共弃之;与独立诸省及反袁诸君子无私人之惠,尊重约法,则愿与国民共助之。我国民亦既一致自爱其宝,而不为独夫民贼之所左右,则除恶务尽,对于袁氏必无有所姑息。以袁氏之诈力绝人,犹不能不与帝制同尽,则天下当不复有袭用其故智之人。

至袁氏今日势已穷蹙,而犹徘徊观望,不肯自归于失败,此固由其素性贪利怙权,至死不悟。然见乎倡议者之有派别可寻,窃疑党争未弭,觊觎其猜忌自纷,而不能用全力以讨贼。殊不知阋墙御侮,浅人审其重轻,而况昔之政争,已成陈迹。今主义既合,目的不殊,本其爱国之精神,相提携于事实,见仇者虽欲有所快,无能幸也。今日为众谋救国之日,决非群雄逐鹿之时,故除以武力取彼凶残外,凡百可本之约法以为解决。共和之原,甚非野心妄人所得假借者也。文始意以为既已负完全破坏之责,故同时当负完全建设之责。今兹异情,则张皇补苴(4),收拾时局,当世固多贤者。苟其人依约法被举,而不由暴力诈术以攫取之,则固与国民所共承者也。民国元首,只有服务负责之可言,而非有安富尊荣之可慕,国民当共喻斯义。文之所持,凡皆以祈向真正之和平,故虽尝以身当天下之冲而不自惜也。

文自束发受书,知忧国家,抱持民族、民权、民生三大主义,终始不替;所与游者,亦类为守死善道之士。民国成立,五族共和,方幸其目的之达。乃袁氏推翻民国,以一姓之尊而奴视五族,此所以认为公敌,义不反顾。今是非已大白于天下之人心,自宜猛厉进行,无遗一日纵敌之患,国贼既去,民国始可图安。若夫今后敷设之方,则当其事者所宜一切根据正确之民意,乃克有济。文自审立身行事,早为天下共见,末俗争夺权利之念,殆不待戒而已除。惟忠于所信之主义,则初不为生死祸福而少有屈挠。袁氏未去,当与国民共任讨贼之事;袁氏既去,当与国民共荷监督之责,决不肯使谋危民国者复生于国内。唯父老昆弟察之。

【简释】

(1)癸丑：指 1913 年，这一年的干支纪年为癸丑。

(2)文持三民主义廿有余年段：期以达厥志，希望实现这个志愿。厥：书面代词，其他的。军书旁午：形容军事繁忙。军书，军队中来往的公文。旁午，交错、纷繁的意思。

悃(kǔn)忱：诚恳；忠诚。

弁髦(biàn máo)：弁，黑色布帽；髦，童子眉际垂发。古代男子行冠礼，先加缁布冠，次加皮弁，后加爵弁，三加后，即弃缁布冠不用，并剃去垂髦，理发为髻。因以"弁髦"喻弃置无用之物。引申为鄙视。

(3)筹安会：1915 年 8 月 14 日，杨度串联孙毓筠、李燮和、胡瑛、刘师培及严复，联名发起成立"筹安会"，以讨论国体问题为名支持袁世凯称帝。孙、李、胡、刘 4 人都曾参加过同盟会，是名噪一时的革命党。杨度用了许多手段把严复列为发起人，使袁世凯"极为欢悦"。8 月 23 日，由杨度亲自起草的筹安会宣言公开发表，筹安会宣布正式成立。筹安会是一个为袁世凯复辟帝制效劳的工具，不过杨度、孙毓筠的确是筹安会的中坚人物，而其余 4 人都是被拉来装点门面的。

(4)补苴(jū)：补缀，缝补。语本汉·刘向《新序·刺奢》："今民衣敝不补，履决不苴。"引申为弥补缺陷。

【事件简介与檄文赏析】

本文据上海《民国日报》1916 年 5 月 9 日《孙文宣言》，见《孙中山选集》，上卷，100—103 页。这是孙中山从日本回到上海以后发表的讨伐袁世凯宣言。

伟大的民主革命先驱——孙中山(1866—1925年)，生于广东省香山县(今中山市)翠亨村一个贫苦农民家庭，幼名帝象，读书时取名文，号日新，字德明，1886 年改号逸仙，1897 年在日本化名中山樵，辛亥革命后，则常以中山为名。学医期间他不但努力攻读医学，而且还广泛研读了西方国家的政治、历史、军事、科学书籍，并结识了不少有志革命的青年朋友。他医术精明，对贫穷病人免费治疗，1892 年毕业后行医"不满两三月，声名鹊起"。

孙中山

1894 年 6 月，孙中山到天津上书李鸿章，要求改革时政，被置之不理。同年爆发了中日甲午战争，清政府在战争中接连失败，孙中山进一步认清了清王朝的腐败无能，愈发坚定了救国的信念。这年 11 月 24 日，他在檀香山建立兴中会，提出了"驱逐鞑虏，恢复中华，创立合众政府"的主张。1895年2月21日,兴中会总会在香港成立,与会者皆以"驱除鞑虏,恢复中华,创立合众政府,倘有贰心,神明鉴察"明志,利用传统宗教信仰为誓,孙文为秘书,定重阳节(10月26日)为起义之日。可是因为事先泄密,这次起义失败,孙中山11月避往日本,并于此时起剪掉辫子,改穿西服。1905年8月,孙中山被推为同盟会总理,确定了"驱除鞑虏,恢复中华,建立民国,平均地权"的革命政纲,并首次提出"三民主义"学说,定"军法之治、约法之治、宪法之治"三程式以达成之。先后发动包括1911年4月27日(农历三月二十九日)黄兴领导的黄花岗起义在内的多次起义,直至1911年10月10日(农历八月十九日)的武昌起义成功击退清军,掌控武汉,成立湖北军政府,各省的革命党咸起响应,终于推翻清朝。当时孙中山在美国丹佛的朋友餐馆打工度日,对革命事并不知情,说"武昌之功,乃成于意外"。12月25日抵达上海,并于29日被推选为中华民国临时大总统,于1912年1月1日(辛亥十一月十三日)在南京宣誓就任,并循革命军与袁世凯的秘密协议,特申"颠覆满洲专制政府,巩固中华民国,图谋民生幸福……至专制政府既倒,民国卓立于世界,即当解临时大总统之职"。月底组成临时参议院。当时孙中山领导的临时政府实力有限,无法与清朝主力北洋军抗衡。和占压倒性的封建势力(主要是北洋系)比起来,革命派的力量十分弱小,甚至没有经费。要想支撑起新的政权框架,革命派不得不向封建势力妥协,寻求合作,共撑危局。也由于孙中山并未实际投入革命战事,故各省的革命势力纷纷推出自己的领导,使革命势力呈现多头马车的情形。当时袁作为直隶总督兼北洋大臣,是当时最大的实力派,革命军被北洋军接连击败后,孙中山决定与北洋军的统帅袁世凯和谈,希望通过给予袁临时大总统的职位,让袁成为清朝垮台的最后关键。最后孙与袁达成协议:孙中山的临时大总统由袁接任,袁则以实际行动迫使清朝皇帝退位。

1911年2月12日,清帝溥仪发布《退位诏书》,中华民国终完全取代过去的帝国体制,孙中山即于13日向参议院请辞并举荐袁世凯以自代。兹后苦心孤诣协助袁氏依民主程序选任、就职、组织内阁,尤特重其向国民宣誓一事,引导袁氏步入民主程阶。4月1日,孙中山亲自去参议院宣布正式解除临时大总统一职。1912年8月24日,孙中山应袁世凯之邀到北京会见,向袁表示,退出政界,建设中国铁道。8月同盟会改组为国民党。25日,孙中山在北京举行的国民党成立大会中被选为理事长,但孙中山以"决不愿居政界,惟愿作自由国民",即委宋教仁为代理理事长。孙中山自己出任中国铁路总公司总理,设总部于上海。

袁世凯上台后,逐步实现其变共和为专制的阴谋。1913年3月20日,他派人在上海暗杀了国民党代理理事长宋教仁;4月,又非法签订善后大借款,准备发动内战,消灭南方革命力量。孙中山看清了袁世凯的真面目,发动了二次革命,江西、南京、上海、四川等地先后起兵讨袁，但因国民党内部涣散，在袁军的进攻下，不到两个月先后失败。二次革命失败后，孙中山被迫逃亡日本。1914年7月，他在东京成立中华革命党，被推举为总理，继续领导反袁斗争。次年12月，袁世凯不顾全国人民的反对，公然称帝。12月25日，爱国将领蔡锷等首先在云南举起了讨袁护国的旗帜，各省纷纷响应。袁世凯被迫取消了帝制，在举国人民的唾骂中一命呜呼。袁世凯死后，中国仍处于各派军阀割据混战的动乱局面。张勋复辟事件发生后，孙中山立即举起护法旗帜，号召国会议员南下护法。

1917年9月1日，在广州召开的国会非常会议上，孙中山当选为中华民国军政府大元帅。军政府成立后，滇、桂军阀通过改组军政府排挤孙中山。1918年5月4日，孙中山向非常国会提出辞职，离粤赴沪。自此到1920年11月，孙中山在上海完成了《孙文学说》《建国方略》《建国大纲》等著述。为了建立一支真正的革命力量，1919年10月，孙中山把中华革命党改组为中国国民党。此时，俄国十月革命和中国"五四"运动已经爆发。1920年10月，在孙中山的督促下，陈炯明率粤军攻克广州。11月，孙中山回到广州，重建护法军政府。1921年5月，孙中山在广州就任非常大总统，成立正式政府。1922年6月，陈炯明发动叛乱，孙中山被迫离开广州再赴上海，二次护法运动又告失败。

此后，孙中山接受了中国共产党和苏俄的帮助，提出联俄、联共、扶助农工的三大政策。1923年年初驱逐陈炯明后，孙中山在广州重建大元帅府，并派出"孙逸仙博士代表团"访问苏联，邀请苏联政治和军事顾问到广州帮助中国革命。1924年1月，在广州召开了中国国民党第一次全国代表大会，通过党纲、党章，重新解释了三民主义；同时创办黄埔军官学校，训练革命武装干部。同年10月在镇压广州商团叛乱后，应北京政府之邀，他扶病北上共商国是，终因积劳病剧，于次年3月12日在北京病逝，享年60岁，弥留之际，孙中山提到国事的遗言是："和平……奋斗……救中国！"

孙中山于1914年夏天在日本东京成立中华革命党，领导反对袁世凯的斗争。同年秋天他主持制定了中华革命党《革命方略》，曾发表《中华革命军大元帅檄》的檄文是其中的文件之一，有人称为第一次讨袁宣言。本文则被称为第二次讨袁宣言。孙中山发表这篇讨袁宣言组织了护国运动，在护国运动打击下，袁世凯被迫宣布退位。北洋军阀内部分裂，最终袁世凯在内外交困中病死。此后，中国进入军阀混战时期。

宜将剩勇追穷寇：毛泽东、朱德向全国进军的命令

（一九四九年四月二十一日）

各野战军全体指挥员战斗员同志们，南方各游击区人民解放军同志们：

由中国共产党的代表团和南京国民党政府的代表团经过长时间的谈判所拟定的国内和平协定，已被南京国民党政府所拒绝。南京国民党政府的负责人员之所以拒绝这个国内和平协定，是因为他们仍然服从美国帝国主义和国民党匪首蒋介石的命令，企图阻止中国人民解放事业的推进，阻止用和平方法解决国内问题。经过双方代表团的谈判所拟定的国内和平协定八条二十四款，表示了对于战犯问题的宽大处理，对于国民党军队的官兵和国民党政府的工作人员的宽大处理，对于其他各项问题亦无不是从民族利益和人民利益出发作了适宜的解决。拒绝这个协定，就是表示国民党反动派决心将他们发动的反革命战争打到底。拒绝这个协定，就是表示国民党反动派在今年一月一日所提议的和平谈判，不过是企图阻止人民解放军的向前推进，以便反动派获得喘息时间，然后卷土重来，扑灭革命势力。拒绝这个协定，就是表示南京李宗仁政府所谓承认中共八个和平条件以为谈判基础是完全虚伪的。因为，既然承认惩办战争罪犯，用民主原则改编一切国民党反动军队，接收南京政府及其所属各级政府的一切权力以及其他各项基础条件，就没有理由拒绝根据这些基础条件所拟定的而且是极为宽大的各项具体办法。在此种情况下，我们命令你们：

（一）奋勇前进，坚决、彻底、干净、全部地歼灭中国境内一切敢于抵抗的国民党反动派，解放全国人民，保卫中国领土主权的独立和完整。

（二）奋勇前进，逮捕一切怙恶不悛的战争罪犯。不管他们逃至何处，均须缉拿归案，依法惩办。特别注意缉拿匪首蒋介石。

（三）向任何国民党地方政府和地方军事集团宣布国内和平协定的最后修正案。对于凡愿停止战争、用和平方法解决问题者，你们即可照此最后修正案的大意和他们签订地方性的协定。

（四）在人民解放军包围南京之后，如果南京李宗仁政府尚未逃散，并愿意于

国内和平协定上签字，我们愿意再一次给该政府以签字的机会。

中国人民革命军事委员会主席毛泽东

中国人民解放军总司令　朱　德

【事件简介与檄文赏析】

这个命令是毛泽东起草的，以毛泽东、朱德的名义发布的。

毛泽东（1893—1976年）：字润之，笔名子任。1893年12月26日生于湖南湘潭韶山冲一个农民家庭。1976年9月9日在北京逝世。中国人民的领袖，马克思主义者，伟大的无产阶级革命家、战略家

毛泽东、周恩来、朱德在一起

和理论家，中国共产党、中国人民解放军和中华人民共和国的主要缔造者和领导人，诗人，书法家。任中国共产党中央军事委员会主席（1936—1976年），中国共产党中央政治局主席（1943—1945年）和中央委员会主席（1945—1976年），中华人民共和国中央人民政府主席（1949—1954年）和中华人民共和国主席（1954—1959年）。

朱德（1886—1976年），中国人民解放军创始人和领导者，军事家，共和国元帅。1922年加入中国共产党，组织了南昌起义。红军时期，历任军长、总司令等职。抗日战争时期任八路军总司令。解放战争时期任人民解放军总司令，协助毛泽东指挥了全国解放战争。解放后任国防委员会副主席，全国人大常委会委员长等职。1976年7月6日在北京病逝。他在军事理论和实践上都卓有建树，对丰富毛泽东军事思想做出了重要贡献。他的主要著作收入《朱德选集》。

1949年4月13日，国共两党代表在中南海举行正式会谈，共同磋商《国内和平协定》（草案）。4月15日达成了《国内和平协定（最后修正案）》，共8条24款。周恩来指出，和平协定草案中必须首先分清是非，说明发动内战的责任在南京国民党政府方面。"中共对一切战犯，不问任何人，只要能认清是非，翻然悔悟，出于真心实意，确有事实表现……准予取消战犯罪名，给予宽大待遇。"张治中等表示原则上接受草案。周恩来说，中共代表团尽可能吸收和采纳了南京政府代表团的许多意见。但是，对于国民党军队改编和人民解放军过江接收地方政权两点，我们决不能让步。并郑重宣布："我们限定南京国民党政府在20日以前答复，如不接受，则20日我们一定打过江去。4月20日，国民党中常委会发表声明，拒绝接受《国内和平协定》，并反对解放军渡江。国共两党的和平谈判宣告破裂。

这个命令是毛泽东起草的。在国民党反动政府拒绝签订《国内和平协定》以后，

人民解放军遵照毛泽东主席和朱德总司令的这个命令,向尚未解放的广大地区,举行了规模空前的全面大进军。刘伯承、邓小平等领导的第二野战军和陈毅、粟裕、谭震林等领导的第三野战军,于 1949 年 4 月 20 日夜起至 21 日,在西起九江东北的湖口,东至江阴,长达五百余公里的战线上,强渡长江,彻底摧毁国民党军苦心经营了三个半月的长江防线。4 月 23 日,解放了国民党 22 年来的反革命统治中心南京,宣告了国民党反动统治的覆灭。接着,又分路向南挺进,于 5 月 3 日解放杭州,5 月 22 日解放南昌,5 月 27 日攻占中国最大的城市上海。7 月,开始进军福建。8 月 17 日解放福州,10 月 17 日解放厦门。林彪、罗荣桓等领导的第四野战军,于 5 月 14 日,在武汉以东团风至武穴间一百余公里的地段上,强渡长江。5 月 16、17 两日,解放华中的重镇武昌、汉阳和汉口。接着,又南下湖南。国民党湖南省主席程潜、第一兵团司令陈明仁,于 8 月 4 日宣布起义,湖南省和平解放。第四野战军在 9、10 月间进行衡(阳)宝(庆)战役,歼灭了国民党白崇禧军的主力以后,又向广东、广西进军。10 月 14 日解放广州,11 月 22 日解放桂林,12 月 4 日解放南宁。和第二、第三野战军进行渡江作战的同时,聂荣臻、徐向前等领导的华北各兵团,4 月 24 日攻克太原。彭德怀、贺龙等领导的第一野战军,在 5 月 20 日解放西安之后,同第十九、第二十兵团继续向西北国民党统治区进军,8 月 26 日攻克兰州,9 月 5 日解放西宁,9 月 23 日解放银川,全部歼灭了国民党马步芳、马鸿逵军。9 月下旬,国民党新疆省警备总司令陶峙岳、省主席鲍尔汉宣布起义,新疆省和平解放。刘伯承、邓小平等领导的第二野战军同贺龙、李井泉等领导的第十八兵团和第一野战军一部,于 11 月初开始向西南进军。11 月 15 日解放贵阳,11 月 30 日解放重庆。12 月 9 日,国民党云南省主席卢汉,西康省主席刘文辉,西南军政长官公署副长官邓锡侯、潘文华等人宣布起义,云南、西康两省和平解放。12 月下旬,进入西南的人民解放军进行了成都战役,全部歼灭国民党胡宗南军,27 日解放成都。到 1949 年 12 月底,人民解放军已经全部歼灭了中国大陆上的国民党军队,解放了除西藏以外的全部中国大陆。